内部控制与制度设计

微课版

袁小勇　孟红兵　主编
袁光顺　王家兴　王茂林　副主编
谭丽丽　主审

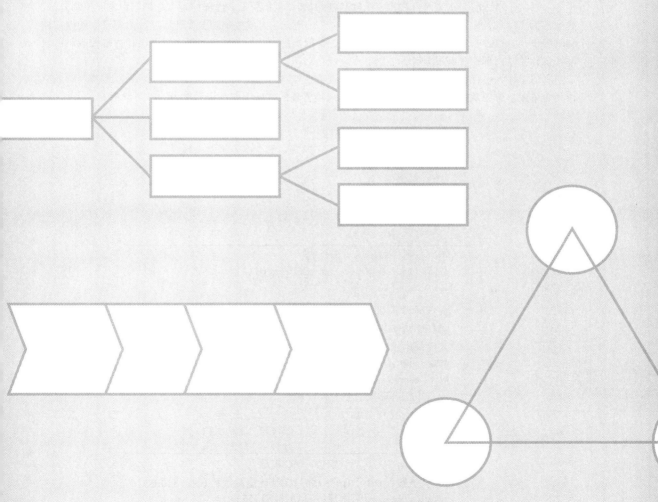

人民邮电出版社

北京

图书在版编目（CIP）数据

内部控制与制度设计：微课版 / 袁小勇，孟红兵主编. -- 北京：人民邮电出版社，2024.7
ISBN 978-7-115-63801-4

Ⅰ. ①内… Ⅱ. ①袁… ②孟… Ⅲ. ①企业内部管理－高等学校－教材 Ⅳ. ①F272.3

中国国家版本馆CIP数据核字(2024)第039996号

内 容 提 要

本书以《企业内部控制基本规范》及其配套指引为依据，结合全面风险管理的发展和企业实际需求，全面系统地阐述内部控制的概念框架、基本方法、设计思路、设计原则、设计程序等，并从治理层、管理层、业务层等视角对内部控制制度的具体设计内容进行阐述。

本书共十章。前三章为"内部控制制度基础知识"，包括总论、内部控制概念框架、内部控制方法。后七章为"内部控制制度设计"，包括内部控制设计理论、内部控制制度设计程序、治理层面的内部控制制度设计、核心业务流程内部控制制度设计、管理支持内部控制制度设计、财务会计内部控制制度设计、审计监察内部控制制度设计。

本书可作为会计、审计，以及其他经济管理类专业本科生及研究生"内部控制"课程的教材，还可作为企事业单位中从事内部审计、内部控制、风险管理的实务工作者提升能力的学习参考书。

- ◆ 主　　编　袁小勇　孟红兵
　　副 主 编　袁光顺　王家兴　王茂林
　　主　　审　谭丽丽
　　责任编辑　刘向荣
　　责任印制　胡　南
- ◆ 人民邮电出版社出版发行　　北京市丰台区成寿寺路 11 号
　　邮编　100164　　电子邮件　315@ptpress.com.cn
　　网址　https://www.ptpress.com.cn
　　北京市艺辉印刷有限公司印刷
- ◆ 开本：787×1092　1/16
　　印张：15.5　　　　　　　　　　2024 年 7 月第 1 版
　　字数：386 千字　　　　　　　　2024 年 7 月北京第 1 次印刷

定价：59.80 元

读者服务热线：(010)81055256　印装质量热线：(010)81055316
反盗版热线：(010)81055315
广告经营许可证：京东市监广登字 20170147 号

序 言

内部控制是培养卓越管理者的沃土。

如今，国与国之间的经济竞争，最重要的就是各国大公司、大企业集团之间的实力较量。在这场竞争中，中国企业的管理效能尤其是内部控制管控体系的成效将成为决定中国经济高质量发展的关键因素之一。

"爱党爱国"不仅是一句口号，它代表着我们在自己的岗位上扎实地履行每项工作的责任。如果没有强大的管控，国家的崛起将无从谈起，企业的做大做强也将成为一句空洞的口号。

内部控制为管理者在组织中有效地管理和控制风险、实现卓越的业绩提供了必要的框架和指导。在实务交流中，管理者经常讨论内部控制的重要性。因为当内部控制的失败案例发生在别人身上时，那只是一个故事；但当它发生在自己身上时，就会成为一场事故。

企业内部控制的失败，一方面源于内部控制体系设计的失败，另一方面源于内部控制执行的失败。然而，内部控制体系的设计是一个非常复杂的问题。不同企业的模式、文化、问题和场景都不相同。即使是相同的场景，解决方案也不是唯一的，因为管理问题并不是非黑即白的。没有一种内部控制是最好的，只有适合自己企业的内部控制才是有效的。尽管没有固定的模板可以套用，但我们仍然可以借鉴一些基本的原则、方法、经验和案例来指导内部控制的设计与实施。

在企业内部控制建设过程中，企业管理者们迫切希望在理论界和实务界建立起一座桥梁，《内部控制与制度设计》这本书既是写给大学生的书，也是写给企业管理者的书。因为，没有理论指导的内部控制实践是盲目的、缺乏条理的；而没有实践体验的内部控制理论则是空洞无物的。

这本书将理论和实践有机结合起来，旨在为读者提供一份全面且实用的指南，帮助读者理解内部控制的概念、原则和方法，并在实践中设计和建立有效的内部控制体系。无论您是企业管理者、内部审计师、风险管理专业人士，还是对内部控制感兴趣的学者和学生，本书都将为您提供有价值的资源和见解。

一切伟大的治理，都始于对内部的控制。企业的发展不仅取决于规模的大小，还在于能否有效地控制风险。内部控制失效对企业来说是致命的内伤，它以企业资源的流失和员工士气的丧失为代价。然而，内部控制并不意味着一味地讲制约，它的真谛在于简洁和高效。我们希望读者以这样的心态去学习，并运用批判性思维去实践。

知和行之间，隔着两个太平洋。我们的目标是通过本书的阅读，使读者更好地理解内部控制的重要性，并在实际操作中应用相关的知识和技巧，实现知行合一，为企业的可持续发展和成功壮大打下更坚实的基础。同时，企业环境是不断变化的，内部控制也在不断演进。欢迎更多的同仁加入我们这些探索者的行列，共同探索内部控制的发展之路。

谭丽丽　中国商业会计学会副会长兼风控与审计分会会长

2024年4月

前　言

自财政部、证监会、审计署、银监会、保监会五部门联合发布《企业内部控制基本规范》及其配套指引以来，大多数企业已经开始重视并着手建立与完善企业的内部控制制度体系。在大学本科与研究生教育中，财经类高校会计、审计专业开设"内部控制学""内部控制理论与实务""内部控制与制度设计"课程的非常多。也就是说，高校与企业实务部门都非常需要内部控制设计类教材。但在图书市场上，有关内部控制设计方面的图书并不多，并且存在一些不足。本人从事大学教学工作30多年，深深感受到：一本大学教材，应该符合以下特色。

第一，以立德树人为导向，引领核心价值理念。立德树人是大学教育的根本。大学教材，要把社会主义核心价值观贯穿教育教学全过程。内部控制是企业治理体系的重要组成部分，也是国家治理体系的一个元素，深入挖掘、系统梳理和精准厘定内部控制体系建设中蕴含的核心价值理念及其主要思想，是大学教材建设的重要内容。

第二，以学习效果为导向，优化教材结构形式。为了提高学生学习兴趣，增强学生学习效果，教材编写除主体内容外，应进一步优化教材的结构形式与内容，增加"思考与探索""实训项目"等栏目，激发学生的学习兴趣，拓宽学生视野，引导学生独立思考，提高学生分析问题与解决问题的能力。

第三，理论密切联系实践，助力学生步入职场。"内部控制设计"这类应用性很强的教材，必须理论紧密联系实践。在教材创作过程中，实务界专家必须参与，这样才能使教材既有一定的理论高度，又有深厚的实务支撑，才能使教材做到"理论知识深入浅出且难易适中，实践技能贴近需求并强化实操"，使学生将获取的知识与未来的岗位要求相契合。

第四，融合纸质数字资源，实现教材增值赋能。为了适应信息化教学模式的需要，除纸质教材外，还需要以教材内容为核心，配套多样化的数字教学资源，从广度、深度上拓展纸质教材的内容，实现教材增值赋能。

本书在写作上：一是融入核心价值元素，在本书中，增设与内部控制有关的小故事、案例等，体现社会主义核心价值观的元素；二是在写作结构上，各章增设了"学习目标""教学引导案例""案例延伸思考""知识回顾与拓展""思考与探索""实训项目"等栏目；三是吸收内部控制实务界专家参与写作；四是体现"互联网+"新形态教材的建设理念，充分利用信息化手段构建教学资源库，多形式立体化呈现教材内容，教材配套PPT课件、电子教案、模拟测试题、习题参考答案、微课视频、思政教学设计等资源，为教师开展信息化教学改革、探索教学新生态模式提供良好的基础。

本书的框架结构图如下。

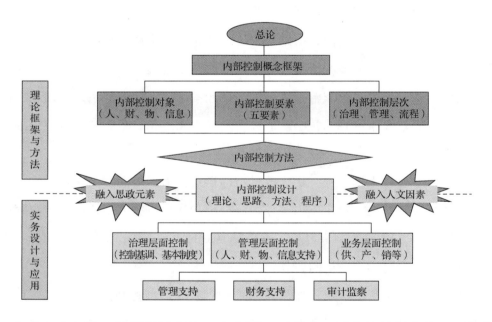

本书由袁小勇、孟红兵任主编，袁光顺、王家兴、王茂林任副主编。写作分工如下。

第一章由教育部首届课程思政教学名师、首都经济贸易大学会计学院案例研究中心主任袁小勇编写；

第二章由青岛广东商会副会长、青岛银雁科技服务有限公司董事长于春凤（第一节、第二节）和北京经济管理职业学院雒艳（第三节、第四节）合作编写；

第三章由教育部首届课程思政教学名师、首都经济贸易大学博士生导师、审计系主任王茂林编写；

第四章由袁小勇（第一节、第二节、第五节）与天津银行北京航天桥支行行长、首都经济贸易大学硕士生导师戴鑫（第三节、第四节）合作编写；

第五章由中国石油（伊拉克）哈法亚公司总经理助理、高级经济师王家兴编写；

第六章由容诚会计师事务所管理合伙人、首都经济贸易大学硕士生导师孟红兵与容诚会计师事务所业务总监蔡新春合作编写；

第七章由财政部政府采购评审专家、上海沃得企业管理咨询有限公司副总经理莫劲松与北京海新域城市更新集团合规中心审计部副经理陈小欢合作编写；

第八章由中国上市公司协会并购融资委员会委员、北京理工大学董事及并购研究中心执行主任、北京博星证券投资顾问有限公司董事长兼总裁袁光顺、北京博星证券投资顾问有限公司高级合伙人王晨光、北京盈科律师事务所合伙人周文颖合作编写；

第九章由北京大学第三医院门诊财务科科长佟飞编写；

第十章由和谐健康保险股份有限公司审计中心经济责任审计室高级主管孙浩然编写；

本书最后由袁小勇和孟红兵修改、补充、完善，谭丽丽主审定稿。

在本书编写过程中，笔者参考了我国现有大量的期刊、书籍及相关资料，在此谨对原作者们致以诚挚的谢意。特别要感谢谭丽丽老师，谭丽丽老师是原武钢集团审计部长，全国五一劳动奖章获得者，也是央视电视连续剧《在路上》的审计部长原型，现任中国商业会计学会副会长兼风控与审计分会会长、财政部内部控制标准委员会咨询专家、中国内部审计准则委员会专家。谭丽丽老师在内部审计与内部控制领域的经验非常丰富，在本书从大纲起草，到最后定稿的过程中，谭丽丽老师一字一句地进行了认真的审核与批复，提出了许多宝贵的建议，并为本书写序。

由于专业水平和写作能力有限，书中难免存在不妥之处，恳请大家批评指正。

袁小勇　孟红兵

2024年5月

目 录

下篇 内部控制制度设计

上篇 内部控制制度基础知识

第一章
总论

 学习目标

通过对本章的学习，读者应该：

1. 了解内部控制的内涵和特征；
2. 了解内部控制理论和实务发展的五个阶段；
3. 了解企业内部控制基本规范及配套指引的基本内容；
4. 了解行政事业单位内部控制的发展。

 教学引导案例

从两个故事说起

故事一：魏文王问名医扁鹊

魏文王问扁鹊曰："子昆弟三人其孰最善为医？"

扁鹊曰："长兄最善，中兄次之，扁鹊最为下。"

魏文王曰："可得闻邪？"

扁鹊曰："长兄於病视神，未有形而除之，故名不出于家。中兄治病，其在毫毛，故名不出於闾。若扁鹊者，镵血脉，投毒药，副肌肤，闲而名出闻于诸侯。"

故事二：曲突徙薪

臣闻客有过主人者，见其灶直突，傍有积薪。客谓主人："更为曲突，远徙其薪；不者，且有火患。"主人嘿然不应。俄而，家果失火，邻里共救之，幸而得息。于是杀牛置酒，谢其邻人，灼烂者在于上行，余各以功次坐，而不录言曲突者。人谓主人曰："乡使听客之言，不费牛酒，终亡火患。今论功而请宾，曲突徙薪亡恩泽，焦头烂额为上客耶？"主人乃寤而请之。

请思考：从内部控制的角度来说，这两个故事说明了什么问题？

第一节　内部控制的内涵和特征

一、控制与控制论

个体有序而高效地生存靠自律，集体有序而高效地运行靠管理。[①]无论是个体的自律，

---

① 来自吴江涛的《加强内部控制，防范经营风险》。

还是集体的管理，都包含"控制"。个体要控制自己的欲望、语言、行动，甚至思想。集体（包括家庭、政府和企业等组织）要控制内部的个体、财物及其相互关系。政府机关、企事业单位是由一个个的个体组成的组织系统，当然需要控制。

据专家考证，"控制"一词最早于公元1600年前后出现于英语词典中。该词来源于希腊文，原意为"掌舵术"，即为掌舵的方法和技术，此后又演变为用来表示管理的艺术，即通过一定的方法将个人、组织及系统的动作加以严密掌握，使其不得超越既定的范围或轨道。在生物系统、工程技术系统及政府机关、企事业单位系统中，到处都存在这样或那样的控制过程。

1948年美国数学家诺伯特·维纳（Norbert Wiener）出版了《控制论：或关于在动物和机器中控制和通信的科学》一书，标志着控制论的诞生。自此控制论开始成为一门新兴学科。在控制论中，"控制"是主体为改善某对象的功能或运行，获取信息，并以这种信息为基础而施加于该对象的作用。

任何控制系统都包含三个基本要素：施控主体、受控对象及联结这两者的控制作用与反作用（两者之间的关系或控制活动）。控制活动一般包括三个基本步骤：①确立标准；②衡量绩效；③纠正偏差。即为了实现控制，均需在事先确立控制标准，然后将输出的结果与标准进行比较；若发现有偏差，则采取必要的纠正措施，使偏差保持在容许的范围内。

自维纳创立控制论后，控制论的思想和方法很快被广泛应用于研究社会现象、经济现象中的控制、通信和调节问题，如工程控制论、智能控制论、经济控制论、社会控制论等。到目前为止，可以说控制论是研究各种系统控制和调节的一般规律的科学。

二、内部控制与外部控制

控制有外部与内部之分。外部控制是由外在于组织和个人的控制主体所进行的控制。即指施控主体与受控对象处于不同的组织，如政府部门对企业、事业单位的控制（包括财政控制、税务控制、政府审计控制、环境保护控制等）属于外部控制，卖方市场中生产商对经销商的控制属于外部控制，注册会计师对企业的审计也属于外部控制。

而与之相对应，内部控制则是由组织内部的部门或人员所进行的控制。即一个单位的各级管理层，为了保护其经济资源的安全、完整，确保经济和会计信息的正确可靠，协调经济行为，控制经济活动，利用单位内部分工而产生的相互制约、相互联系的关系，形成一系列具有控制职能的方法、措施、程序，并予以规范化、系统化，使之成为一个严密的、较为完整的体系。

内部控制不是由某个人或某个层级的人提出来的专门针对某一个或某一群特定层级的人的制度。它是为整个企业实现组织目标而设计的系统，针对在该企业环境下的所有人。没有人能脱离该系统而自由运作。

三、内部控制的内涵与本质

微课堂

内部控制的内涵

无论什么样的企业，从组织行为学的角度看都是一个"组织"，而组织的实质是由众多人组合在一起，共同完成一个明确而清晰的目标。

组织具有两个鲜明的特征：目标的一致性和人员的多样性。多样性的人组合在一起，必然导致冲突。组织目标一致性和人员多样性之间存在的矛盾是所有组织必须面临和解决的首要难题。为解决矛盾，组织就必须采取一系列的措施使多样的员工服从组织的要求，倡导符合组织要求的行为，奖励为组织发展做出重要贡献的行为，处罚不符合组织要求的行为，有效而低成本地协调组织成员之间的行动。这就是内部控制。内部控制最大的作用就是"通过非人格化的制度和规则约束组织成员的个人情感和行为，让他们客观公正地做事，从而保证组织运行的效率和公正"。

人类需要合作，企业是人与人之间进行合作的一个场所。企业本质上是由各利益相关者（股东、债权人、经营者、员工、政府等）为完成某一目标而缔结的"一组契约"。企业内部控制就是为了维护企业内部相关各方的利益关系而存在的，它要求相关各方按照预先设定的规则行事。企业在发起设立时所形成的平等契约关系，以及在运行中所形成的科层等级关系和平等契约关系，决定了企业内部控制的本质就是制衡、监督和激励。

（一）制衡

微课堂

内部控制的本质

企业在发起设立时不同主体间形成的平等契约关系和同一科层各环节之间的平等契约关系，决定了企业内部控制的本质是制衡。制衡实际上是签约中的各方以平等地位所形成的权利义务的相互牵制或制约。在企业设立时，股东、经营者、员工、政府这四个不同主体提供了四种不同要素，而这四种要素又是完全不同质的，每种要素都是不可或缺的。这就决定了这四种要素的提供主体，没有哪一方在法律上具有更特殊的权力，每个主体的权力都必须受到制衡。

制衡不仅表现在设立契约的各要素提供主体之间，也表现在各要素提供主体的内部（如股东与股东之间）；制衡不仅表现在供求链或需求链各个环节之间，也表现在每个环节内各个岗位之间（如同一科室不同员工之间的不相容职务相互分离，形成岗位制衡机制）。原因在于，不同所有者、经营者团队的不同角色以及不同岗位的员工都有自身的利益诉求，在追求自身利益最大化的过程中可能侵蚀他方的利益，为了防止这种情况的发生，必须通过某些措施进行相互制衡。

制衡是解决监督体系中平等权力拥有者无法进行监督这一问题的唯一途径。这一问题不解决，监督体系有可能完全或部分失灵。因此，企业在设计内部控制时，应该在治理结构、机制设置及权责分配、业务流程等方面形成一个相互牵制、相互监督的制衡机制。

（二）监督

企业运行时形成的科层等级关系，决定了内部控制的本质是监督。监督实质上是依靠科层权力等级进行的，它依据的规则是大权力监督小权力。监督是单向的，是高层对低层的控制。这是监督与制衡明显不同的地方。制衡首先表现为各主体之间是一种平等的权利关系，其次表现为各主体相互之间是一种牵制或制约关系，它表现为双向性。从决策人与执行人的关系看，他们表现为委托与代理关系（见图1-1）。

图1-1　内部控制监督关系

现代企业制度实质上就是委托代理制度。委托代理导致信息不对称，信息不对称导致了逆向选择和道德风险，因此，必须通过监督的方式防止逆向选择和道德风险的发生。在设计内部控制时，企业应该通过业务监督、财务监督、内部审计等方式，建立一套行之有效的内部控制监督体系。

（三）激励

激励是指激发人的行为动机，使人有一股内在的动力，朝向所期望的目标前进的活动过程，也就是常说的调动积极性。企业运用激励机制可以充分挖掘员工的潜力，提高企业的经营效率和经营效果。因此，激励机制是内部控制的一个重要组成部分，内部控制不仅要处罚不符合组织要求的行为，也要奖励积极为组织发展尽心尽力、出谋策划、提高组织经营效率和效果的行为。在设计内部控制时，企业应该通过设计适当的考核奖惩机制，有效激发、引导、保持和规划企业员工的行为，从而促使企业与员工的目标都得到最大限度的实现。

四、内部控制的特征及局限性

（一）内部控制的特征

企业、事业单位的内部控制一般具有以下特征。

（1）全面性。即内部控制是对组织一切业务活动的全面控制，而不是局部控制。它不仅要控制和考核组织的财务、会计、资产、人事等政策计划执行情况，还要进行各种工作分析和作业研究，并及时提出改善措施。

（2）经常性。即内部控制不是阶段性和突击性工作，它涉及各种业务的日常作业与各种管理职能的经常性检查考核。

（3）潜在性。即内部控制行为与日常业务和管理活动并不是明显地割裂开来的，而是融合在一起的。无论采取何种管理方式、执行何种业务，均有潜在的控制意识与控制行为。

（4）关联性。即组织的任何内部控制，彼此之间都是相互关联的，一种控制行为无论成功与否均会影响另一种控制行为。一种控制行为的建立，均可能导致另一种控制行为的加强、减弱或取消。

（5）动态性。内部控制是一个动态过程，一方面，作为实现目标的手段，内部控制所规范的是与组织目标共存的动态行为；另一方面，内部控制渗透在组织的各项动态管理与业务活动中，并随着管理模式的变化（内部因素）及市场环境的变化（外部因素）而发生变化。

（二）内部控制的局限性

有效的内部控制能协助组织达到目标，提供助力组织运行与成长的管理信息，但内部控制亦有其功能上的局限。

（1）受成本效益原则的影响，内部控制一般都是针对经常而重复发生的业务而设置的，如果出现不经常发生或未预计到的业务，原有控制就可能不适用；

（2）控制措施可能由于两个或更多的人员串通或管理层不当地凌驾于内部控制之上而被规避；

（3）行使内部控制职能的人员素质可能未达到岗位要求，从而影响内部控制功能的正常发挥；

（4）在决策时人为判断可能出现错误和因人为失误而导致内部控制失效。

第二节　内部控制的发展演变

　　内部控制的思想在人类日常经济生活中的运用由来已久。我国古代的御史制度和西方的议会制度，均属于内部控制制度。内部控制理论和实务的发展大致经历了内部牵制阶段、内部控制制度阶段、内部控制结构阶段、内部控制整合框架阶段和风险管理整合框架阶段等五个阶段。

一、内部牵制阶段

　　内部牵制是指任何一项权力或一项业务的全过程不能由一个人或一个部门单独控制的制度。内部牵制阶段是内部控制的萌芽阶段。

微课堂

内部牵制制度在内部控制中的作用

　　20世纪40年代以前的内部控制基本上属于内部牵制阶段。远古时期的"结绳记数"，就是极简单的内部牵制实践。在我国，关于内部控制思想的记载最早见于《周礼》一书："虑夫掌财用财之吏，渗漏乾没，或有容奸而肆欺……于是一毫财赋之出，数人之耳目通焉。"其大意是考虑到掌管和使用财物的官员，可能会有贪污盗窃、弄虚作假的行为，因而规定每一笔财物和赋税的支出和收入，都要由好几个人共同见证。15世纪末出现的"借贷复式记账法"[①]，标志着内部牵制渐趋成熟。

　　早期的内部牵制由职责分工、会计记账、人员轮换三要素构成。内部牵制的执行大致可以分为四个方面。

　　（1）实物牵制：由两个以上人员共同掌管必要的实物工具，共同完成一定程序的牵制。

　　（2）机械牵制：只有按照正确的程序机械操作，才能完成一定过程的操作。

　　（3）体制牵制：为防止错误和舞弊，对于每一项经济业务的处理，都要求由两人或两人以上共同分工负责，以相互牵制。

　　（4）簿记牵制：原始凭证与记账凭证、会计凭证与账簿、账簿与账簿、账簿与会计报表之间相互核对的牵制。

　　内部牵制要素与执行的关系如图1-2所示。

图1-2　内部牵制要素与执行的关系

　　内部牵制思想的形成基于以下两个基本设想。

　　一是在经办一项交易或事项时，两个或两个以上的人无意识地犯同样错误的可能性，

---

　　① 借贷复式记账法最早起源于1211年的意大利北部城邦佛罗伦萨。当时佛罗伦萨商业比较发达，银钱借贷十分频繁，钱庄业主为了记清楚账目，以"借"和"贷"作为记账符号，把整个账簿分为应收账款和应付账款，并为每一个债权人和债务人开设一个账户，即应收账款和应付账款。1494年，意大利人卢卡·帕乔利（Lusa Pacioli）发表了《算术、几何、比及比例概要》，其中第三篇系统地论述了借贷复式记账原理及其运用，标志着借贷复式记账法的正式产生。

大大低于一个人无意识地出现错误的可能性。一个人独自工作可能出现的错误更多受到任务难度和完成时间等因素的影响，而两个或两个以上的人一起工作，人与人之间的相互作用可能会增强个体的认知和注意力，降低无意识出现错误的可能性。

二是在经办一项交易或事项时，两个或两个以上的人有意识地合伙舞弊的可能性，大大低于一个人单独舞弊的可能性。在两个或两个以上的人合伙舞弊的情况下，每个人都需要在某种程度上依赖其他人，需要协调和配合，这种相互依赖性和配合给予监管者更多的机会和资源来发现和防止舞弊行为。此外，多人合伙舞弊需要更多的资源和协调，容易被人发现，从而降低了舞弊的成功率。

按照这样的设想，通过内部牵制机制，组织可实现上下牵制、左右制约、相互监督，达到查错防弊的目的。

所谓上下牵制，是指每项经济业务的处理，至少要经过上下级有关人员之手，使下级受上级监督，上级受下级制约，促使上下级均能忠于职守，不可疏忽大意。

所谓左右制约，是指每项经济业务的处理，至少要经过彼此不相隶属的两个部门的处理，使每一部门的工作或记录受另一部门的牵制，不相隶属的不同部门均有完整的记录，使之互相制约，自动检查，防止或减少错误和舞弊；同时，通过交叉核对也能及时发现错误和舞弊。

二、内部控制制度阶段

20世纪30年代世界经济危机的爆发使得人们对内部控制的认识开始超出会计与财务的范畴，深入企业生产经营的各环节，内部控制逐步演变为由组织结构、岗位职责、人员条件、业务处理程序、检查标准和内部审计等要素构成的较为严密的内部控制系统。注册会计师也开始认识到内部控制对审计质量的重要影响。

1949年，美国会计师协会（AICPA）下属的审计程序委员会（ASB）首次较为权威地界定了内部控制的含义："内部控制是企业所制定的旨在保护资产、保证会计资料可靠性和准确性、提高经营效率，推动管理部门所制定的各项政策得以贯彻执行的组织计划和相互配套的各种方法及措施。"

1958年，该委员会在第29号审计程序公告《独立审计人员评价内部控制的范围》中，将内部控制分为"会计控制"和"管理控制"两大类：会计控制包括组织计划及与保护资产和保证财务资料可靠性有关的程序和记录；管理控制包括但不限于组织计划及与管理部门授权办理经济业务决策有关的程序和记录。

可见，内部控制制度已突破了单纯的财务会计控制的限制。其目的之一是防止错误与舞弊；之二是提高经济效益，即已经认识到了内部控制制度的经济价值，把内部控制视为一种"经济资源"或"制度资本"。内部控制的价值增值功能是通过对组织的风险实现有效的控制来实现的。也就是说，人们已认识到，控制不再是套在自己身上的枷锁，而是组织实现价值增值的重要工具之一。

三、内部控制结构阶段

20世纪60年代中后期到80年代初，管理理论发展到以战略管理为主的企业组织理论阶段，管理理论开始重点研究如何适应充满危机和动荡的国际经济环境的不断变化、谋求企业的生存发展并获取竞争优势的问题。管理者认识到企业竞争优势的创造和维持与企业所处的环境紧密相关，提高企业战略的预见力、应变力和创新力是企业发展的核心。与此相适应，内部控制得到了进一步发展。

1988年，美国注册会计师协会（AICPA）发布《审计准则公告第55号》（SAS No.55）。该公告以"财务报表审计对内部控制结构的考虑"为题，首次以"内部控制结构"代替"内部控制"一词，并指出：企业的内部控制结构包括为提供企业特定目标的合理保证而建立的各种政策和程序，具体包括控制环境、会计系统和控制程序三个要素。这一阶段不再区分会计控制和管理控制，首次正式将控制环境纳入内部控制范畴，反映了内部控制实务操作和理论研究的新动向。

四、内部控制整合框架阶段

20世纪90年代，内部控制进入了"内部控制整合框架"阶段。1992年，美国反虚假财务报告委员会下属发起人委员会（COSO）发布《内部控制——整合框架》专题报告，指出："内部控制是由一个企业董事会、经理层和其他员工实施的，旨在为提高经营活动的效率和效果、确保财务报告的可靠性、加强相关法令的遵循性等目标的达成而提供合理保证的过程。"COSO报告将内部控制包括的要素扩展为控制环境、风险评估、控制活动、信息与沟通和监督等五个方面，这五个要素相互联系，强调内部控制是贯穿企业经营管理各个阶段的"动态过程"，将管理哲学、企业文化等"软性"管理因素纳入内部控制范畴，构成了较为理想的内部控制分析框架（见图1-3）。

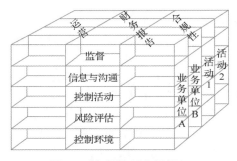

图1-3　内部控制分析框架

五、风险管理整合框架阶段

20世纪末的安然事件，使得危机管理理论得到了较大程度的发展。这一理论指出：风险存在于企业管理的始终，管理者只能规避风险却不能完全避免风险的发生，因此需要建立一套识别风险的预警系统，并形成危机处理系统，以应对无处不在的风险。至此，内部控制将风险因素纳入其中。

微课堂

内部控制与风险
管理的关系

2004年，COSO发布《企业风险管理——整合框架》，指出："企业风险管理是一个过程，是由一个主体的董事会、管理当局和其他人员实施的，应用于战略制定并贯穿于企业之中，旨在识别可能会影响主体的潜在事项，并在其风险偏好范围内管理风险，为实现主体目标提供合理保证。"[①]企业风险管理整合框架包括控制环境、目标设定、事项识别、风险评估、风险应对、控制活动、信息与沟通、监督等八个要素（见图1-4），致力于识别可能发生的风险，检测企业各个层次管理上的漏洞，提出处理风险的方案，以

---

① 原文是：Enterprise risk management is a process, effected by an entity's board of directors, management and other personnel, applied in strategy setting and across the enterprise, designed to identify potential events that may affect the entity, and manage risk to be within its risk appetite, to provide reasonable assurance regarding the achievement of entity objectives.

保证企业经营管理目标的实现。与内部控制发展的其他阶段相比，《企业风险管理——整合框架》在《内部控制结构》的基础上增加了一个新观念、一个战略目标、两个概念和三个要素，即风险组合观，战略目标，风险偏好、风险可接受程度的概念，以及目标设定、事项识别、风险应对要素。《企业风险管理——整合框架》突出了以风险为导向的内部控制新理念，是较为先进的内部控制理论。

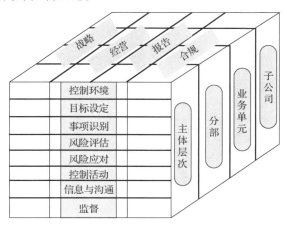

图1-4　风险管理整合框架

第三节　我国内部控制规范体系

一、我国内部控制制度的发展历程

2001年1月，证监会出台了《内部控制执行》，这是我国内部控制发展的起点。2001—2006年，中国人民银行、财政部、中注协、银监会、上交所、深交所、国资委等部门相继出台各种制度，我国的内部控制体系尚未统一，有些制度之间有冲突。同样，在企业中也会出现相冲突的制度，降低企业效率，进而引起内部控制体系失效。

2008年5月22日，财政部、证监会、审计署、银监会、保监会五部委联合颁发了《企业内部控制基本规范》。该规范被誉为"中国的科学法案"。至此，我国的内部控制体系从理论到行为达成统一。

2011年，政府要求在境外上市的国内公司采用《企业内部控制基本规范》；2012年，政府要求在中国主板上市的公司采用《企业内部控制基本规范》。

二、企业内部控制基本规范及配套指引

《企业内部控制基本规范》于2008年由财政部、证监会、审计署、银监会、保监会五部委联合颁布；2010年五部委又颁布了18项配套指引，包括应用指引、评价指引、审计指引。

应用指引的核心是指导企业设计具体业务的内部控制，也是整个配套指引的核心。

评价指引用于企业管理层的自我评价，对于上市公司的年报都要求披露"内部控制自我评价"部分。

审计指引用于指导注册会计师对内部控制进行审计。

企业内部控制基本规范及其配套指引构成了企业内部控制的基本框架（见图1-5）。

微课堂

《企业内部控制基本规范》解读

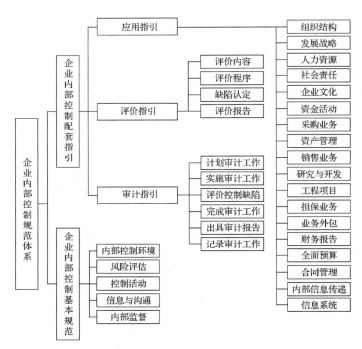

图1-5　企业内部控制基本规范及其配套指引的内容框架

三、行政事业单位内部控制的发展

行政事业单位内部控制，是指行政事业单位为实现控制目标，通过制定制度、实施措施和执行程序，对经济活动的风险进行防范和管控。我国行政事业单位内部控制发展大体上经历了两个阶段。

第一个阶段：启动阶段

2012年12月，中共中央政治局会议审议通过关于改进工作作风、密切联系群众的"八项规定"。"八项规定"的提出，客观上要求行政事业单位通过建章立制，以规范调研、会议、出访及住房等管理过程，实现单位经费管理的规范化和制度化。

2013年，我国相继出台《党政机关厉行节约反对浪费条例》（中发〔2013〕13号），《党政机关国内公务接待管理规定》，《因公临时出国经费管理办法》（财行〔2013〕516号），《中央和国家机关培训费管理办法》（财行〔2013〕523号），《中央和国家机关差旅费管理办法》（财行〔2013〕531号）等政策法规。这些政策法规均要求行政事业单位强化资金管控、规范经费管理。

财政部根据《中华人民共和国会计法》《中华人民共和国预算法》等法律法规和相关规定制定《行政事业单位内部控制规范（试行）》（2014年1月1日起施行），以进一步提高行政事业单位内部管理水平，规范内部控制，加强廉政风险防控机制建设。《行政事业单位内部控制规范（试行）》包括总则、风险评估和控制方法、单位层面内部控制、业务层面内部控制、评价与监督、附则等六部分内容。

第二个阶段：提速阶段

为贯彻党的十八届四中全会决定相关精神，进一步推进行政事业单位内部控制规范的全面有效实施，财政部于2015年12月发布《关于全面推进行政事业单位内部控制建设的指导意见》（财会〔2015〕24号），要求所有单位于2016年年底全部完成内部控制规范实施工作。

2016年7月，财政部发布《关于开展行政事业单位内部控制基础性评价工作的通知》（财会〔2016〕11号），通过"以评促建"的方式推动各单位于2016年年底前如期完成内部控制建设工作。

2017年1月，财政部发布了《行政事业单位内部控制报告管理制度（试行）》（财会〔2017〕1号），要求各单位对年内部控制建设工作的实际情况及取得的成效进行报告。该制度自2017年3月1日起施行。

【案例延伸思考】

在"教学引导案例"中讲了两个故事。

魏文王问名医扁鹊的故事，告诉了我们一个道理：事后控制不如事中控制，事中控制不如事前控制。而这正是内部控制和风险管理的精髓所在。

曲突徙薪的故事，说明了识别风险、应对风险的重要意义。在现实生活中，人们面对风险，要么浑然不知（如健康风险，许多人在平时生活中可能忽视自己的健康风险，没有定期进行体检，忽略身体的不适症状，不重视预防疾病的健康习惯，这些都可能导致潜在的健康问题被忽略或延误治疗）；要么不以为然（如驾驶安全问题，一些人可能在驾驶时违反交通规则，超速行驶，疲劳驾驶或使用手机等，而对这些行为的危险性不以为然，认为自己不会发生事故）；或者心存侥幸（如投机活动，某些人可能在金融投资中采取高风险高收益的策略，忽视了潜在的风险。他们可能抱着侥幸心理，希望通过赌博式的投资获得超高回报，而忽视了可能的损失和失败），最后导致大患。但大患过后，有些人仍然不总结经验，并导致灾难再次发生（如邯郸农行金库失窃案）[①]。

这两个故事告诉我们很重要的一点就是：内部控制无小事！

【知识回顾与拓展】

即测即评

【思考与探索】

1. 内部控制作为一种管理理论为什么会随着经济的发展而不断发展？
2. 内部控制是针对风险而进行的一种控制吗？
3. 内部控制与风险管理有什么区别与联系？
4. 如何理解内部控制是一种制度资本？

---

① 2007年4月14日14时许，河北省邯郸市农业银行金库发现一起特大盗窃案，被盗现金人民币近5 100万元。经过55小时的侦破，银行金库保管员任晓峰、马向景被公安部门抓捕归案。至此这起特大金库盗窃案全面告破。

5. 内部控制是如何帮助企业实现价值增值的?

【实训项目】

实训项目一：理解目标、风险与控制的关系。

实训项目二：管理就是"堵漏洞"吗?

实训项目一

实训项目二

第二章
内部控制概念框架

 学习目标

通过对本章的学习，读者应该：

1. 深刻理解内部控制的目标；
2. 准确把握内部控制的对象；
3. 理解内部控制五要素的内涵；
4. 了解内部控制的三个层次及其关系。

 教学引导案例

雷曼公司破产事件

雷曼兄弟控股公司（以下简称"雷曼公司"）破产事件是美国历史上最大的金融破产事件。雷曼公司成立于1850年，是一家总部位于纽约的投资银行和证券交易公司，在全球范围内从事各种金融服务，包括证券交易、资产管理、投资银行、私募股权和房地产等业务。2008年前，雷曼公司一直被视为华尔街最成功的投行之一。雷曼公司1994年独立上市时，它的利润只有7 500万美元，但2003—2007年，其利润累计达到160亿美元。1996—2005年，它每年的股价涨幅达到29%，比高盛、摩根士丹利的股价表现更好。然而，这样一个华尔街的金融巨头，却在2008年9月15日，在向政府求援、收购计划均未果的情况下不得不提出破产申请。

雷曼公司的破产对全球金融市场造成了极大的冲击，引发了2008年全球金融危机。雷曼公司破产事件导致了其他金融机构的信心瓦解，借款成本上升，市场流动性紧张，市场信心崩溃，股票市场也狂泻难止，并导致许多公司和银行面临破产的风险。雷曼公司破产的原因是复杂的，既有金融衍生工具使用不当、监管缺失等原因，也与内部控制存在重大缺陷有关。

请同学们结合上述资料，并从网上收集其他素材，从内部控制五要素角度分析雷曼公司内部控制存在的问题。

第一节　内部控制目标

内部控制的目标，是指内部控制所要达到的预期效果和所要完成的控制任务。内部控制目标是认识内部控制基本理论的出发点和实施内部控制的落脚点，是决定内部控制运行方式和方向的关键。从理论上讲，内部控制的目标主要取决于内部控制本身所具有的功能和人们在设计与执行内部控制时的主观需求。

综观内部控制理论与实务的发展，可以看到内部控制的目标是动态的，是随着人们对内部控制内涵的认识的不断深入而发展与完善的。从最初的查错防弊、防止财务造假到1992年COSO《内部控制——整合框架》提出的三目标（提高经营活动的效率和效果、确保财务报告的可靠性、加强相关法律法规的遵循性），再到2004年COSO《企业风险管理——整合框架》提出的四目标（战略目标、经营目标、报告目标、合规目标），再到2008年我国《企业内部控制基本规范》所提出的五目标（见图2-1）。

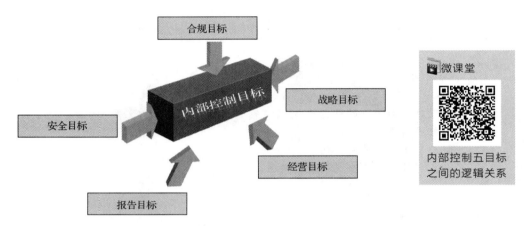

图2-1　内部控制的目标

一、合规目标

诚信守法是企业健康发展的基石。合规是企业经营的底线和红线。企业逾越法律、投机取巧可能会获得短期发展，但终将付出沉重代价。因此，企业的内部控制要合理保证企业经营管理合规。这里的合规包括两层含义：一是企业要严格遵守外部的法律、规则、标准、政策等强制性的合规义务；二是企业要自觉遵守行业规范、商业惯例、商业伦理、职业道德、合同义务等自愿性合规承诺，以及企业内部制度。内部控制要求企业必须将发展置于国家法律、法规允许的基本框架之下，在诚信守法的基础上实现自身的可持续发展。合规目标强调企业必须遵守社会基本规范，该目标与企业生存密切相关，是为了预防和控制违法违规的风险和带来的损失，是内部控制应达到的最基本的目标，是实现其他内部控制目标的保证。

企业应当将公司法、会计法、税法等法律、法规的相关要求嵌入内部控制活动和业务流程，以便在最基础的业务活动中将违法违规的风险降至最低，从而合理保证企业经营管理活动的合法性和合规性。

二、安全目标

资源的稀缺性客观上要求企业通过有效的内部控制系统确保其安全和完整。如果资源不可靠、损坏或丢失，企业实现其目标的能力就会受到影响。因此，资产（包括各种有形与无形的资源）的安全、完整是投资者、债权人和其他利益相关者普遍关注的重大问题，是企业开展经营活动、实现可持续发展的物质基础，也是企业经营者的基本职责。良好的内部控制，应当为资产安全提供坚实的制度保障。资产安全目标包括以下两层含义。一是资产使用价值的完整性。既要合理保证企业的有形资源（货币资金和实物资产等）的安全，防止有形资源被挪用、转移、侵占、盗窃，也要合理保证企业的无形资源（无形资产和信息）的安全，防止泄密和控制权的旁落。二是资产价值的完整性。既要防止资产被低价出售，损害企业利益，也要充分发挥资产效能，提高资产管理水平。

为了实现资产安全目标，企业应建立资产的记录、保管和盘点制度，确保资产记录、保管与盘点岗位的相互分离，并明确职责和权限范围。提高资产使用决策的合理性和科学性，以堵塞漏洞、消除隐患，防止资产因不当经营决策遭受损失，提高资产使用管理水平。

为了有效保护企业资源的安全性，内部控制必须达到如下要求。

第一，建立资产的记录、保管和盘点制度。

第二，对任何资产的取得与流动都必须进行适当的记录。

第三，资产记录、保管与盘点岗位应该相互分离，并明确职责和权限范围。

第四，建立完善的资产管理制度，包括岗位职责制度、惩罚制度及激励制度等，防止资产因保管不当或经营决策失误遭受损失。

第五，对资产进行定期和不定期的盘点，并确保资产的账面记录与实有数量一致。

三、报告目标

报告包括财务信息报告和非财务信息报告（如社会责任报告、合规报告等）。可靠的财务信息报告能够为企业管理层提供适合其既定目的的准确而完整的信息、支持管理层的决策和对运营活动及业绩的监控；同时，保证对外披露的财务信息报告的真实、完整，有利于提升企业的诚信度和公信力，维护企业良好的声誉和形象。

合理保证企业提供的财务信息和相关信息的真实完整，一方面需要企业按照《企业会计准则》的要求如实地核算经济业务、编制财务报告，满足会计信息的一般质量要求；另一方面需要企业采取不相容职务分离、授权审批、日常信息核对等控制活动，防止提供虚假的会计信息，抑制虚假交易的发生。为了保证报告信息的真实完整，内部控制在设计与运行过程中必须达到如下要求。

第一，保证所有交易和事项都能够在恰当的会计期间内及时地记录在适当的账户。

第二，保证会计报表的编制符合会计准则和有关会计制度的要求。

第三，保证账面资产与实存资产定期核对。

第四，保证所有财务与非财务信息都经过必要的复核手续，并确认有关记录正确无误。

四、经营目标

所有企业都是在资源有限的环境中运作的。一个企业实现其目标的能力强弱取决于能否充分有效地利用现有的资源。因此，在设计和实施内部控制时，必须合理保证企业经济高效地使用有限的资源，以最优方式实现企业的目标。经营目标是实现企业战略目标的核心和关键，战略目标只有被分解和细化成具体的经营目标才能落实。经营目标要求企业结合自身所处的特定的经营、行业和经济环境，通过健全有效的内部控制，不断提高运营活动的盈利能力和管理效率。

良好的内部控制可以从以下四个方面提高企业的经营效率和效果。

（1）组织精简、权责划分明确，各部门之间、工作环节之间密切配合，协调一致，充分发挥资源潜力，充分有效地利用资源，提高经营绩效。

（2）优化和整合内部控制业务流程，避免出现控制点的交叉和冗余，防止出现内部控制的盲点，并通过对内部控制程序的严格执行和不断优化，最大限度地提高经营效率。

（3）建立良好的信息与沟通体系，可以使财务信息及其他经营管理信息快速地在企业内部各个管理层次和业务执行层面之间有效地传递，从而提高管理层的经济决策和反应的效率。

（4）建立有效的内部考核机制，这样就能对经济效率的高低进行准确的考核，实行企业对部门、部门对员工的两级考核机制，将考核结果落实到奖惩机制中去，对部门和员工起到激励和促进作用，提高工作的效率和效果。

五、战略目标

在内部控制的目标体系中，五个目标的地位和作用并非简单并列或各不相干。《企业内部控制基本规范》明确指出："内部控制的目标是合理保证企业经营管理合法合规、资产安全、财务报告及相关信息真实完整，提高经营效率和效果，促进企业实现发展战略。"由此可见，内部控制的最高目标就是要合理保证企业战略目标的实现，其他四个目标都是为战略目标的实现服务的。

内部控制目标是一个完整的目标体系，战略是企业在对现实状况和未来趋势进行综合分析和科学预测的基础上，制定并实施的长远发展目标与战略规划，因而企业战略目标在内部控制目标体系中处于主导地位。只有当战略目标正确并能指引企业健康发展时，合规目标、安全目标、报告目标、经营目标才有意义，才能起到维护和保证战略目标实现的作用；反之，当企业的战略目标是错误的，或者说一开始是正确的，后来却未能随着环境的变化而适时调整时，其余目标的意义会大打折扣。企业战略是企业在发展过程中具有全局性、长远性、基本性特征的发展谋略，是企业发展中长期计划的灵魂与纲领。在已经进入战略制胜时代的背景下，企业应该十分重视自身的战略管理，主动把握好整个企业的未来。企业战略可以分为两个层次：一是制定，二是实施。战略的科学制定固然重要，但战略目标的实施也很重要。如果企业在实现合规目标、安全目标、报告目标、经营目标的过程中出现了失误，会给战略目标的实现带来消极影响，甚至带来有决定意义的负面影响。

第二节　内部控制对象

内部控制的对象主要包括五个方面，即人、财、物、信息、业务活动。

一、人

人是组织的灵魂，组织的建立只是为了创造一个良好的环境，使这个组织中的人能够在一起通过合作实现他们的共同目标。第一章中提到过，组织目标的一致性和人员的多样性之间存在矛盾，解决矛盾的方法就是组织必须采取一系列措施使得多样性的员工服从组织的要求，倡导符合组织要求的行为，奖励为组织发展做出重要贡献的行为，处罚不符合组织要求的行为，有效而低成本地协调组织成员之间的行动。这就是内部控制产生的根源。在内部控制对象中，人是最主要的因素，因为内部控制的目的是保证运营活动的正常、规范和高效，而内部控制的实施要靠人来执行。内部控制与人的关系主要表现在以下几个方面。

微课堂

为什么说"人"是内部控制中最重要的控制对象

（1）人的素质和认知水平对内部控制的质量产生影响。一个有素质、专业水平高的员工能够更好地履行内部控制职责，为内部控制工作带来更高的效率、准确性和安全性。

（2）内部控制需要根据人的行为特点来设计。在内部控制的各个环节中，都需要在考虑人的行为因素和特点的基础上进行规划和设计，确保内部控制措施与人的行为特点相适应。

（3）内部控制的实施需要人的积极参与。再好的内部控制，也需要企业通过培训、鼓励和考核等方式，引导员工主动履行内部控制职责，促进内部控制取得预期的效果。

因此，人的素质、特点和行为对内部控制的实施产生重要影响，企业需要通过培训、鼓励和考核等措施，不断提高员工内部控制意识，确保内部控制得到有效实施。

对人进行控制的方法主要有：组织规划控制、授权批准控制、绩效考评控制等。

二、财

这里的财，指的是企业的钱财，即资金。对任何企业来说，资金都是不可或缺的一个要素，资金活动更是贯穿企业生产经营管理活动的全过程。

从资金的运动状态来看，企业对资金的控制包括存量控制和流量控制。

存量资金简单来说是企业账户中还没有使用的资金，包括库存现金、银行存款、其他货币资金和其他金融资产。对企业来说，存量资金不是越多越好，资金过多，超过了正常生产经营的需要，就会造成资金闲置，资金的使用效率降低。当然，资金不足，就会影响生产经营的正常开展。因此，为了保证企业生产经营的正常开展，提高企业的资金使用效率和效果，企业需要保持适当的资金余额，加强对资金的控制。

资金流量指的是资金在经营、投融资过程中所表现的资金流入或流出。资金流量控制是管理一个企业资金收入、企业内部各部门之间资金转账及企业资金支出的过程，包括经营活动现金流量控制、筹资活动现金流量控制及投资活动现金流量控制。

资金流量管理的核心目标是实现资金流量的均衡性和有效性。其中，"均衡有效的资金流量"是指企业资金的流入和流出必须在金额和时间节点上保持适当的配合。企业在必须发生资金流出时，一定要有足够的资金流入与之配合；企业在产生资金流入时，除了维持日常所需外，必须为剩余资金找到有利的投资机会，以保证资金的利用效率和效果。

此外，企业将资金作为内部控制的对象，必须注意预防欺诈，保证资金安全。为此，企业应当建立有效的预防欺诈机制，通过实施严格的账务管理、内部审计与风险评估、资金保管和资金流程控制等措施，确保资金安全。

对财进行控制的方法主要有：会计系统控制、财产保护控制。

三、物

这里的物，指的是企业的实物资产，主要包括固定资产和存货。

固定资产是企业从事生产经营活动所必不可少的物质条件，是企业创造财富不可或缺的手段。企业的生产能力与经营规模以及产品和劳务的质量，在根本上是由其所拥有的固定资产的数量与质量决定的。而且固定资产单位价值较高，在总资产中占有较大的比重，固定资产的不适当购置会影响企业的资金流量，固定资产的折旧、维修又是影响企业损益的重要因素。固定资产一旦失控，所造成的损失远远超过其他实物资产给企业带来的影响。因此，对固定资产的购置、使用、维护与保养进行控制，提高设备的利用率，提高劳动生产率，确保固定资产的真实、完整、安全，充分发挥设备生产能力，对维持企业生存发展及进一步提高企业的经济效益具有十分重要的意义。与对其他实物资产的控制相比，固定资产控制的重要性尤为突出。

存货是指企业在生产经营过程中为销售或生产耗用而储备的物资，是企业重要的流动资产。存货控制的好坏，直接影响企业的资金占用水平、资产运作效率和效果，是企业管理中非常重要的内容。存货控制的目标是尽力在各种成本与存货效益之间做出权衡，达到两者的最佳结合，实施正确的存货管理方法，降低企业的存货资金占用水平，提高存货资金的使用效率和效果。并且高效的存货内部控制可以保证存货会计信息的真实性和完整性，可以减少企业物资浪费，提高企业经济效益。

对物进行控制的方法主要有财产保护控制。

四、信息

信息是指应用文字、数据或信号等形式，通过一定的传递和处理，来表现各种相互联系的客观事物在运动变化中所具有的特征性内容的总称。信息学创始人克劳德·埃尔伍德·香农（Claude Elwood Shannon，1916—2001）将信息定义为减少不确定性的一种客观存在和能动过程。

信息的收集、加工、传递贯穿企业的整个管理过程。企业各个层次、每个员工都需要运用信息来确认、评估和应对风险，以便更好地履行职责并实现企业目标。因此，信息与沟通是及时、准确、完整地采集与企业经营管理密切相关的各种信息，并使这些信息以适当的方式在企业有关层级之间、企业与外部之间进行及时传递、有效沟通和正确使用的过程，是实施内部控制的重要条件。《企业内部控制基本规范》第三十八条规定要求企业建立信息与沟通制度，明确内部控制信息的收集、处理和传递程序，确保信息及时沟通，促进内部控制有效运行。

作为内部控制对象的信息包括：企业从外部接收的信息和企业内部生成的信息。

将企业从外部接收的信息作为内部控制的对象，主要考虑以下几个问题。

（1）企业从外部接收的信息可能存在信息虚假风险。虚假信息是指被有意、无意地扭曲过的消息，或凭空捏造的消息。

（2）企业从外部接收的信息可能存在信息过滤风险。信息过滤就对信息进行筛选。任何企业在对外发布信息时都可能会对信息进行适当的筛选。即去掉用户不需要的、无用的信息，发布用户感兴趣的信息。但这里所说的信息过滤风险，指的是信息发布者可能故意隐瞒最有用的信息，而发布一些次要的信息（但并非无用信息）。

（3）企业从外部接收的信息可能存在信息过滥风险。信息过滥风险，指企业从各种渠道收集的信息太多，而甄别信息又需要时间，进而影响企业决策的效率和效果。

（4）企业从外部接收的信息可能存在信息过时风险。信息是有时效性的，过时的信息是无用的。

将企业内部生成的信息作为内部控制的对象，主要基于以下考虑。

（1）企业内部生成的信息可能失真。如原始信息收集不全、信息加工处理过程出现错误等可能导致信息失真。

（2）企业内部生成的信息在内部传递过程中可能被传递给不适当的接收者，从而导致信息泄露。

（3）企业在将内部生成的信息对外披露时需要遵守相关的法律法规。例如，《上市公司信息披露管理办法》规定，信息披露义务人披露的信息应当真实、准确、完整，简明清晰、通俗易懂，不得有虚假记载、误导性陈述或者重大遗漏。

对信息进行控制的方法主要有：会计系统控制、内部报告控制。

五、业务活动

业务活动是指企业在日常经营过程中实现营业收入和盈利的各种活动。业务活动是企业日常运营的重要组成部分，是实现企业目标和使命的主要手段，直接关系到企业的经济效益、经营风险和内部运营效率。

微课堂

如何理解内部控制对象中"信息"与"业务活动"之间的关系

企业的业务活动通常包括以下几个方面。

（1）生产活动。这是企业的核心活动，涉及企业的生产流程、生产系统和生产管理等方面。生产活动的目的是制造和生产产品并满足客户需求。

（2）销售活动。这是指企业销售产品和提供服务的活动。销售活动的目的是扩大企业市场份额，增加企业的销售收入。

（3）采购活动。这是指企业购买原材料、设备、劳动力等资源的活动。采购活动的目的是支持生产和销售活动，以确保产品的质量和供应稳定性。

（4）资产管理。这是指企业对自身资产的管理和利用。资产管理的目标是最大限度地利用企业的资源，提高资产使用效率和生产力。

（5）财务管理。这是指企业对财务活动的管理和控制。财务管理的目标是保证企业财务状况的稳定和财务报告的准确。

将业务活动作为企业内部控制的对象，主要基于以下考虑。

第一，对业务活动进行管理与控制能够有效控制和防范各种实物和金融风险。

第二，通过对业务活动的控制，企业可以规范和优化业务流程，提高运营效率，节约成本，提高经济效益。

第三，对业务活动进行控制能有效预防和避免内部合规风险，确保企业的合法合规经营，维护企业的形象和信誉。

第四，通过对财务活动的控制，企业可以减少信息的错误与漏报，保证财务信息的准确性和真实性。

第五，对业务活动的控制，能够帮助企业建立和完善风险管理机制，有效预测和处理经营活动中的潜在风险，保护企业和投资者的利益。

综上所述，将业务活动作为企业内部控制的对象是为了帮助企业规范经营行为，提升运营效率，减少各种风险和错误，保证企业经营的稳健性和可持续性。

对业务活动进行控制的方法主要有：授权批准控制、运营分析控制。

第三节　内部控制要素

内部控制要素是构成内部控制模式的各个方面。目前，主流的观点是，内部控制有五大要素，分别是：控制环境[①]、风险评估、控制活动、信息与沟通、内部监督。

一、控制环境

控制环境是影响、制约企业内部控制建立与执行的各种内部因素的总称。一般包括：诚信和道德价值观念、管理层理念和经营风格、治理结构、发展战略、机构设置及权责分

---

① 控制环境是COSO框架下的内部控制要素，我国《内部控制基本规范》中使用的"内部环境"一词，与"控制环境"没有本质的区别，只不过在各自的框架体系下的表达有所不同。为了统一表述，本书使用"控制环境"一词。

配、内部审计、人力资源政策、企业文化、社会责任等。控制环境是内部控制存在和发展的空间，是内部控制赖以生存的土壤，它主导或左右员工的理念和行为。控制环境的好坏直接决定其他四个内部控制要素能否发挥作用。

（一）诚信和道德价值观念

诚信和道德价值观念是控制环境的重要组成部分，影响重要业务流程的内部控制设计和运行。内部控制的有效性依赖负责创建、管理和监控内部控制的人员的诚信和道德价值观念。一个企业是否存在道德行为准则，以及这些准则如何在单位内部沟通和得到落实，决定了企业是否能产生诚信和道德的行为。对诚信和道德价值观念的沟通与落实既包括管理层对不诚信、非法或不道德行为的处理，也包括在单位内部，通过行为规范及高层管理人员的身体力行，对诚信和道德价值观念的营造和保持。

（二）管理层理念和经营风格

管理层理念即管理层在企业管理过程中如何遵循理性方面的概念。管理层理念包括管理层对内部控制的理念，即管理层对内部控制及对具体控制实施环境的重视程度。管理层对内部控制的重视，有助于控制的有效执行，并降低特定控制被忽视或规避的可能性。内部控制理念反映在管理层制定的政策、程序及所采取的措施中，而不是反映在形式上。因此，要使内部控制理念成为控制环境的一个重要特质，管理层必须告知员工内部控制的重要性。同时，只有建立适当的管理层控制机制，控制理念才能产生预期的效果。

经营风格是企业精神和企业价值的体现。企业精神包括员工对本企业特征、地位、风气的理解和认同；企业优良传统、时代精神和企业个性融合的共同信念；员工对企业未来发展的理想和希望。企业价值观是全体员工对企业行为意义的认识体系和所推崇的行为目标的认同和取舍。企业经营风格的内在品质主要表现在企业信誉、企业管理、企业道德、竞争、企业文化等方面。

管理层负责企业的运作及经营策略和程序的制定、执行与监督。控制环境的每个方面在很大程度上都受管理层采取的措施和做出的决策的影响，或在某些情况下受管理层不采取某些措施或不做出某种决策的影响。在有效的控制环境中，管理层的理念和经营风格可以营造一种积极的氛围，促进业务流程和内部控制的有效运行，同时创造一个降低错报发生可能性的环境。在管理层以一个或少数几个人为主时，管理层的理念和经营风格对内部控制的影响尤为突出。

（三）治理结构

治理结构是由股东大会、董事会、监事会和管理层组成的，决定企业内部决策过程和利益相关者参与企业治理的一整套制度安排，主要作用在于协调企业内部不同产权主体之间的经济利益矛盾，降低代理成本。

企业治理结构是企业内部控制的基础。完备的企业治理有利于企业把握内部控制的正确航向，落实内部控制的实施，为企业所有者创造更多的价值。

《企业内部控制基本规范》第十一条规定，企业应当根据国家有关法律法规和企业章程，建立规范的公司治理结构和议事规则，明确决策、执行、监督等方面的职责权限，形成科学有效的职责分工和制衡机制。

（四）发展战略

发展战略是企业在对现实状况和未来趋势进行综合分析和科学预测的基础上，制定并实施的长远发展目标与战略规划。

发展战略指明了企业的发展方向、目标与实施路径，描绘了企业未来经营方向和目标纲领，是企业发展的蓝图，关系企业的长远生存与发展。只有制定科学合理的发展战略，企业执行层才有行动的指南，其在日常经营管理中才不会迷失方向，才能知晓哪些是应着力做的"正确的事"；否则，要么盲目决策，要么无所作为，既浪费企业宝贵的资源，使企业难以形成竞争优势，又可能失去发展机会，导致企业走向衰落甚至消亡。

内部控制就是为实现发展战略服务的。《企业内部控制基本规范》明确指出："内部控制的目标是合理保证企业经营管理合法合规、资产安全、财务报告及相关信息真实完整，提高经营效率和效果，促进企业实现发展战略。"从中可以看出，企业内部控制的系列目标中，促进发展战略实现是内部控制最高层次的目标。它一方面表明，企业内部控制最终所追求的是通过强化风险管控促进企业实现发展战略；另一方面也说明，实现发展战略必须通过建立和健全内部控制体系提供保证。发展战略为企业内部控制指明了方向，内部控制为企业实现发展战略提供了坚实保障。

（五）机构设置及权责分配

任何企业要达成其整体目标，必须以一定的组织结构为基础，进行规划、执行、控制与监督活动，同时还要界定关键区域的权和责、建立适当的沟通与协调渠道及保证各级主管负责人具有与其所履行的职责相适应的知识、经验和能力。

在企业的机构设置中，董事会在企业管理中居于核心地位，《企业内部控制基本规范》第十二条明确指出，董事会应该对企业内部控制的建立健全和有效实施负责；监事会对董事会建立与实施内部控制进行监督；企业经理层对内部控制的日常运行承担责任；企业应当成立专门机构或指定适当的机构具体负责协调内部控制的建立实施及日常工作。由此可见，处于不同层级的管理者掌握不同的控制权力并承担相应的责任，同时相邻层级之间存在控制和被控制的关系。企业的机构设置应为计划、运作、控制及监督经营活动提供整体框架。通过集权或分权决策，企业可在不同部门间进行适当的职责划分，建立层次适当的报告体系。组织机构设置将影响权力、责任和工作任务在组织成员中的分配。当然，各企业具体的组织机构设置在一定程度上取决于企业自身的规模和经营活动的性质。

（六）内部审计

内部审计是内部控制的一种特殊形式。《企业内部控制基本规范》第十五条规定，企业应当加强内部审计工作，保证内部审计机构设置、人员配备和工作的独立性。内部审计机构应当结合内部审计监督，对内部控制的有效性进行监督检查。内部审计机构对监督检查中发现的内部控制缺陷，应当按照企业内部审计工作程序进行报告；对监督检查中发现的内部控制重大缺陷，有权直接向董事会及其审计委员会、监事会报告。

（七）人力资源政策

人是控制环境中一个活跃的控制因素，科学的人力资源政策对内部控制至关重要。因此，人力资源政策在控制环境中扮演非同一般的角色。良好的人力资源政策，对激励企业员工，提高企业员工的素质，更好地贯彻内部控制的执行有很大的帮助。

控制与被控制是一对矛盾，要使被控制者服从控制者的意志，仅靠硬性的制度和命令是不够的，甚至容易使被控制者产生抵触情绪，从而不利于这些制度和命令的执行。而科学的人力资源政策可以避免这种抵触情绪的产生，并能最大限度地激发员工的积极性和创造性。科学的人力资源政策体现了企业对员工操守、道德行为和能力水平的期望。

企业在员工招聘、新员工培训、后续培训、绩效评估、升迁、待遇及奖惩等人力资源政策和实务方面均渗透了上述期望。因此，《企业内部控制基本规范》第十六条规定，企业应当制定和实施有利于企业可持续发展的人力资源政策。

（八）企业文化

企业文化是企业长期生产、经营、建设、发展过程中所形成的管理思想、管理方式、管理理论、价值观念、群体意识及与之相适应的思维方式和行为规范的总和，是企业领导层提倡、上下共同遵守的文化传统和不断革新的一套行为方式，它体现为企业价值观、经营理念和行为规范，渗透于企业的各个领域和所有时空。其核心内容是企业价值观、企业精神、企业经营理念的培育，是企业员工思想道德水平的提高。

企业文化是企业科学发展的基石。优秀的企业文化为员工提供了健康向上、陶冶情操、愉悦身心的精神食粮，能营造和谐的人际关系与高尚的人文环境，从而促进企业科学快速发展；而落后的企业文化则可能使企业陷入困境，甚至导致企业破产。

内部控制与企业文化互为动力、互相促进。企业内部控制的逻辑起点是自我管理，而自我管理是企业文化的一个基本内容。企业内部控制制度的建设和执行与企业文化的建设密切相关。一方面，企业内部控制制度的贯彻执行有赖于企业文化的支持和维护，只有良好的企业文化氛围才能为内部控制制度的执行创造良好的人文环境。另一方面，科学、完善的内部控制制度，能够展示企业的精神风貌，融汇企业经营理念，打造和谐企业形象，有利于促进优秀企业文化的形成。

（九）社会责任

社会责任是某一个组织所承担的超过法律与经济规定的，对社会有益的一种责任。任何组织都存在于具体的社会生产生活中，本身就拥有并配置了很多社会资源。所以组织在完成其本身构想的目标时，也需要承担一定的社会责任，这既是外界的一种期盼，同时也是其他利益相关者利益最大化的一种表现。

随着社会对企业要求的逐渐提高，企业社会责任的履行将备受关注，人们甚至把企业社会责任履行情况作为判断一个企业好坏的标准之一。越来越多的研究表明，企业履行社会责任，有利于凝聚内部力量、增强市场表现、创造竞争优势，从而提升企业财务绩效。

社会责任与内部控制的关系也非常紧密。一方面，内部控制的持续完善，能够为企业在其经营活动中主动承担和履行社会责任义务提供重要保障。另一方面，企业履行社会责任，可以提升企业形象，并且能在企业中形成良好的氛围，从而有利于内部控制环境的建设。

二、风险评估

（一）风险的含义

企业在实现其目标的经营活动中，会遇到各种不确定性事件，这些事件发生的概率及其影响程度是无法事先预知的，这些事件将对经营活动产生影响，从而影响企业目标实现的程度。这种在一定环境下和一定限期内客观存在的、影响企业目标实现的各种不确定性事件就是风险。简单来说，所谓风险，就是指在特定的时间内和一定的环境条件下，人们所期望实现的目标与实际结果之间的差异程度。风险无处不在，如在企业战略、财务、运营、合规等方面都存在风险（见图2-2）。

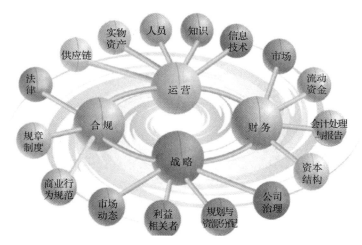

图2-2 企业风险分布图

（二）风险的特征

风险具有以下五个方面的特征。

第一，风险是客观存在的，不以人的意志为转移。有的风险是没有办法回避的或是没有办法消除的。

第二，风险具有损害性。一般风险的发生会给人们的生活带来损害。物质上的损失往往是可以用货币来衡量的；但一旦造成人身损害，就比较难以用货币来衡量了。

第三，风险具有不确定性。包括发生与否的不确定、发生时间的不确定和导致结果的不确定。

第四，风险与特定的目标相关。风险是对实现目标产生不利影响的可能性。有目标才有风险，没有目标也就无所谓有风险。由于目标不同，对特定主体而言，风险也可能是机遇。例如，面对突然下起的雨，如果你着急回家却没有带伞，则对你来说突然下雨就是风险；而如果你是卖伞的人，则对你来说突然下雨就是机遇。

第五，风险具有可测定性。就总体而言，利用数理统计的原理及方法，针对一定时期内特定风险发生的频率和损失情况加以总结和综合分析，依据概率论的原理可得出基本正确的预测结论。

（三）风险管理

风险管理是一套由企业董事会与管理层共同设立、与企业战略相结合的管理流程。它的功能是识别影响企业运作的潜在事件和把相关的风险控制在企业可接受的水平，从而帮助企业达成目标。

为了有效地控制风险，企业需要从四个方面（见图2-3）进行分析与管理：目标设定、风险识别、风险分析、风险应对。这四个方面紧密衔接，并且相互作用、相互影响。

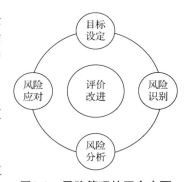

图2-3 风险管理的四个方面

1. 目标设定

目标设定是指企业在识别和分析实现目标的风险并采取行动管理风险之前，采取恰当的程序设定目标，确保所选定的目标切合企业的实际，并且与企业的风险承受能力相匹配。《企业内部控制基本规范》第二十条规定，企业应当根据设定的控制目标，全面系统持续地收集相关信息，结合实际情况，及时进行风险评估。风险是影响企业目标实现的各种不确定性事件，因此，目标设定是企业风险管理的起点，是风险识别、风险分析和风险应对的前提。只有先确立了目标，管理层才能针对目标确定风险并采取必要的行动管理风险。

在企业层面上，目标常常表现为企业的使命和价值。根据对企业优势与劣势、机会与威胁的分析，目标最终表现为企业整体战略目标。业务层面的目标就是将战略目标进一步分解、细化和落实后形成的目标。企业层面的目标与业务层面的目标紧密相关。企业通过设立企业层面和业务层面的目标，确定关键成功因素，寻找主要风险和关键控制点，进而实现企业目标。

2. 风险识别

风险识别是企业对所面临的及潜在的风险加以判断、归类整理，并对风险的性质进行鉴定的过程。风险识别包含两方面内容：一是要意识到风险的存在，即识别哪些风险可能影响企业发展；二是要识别风险的特征和类别，亦即在认清风险发生的原因的基础上，进一步区分风险类别。具体来说，风险识别应解决以下问题：企业存在哪些风险，哪些风险应予以考虑，引起风险的原因，风险引起的后果及其严重程度，等等。风险识别贯穿企业经营活动各环节。只有对企业主要业务单元和职能部门（如销售、生产、营销、技术开发等部门）存在的各种不确定性事件进行预测、分析和确认后，企业经营战略与职能战略的实施才有更加可靠的保证。

识别风险的常用方法有现场调查法、风险清单法、流程图法等。

（1）现场调查法。其是指通过直接进行实地观察和分析，了解企业生产经营中存在的风险隐患的方法。这种方法的优点是：可获得第一手资料；可与现场工作人员建立良好的关系，宣传风险概念，为之后的风险管理措施的落实做铺垫。这种方法的缺点是：耗时较长，成本较高，有时还会引起调查对象的反感。

（2）风险清单法。这是分析风险事件原因的最基本、最常用的方法。采用类似于备忘录的形式，将企业或单位所面临的各种风险逐一列举，并结合企业的生产经营活动对这些风险进行综合考察。风险管理人员可在此基础上对风险的性质及其可能导致的损失做出合理的判断，将该企业可能面临的所有风险逐一、归类列出，以研究对策来防止风险的发生。需要指出的是，清单只能列举和显示各种已存在的风险，却容易使人忽视对潜在风险的研究。所以在分析风险清单的同时，应密切注意其他潜在风险的威胁。这种方法的优点是：风险识别过程简单迅速；可以同时跟踪检测整个风险管理过程，不断修订风险清单以适应环境的变化。这种方法的缺点是：风险清单的初次制作及回收都比较费时，回收率可能较低，而且质量难以有效控制。表2-1列出了某企业部分风险清单。

表2-1 某企业风险清单（部分）

序号	风险源	伤害方式	伤害地点及人员	管理措施
1	作业现场不配备安全保护装置	物体打击	作业现场工作人员	严格执行管理制度，加大考核力度
2	进入容器内作业不办证	中毒窒息	作业现场工作人员	遵守管理制度，专人监护
3	违章动火	火灾、爆炸	作业现场工作人员	遵守管理制度，动火前要制订方案
4	违章操作	各种伤害都有可能	作业现场工作人员	按培训要求进行安全学习
5	违反劳动纪律	各种伤害都有可能	作业现场工作人员	增加考核频次

序号	风险源	伤害方式	伤害地点及人员	管理措施
6	清理运转设备运转部件卫生	物体打击	作业现场工作人员	挂牌警示运转部位，禁止打扫卫生
7	一人巡检	各种伤害方式都有可能	作业现场工作人员	执行二人巡检制度
8	特种作业人员无证上岗	各种伤害方式都有可能	作业现场工作人员	严格执行《特种作业人员管理办法》

（3）流程图法。流程图法是将企业的各项经济活动按照内在的逻辑联系绘制成作业流程图，然后针对其中的关键步骤或薄弱环节进行调查、研究和分析，以识别企业风险的方法。流程图法将一项特定的生产或经营活动按步骤或阶段顺序以若干模块形式组成一个流程图系列，在每个模块中都标示出各种潜在的风险因素或风险事件，从而给决策者一个清晰的总体印象。

在企业风险识别过程中，运用流程图法绘制企业的经营管理业务流程，可以将对企业各种活动有影响的关键点清晰地表现出来，结合企业中这些关键点的实际情况和相关历史资料，就能够明确企业的风险状况。

值得注意的是，企业运用流程图法是为了识别风险可能发生的范围，并不是为了识别诸如火灾、盗窃等具体风险。流程图法主要用来考察特定事故的影响，风险管理人员可以做出大量特定事故假设。例如，如果电力的供给中断，会造成什么后果？根据风险发生的可能性，设计关键控制点。

由此可以看出，流程图法的思路是，依据供货、生产和销售的程序，将公司的运作分成单个的环节，再逐一分析这些环节之间的关系。这样更有助于识别关键环节，并可进行初步的风险评估。

3．风险分析

识别出企业面临的风险后，企业需要进行风险分析。企业应当采用定性与定量相结合的方法，按照风险发生的可能性及其影响程度等，对识别的风险进行分析和排序，确定关注重点和优先控制的风险。企业进行风险分析，应当充分吸收专业人员，组成风险分析团队，按照严格规范的程序开展工作，确保风险分析结果的准确性。

风险分析包括两个维度：风险发生的可能性和风险的影响程度。

（1）风险发生可能性评级。即测定每一种风险发生的概率，以及在没有风险管理措施的情况下，风险可能造成的损失。风险发生的可能性如表2-2所示。

表2-2　风险发生的可能性

发生可能性	标准／定义
低	即使不采取措施，风险也几乎不造成损失
中	不采取措施，风险就会造成损失
高	不采取措施，风险很容易造成损失

具体测定方法有定性分级和概率测算两种。定性分级即风险管理人员根据自己对风险的观念，将风险事件按照发生的可能性大小分级。概率测算是根据统计资料，应用概率统计方法计算损失概率的方法。损失概率越大，出现损失的可能性就越大。确定潜在损失发生的概率对风险管理决策的制定意义重大。通常，发生损失的概率比损失的严重程度更具有可预测性。

（2）风险影响程度评级。即测定每一种风险一旦发生，在没有风险管理措施的情况下，对企业的影响程度。风险影响程度如表2-3所示。

表2-3　风险影响程度

影响程度	标准／定义
低	不采取措施，风险损失不对关键指标造成影响
中	不采取措施，风险损失对关键指标造成影响
高	不采取措施，风险损失对资源造成巨大浪费

　　企业在确定损失的严重程度时，必须考虑每一特定风险可能造成的各类损失及其对企业财务及总体经营的最终影响。企业既要评估潜在的直接损失，也要估计潜在的间接损失。

　　表2-4列出了某公司对风险发生可能性的定性、定量评估标准及其相互对应关系，供读者在实际操作中参考。

表2-4　某公司风险损失的定性与定量分析

定量方法	一	评分	1	2	3	4	5
	二	一定时期发生的概率	10%以下	10%～30%	30%（不含）～70%	70%（不含）～90%	90%以上
定性方法		文字描述一	极低	低	中等	高	极高
		文字描述二	一般情况下不会发生	极少情况下才发生	某些情况下发生	较多情况下发生	常常会发生
		文字描述三	今后10年内发生的可能少于1次	今后5～10（不含）年可能发生1次	今后2～5（不含）年可能发生1次	今后每1年内可能发生1次	今后每1年内至少发生1次

　　表2-5列出了某公司对风险发生后的影响程度的定性、定量评估标准及其相互对应关系，供读者在实际操作中参考。

表2-5　某公司风险损失分析一览表

定量方法		一	评分	1	2	3	4	5
		二	企业财务损失占税前利润的百分比	1%以下	1%～5%	5%（不含）～10%	10%（不含）～20%	20%以上
适用于所有行业	定性方法		文字描述一	极轻微的	轻微的	中等的	重大的	灾难性的
			文字描述二	极低	低	中等	高	极高
		文字描述三	企业日常运行	不受影响	轻度影响（造成轻微损害，损害情况立刻得到控制）	中度影响（造成中度损害，如需要外部支持才能控制损害情况）	严重影响（企业失去一些业务能力，造成严重损害，情况失控但无致命影响）	重大影响（重大业务失误，造成重大人身伤亡，情况失控，给企业带来致命影响）
			财务损失	较小的财务损失	轻微的财务损失	中等的财务损失	重大的财务损失	极大的财务损失
			企业声誉	负面消息在企业内部流传，企业声誉没有受损	负面消息在当地局部流传，对企业声誉造成轻微损害	负面消息在某区域流传，对企业声誉造成中等损害	负面消息在全国各地流传，对企业声誉造成重大损害	负面消息在世界各地流传，政府或监管机构介入调查，引起公众关注，对企业声誉造成无法弥补的损害

　　4. 风险应对

　　风险应对就是在风险识别和风险分析的基础上，针对企业所存在的风险因素，对已经识别的风险进行定性分析、定量分析和排序，制定相应的管控措施和整体策略，以消除风险因素或降低风险因素的危险性。风险应对的本质是降低损失概率或降低损失程度，即在事故发生前，降低事故的发生概率；在事故发生后，将损失降到最低限度，从而达到降低风险单位预期财产损失的目的。

　　风险应对策略，是指企业根据自身条件和外部环境，围绕企业发展战略，确定风险偏好、风险承受度、风险管理有效性标准，选择风险承担、风险规避、风险转移、风险转换、风险对冲、风险补偿、风险控制等适合的风险管理工具的总体策略，并确定风险管理所需人力和财力资源的配置原则。风险管理策略在企业战略管理的过程中起着承上启下的作用，制定与企业战略保持一致的风险应对策略有助于降低企业战略错误的可能性。

三、控制活动

（一）控制活动的含义

　　控制活动是指企业根据风险应对策略所采取的具体政策和程序。控制活动贯穿企业所有层级和职能部门，一般包括高层复核、直接的职能或活动管理、信息处理、实物控制、业绩指标、职责分离等。管理层在设计控制活动时要与风险应对策略密切结合，同时还要考虑控制活动之间的关联性。在某些情况下，一项控制活动可以实现多个风险应对，而在另一些情况下，多项控制活动才能实现一项风险应对。控制活动能够实施不仅因为其正确或恰当，还因为其是管理层竭力实现企业目标所经历过程中的一个重要组成部分。

（二）控制活动的类型

　　控制活动按照不同的分类标准可分为不同的类型。

　　1. **按照控制活动的目标分类**

　　（1）战略目标控制活动，指确保企业战略目标得以实现的控制活动。

　　（2）运营目标控制活动，指确保实现经营活动效率和效果目标的控制活动。

　　（3）财务报告控制活动，指确保财务报告真实、有效的控制活动。

　　（4）合规性控制活动，指确保企业遵守各项法律、法规、规章、制度的控制活动。

　　2. **按照控制层次分类**

　　（1）企业层面的控制活动，是指管理层为确保整个企业存在恰当的内部控制而设置的控制活动，包括环境控制、风险评估流程、内部审计、财务报告流程等。

　　（2）业务层面的控制活动，是指直接作用于企业生产业务活动的具体控制活动，如业务活动的批准与授权、审核与复核等。

　　3. **按照控制活动的作用分类**

　　（1）指导性控制，指为了实现有利结果而进行的控制。

　　（2）预防性控制，指为防止错误及非法事件的发生，或尽量减少其发生机会，把风险水平限制在一定范围内的控制活动，如岗位轮换、不定期盘点、突击检查等。

　　（3）侦查性控制，指为及时查明已发生的错误及非法事件，或为提高发现错弊的能力所采取的控制活动。

　　（4）补救性控制，指一旦发生错误或非法事件，为使企业避免更大损失而采取的控制活动，如财产保险等。

　　4. **按照控制方式分类**

　　（1）人工控制，指以人工方式开展的控制活动。

　　（2）自动化控制，指由计算机执行的控制活动。

（三）控制措施

控制措施是实施控制活动的具体手段，包括企业对控制活动的具体实施方法和工具。也就是说，控制措施是企业在具体实施控制活动过程中采取的具体方式和方法，它们通常是企业根据特定的需求制定并实施的。《企业内部控制基本规范》第二十八条规定，企业应当结合风险评估结果，通过手工控制与自动控制、预防性控制与发现性控制相结合的方法，运用相应的控制措施，将风险控制在可承受度之内。控制措施一般包括：不相容职务分离控制、授权审批控制、会计系统控制、财产保护控制、预算控制、运营分析控制和绩效考评控制等。

（四）控制活动的实施

控制活动的实施一般包括以下步骤。

（1）制订实施计划。制订一个详细的实施计划，在计划中确定具体的控制活动，并列出实施细节、时间表和预算。

（2）安排资源。确保有足够的人员和资金资源来执行计划。

（3）选择控制措施。根据实际情况选择不同的控制措施，如自动化监测、人工审查、检查和监督等。

（4）实施控制活动。按照计划中确定的时间表和细节实施控制活动，并确保活动能够达到预期的效果。

（5）监控和评估。对控制活动实施的成果进行监控和评估，根据实际效果进行调整，以提高控制活动的有效性。

（6）建立反馈机制。收集反馈信息，对已实施的控制活动进行分析，并提出相应的改进措施。

企业需要对控制活动的实施计划进行严格管理和跟踪，确保每一个细节都得到充分的考虑。同时，还需要对实施的效果进行监控和评估，及时调整控制活动，确保其紧跟实际情况，达到更好的效果。

四、信息与沟通

（一）信息与沟通的含义及要求

管理者的真正工作就是沟通。沟通是管理者开展各项管理工作所必须掌握的技能之一。企业管理离不开信息。沟通即"信息沟通"，是指信息在两个或两个以上人群中通过一定渠道传递并被理解的过程。

信息沟通贯穿企业的整个风险管理过程。企业对人、财、物等资源的管理都是通过对与之有关的信息的收集、传递和处理来实现的。及时、准确、完整地收集、加工、整理决策所需的信息是管理活动的重要组成部分，企业各个层次、每个员工都需要运用信息来确认、评估和应对风险，以便更好地履行职责并实现企业目标。《企业内部控制基本规范》第三十八条规定，企业应当建立信息与沟通制度，明确内部控制相关信息的收集、处理和传递程序，确保信息及时沟通，促进内部控制有效运行。

（二）信息与沟通系统的要求

信息与沟通是内部控制的纽带。一个有效的信息与沟通系统能够使企业有效管理内部控制流程。具体要求包括以下几点。

（1）为实现财务报告的目标，企业内部的各个层面都应广泛地收集相关信息，在源头获取准确数据，有效地利用技术来保证数据信息的一致性和精确性，并保证信息的高质量。

这是企业正确决策的前提和基础。

（2）企业相关职能部门应收集整理信息，以帮助员工快速识别内部控制出现的缺陷或漏洞，理解缺陷或漏洞发生的根本原因，保证企业各项经营方针和经营行为符合政策和法规要求。

（3）通过内部沟通，促进员工相互理解，建立良好的人际关系，解决分歧，统一思想和行动方针，企业可以更好地完成控制目标。

（4）企业对于影响控制目标实现的事项应在一定条件下与外界沟通，包含与供应商和客户，以及重要股东的开放式沟通。

（5）企业需要对信息与沟通的有效性进行评估。企业内的信息与沟通有效的标准是：员工的沟通能够帮助企业完成各层次的内部控制目标；企业能够及时有效地识别信息，并进行控制措施分类；企业与外界有开放的沟通渠道；企业内具备有效的举报流程。

（三）信息的识别与获取

1. 内部信息的识别与获取

（1）企业的诚信与道德价值观以及对员工行为的期望，反映在《高层管理人员职业道德规范》《员工职业道德规范》《公司章程》等规章制度中。

（2）企业经营战略目标，反映在企业年度工作会议上提出的企业经营战略目标以及与高层管理人员签订的业绩合同中。

（3）企业的财务政策，体现在企业制定的各项管理制度、工作规范，以及确保企业成本核算、资产、资金等工作有序进行的一些政策与程序中。

（4）人力资源政策，反映在企业对员工的招聘、培训、晋升等各个方面。

（5）业绩考核政策，反映在企业针对高层管理人员、中层管理人员、普通员工分别制定的业绩考核办法中。

（6）监督政策，体现在企业制定的章程、各项管理制度和工作规范中。

（7）企业及相关职能部门定期对内部控制的执行情况进行检查，对出现的问题采取有效的整改措施。

（8）员工提供的信息，包括举报、投诉的内容以及对企业发展的合理建议，体现在企业制定的各项管理制度和工作规范之中。

（9）信息系统中的信息，包括财务信息和非财务信息，体现在企业的财务报表、管理报告、会议记录等之中。

2. 外部信息的识别与获取

（1）法律法规信息，企业应从国家部委发布的文件中、期刊中、法律服务商等专业机构处了解国家当前的法律法规，随时通报发生的变化。

（2）国家政策信息，企业应搜集国家政策信息，并以适当形式发布，供全体员工参考。

（3）从业务相关方获取的信息，包括通过行业协会组织、社会中介机构、业务往来单位、网络媒体以及有关监管部门等渠道获取的外部信息。

（四）信息处理

1. 信息的质量

信息的质量直接影响管理层在管理和控制企业行为时做出适当决策的能力。为了提高信息的质量，企业应对收集的各种内外部信息进行加工整理（筛选、核对），归纳汇总，提高信息的有用性，并根据需要向不同的部门和人员报告不同的信息。信息质量的确认标准包括以下几个。

（1）信息内容是否适当，它是否是企业管理部门所需要的信息；

（2）信息是否及时提供；

（3）信息是否是最新的信息；

（4）信息是否准确；

（5）信息是否畅通，相应的部门是否能容易地获得信息。

2. 信息报告

企业的信息报告分为四种：例行报告、实时报告、专题报告及综合报告。相关人员应按时将所获得的信息报告给主管负责人，以便其更好地做出决策。

（五）信息的沟通

1. 信息沟通过程

完整的信息沟通过程如图2-4所示。

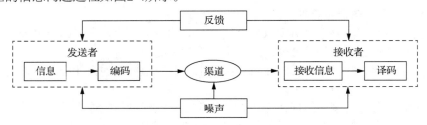

图2-4　信息沟通过程

沟通必须具备三个因素：信息发送者、信息接收者和所传递的信息内容。要达到双方有效沟通，发送者发出的信息应完整、准确；接收者能接收到完整信息并能够正确理解；所传递的信息内容应能通过某种形式被编码或译码，以便沟通双方达成共识。

沟通过程一般由发送者开始，发送者首先将要传递的思想进行编码（即信息处理），形成信息，然后通过传递信息的渠道传递给接收者。接收者必须将这些信息翻译成可以理解的形式，即译码，才能保证准确有效地接收信息。发送者进行编码和接收者进行译码都会受个人的知识、经验、文化背景等的影响。

沟通的最后一个环节是反馈，是指接收者把信息返还给发送者，并对信息是否被理解进行检查及协调，以纠正可能发生的某些偏差。

沟通的整个过程都会或多或少地受到噪声的影响。噪声就是那些对信息的传送、接收和反馈造成干扰的因素，它会影响沟通的有效性。

2. 信息的内部沟通

内部沟通是指企业内部上下级之间、横向部门之间的联系与沟通。企业内部联系与沟通的渠道主要分为纵向和横向两种，纵向沟通渠道包括向上沟通渠道和向下沟通渠道。从沟通的内容来看，纵向沟通是上级与下级之间的命令传达和工作汇报，横向沟通则是业务相关部门或人员的工作衔接与协作。随着企业内部管理和业务分工的细化和专业化，部门与部门之间、个人与个人之间的联系与沟通日益广泛，范围不断扩大。内部沟通的基本要求如下。

（1）员工需要知道自己的职责。所有员工，特别是承担经营和财务管理职责的员工，除了接收用于管理其活动的信息外，还需要从高层管理者那里清楚地知道必须严肃履行内部控制的责任。这种沟通的清晰程度和信息传递的有效性至关重要。

（2）员工需要理解其所负责的内部控制部分如何运行及个人在系统中的职责。

（3）员工需要知道事件发生的原因。员工在履行职责时，若发生意外，不仅要注意事件本身，还要注意事件发生的原因。这样有助于了解系统潜在的缺陷，并及时采取预防措施。例如，财务人员发现滞销的存货时，不仅要在财务报告上留下准确的记录，还要对存货滞销的原因做出判断。

（4）员工需要知道自己的行为怎样与他人的工作相联系。这对认识到问题或对问题的原因做出判断和修正是必要的。

（5）员工需要知道什么样的行为是被期望的，什么是可以接受的，什么是不可接受的。例如，管理者屈于完成预算的压力，错误地报告了经营成果；或者一位经理这样指导下属："实现预算——我不管你怎么做，只要实现"，那么他就是在无意地传递错误的信息。

（6）员工需要知道在企业中自下而上传递重要信息的方法和渠道。通常一线员工最容易认识到潜在的问题。例如，销售代表可能了解产品的不足，生产人员能意识到程序缺陷，会计人员可以发现财务报表中销售和存货的虚饰，等等。

（7）为了使信息可以自下而上报告，企业必须既有开放的沟通渠道又有明确的倾听意愿，使员工能够确信其上级确实想了解问题并愿意有效地解决问题。

（8）在多数情况下，正常的报告渠道就是适当的沟通渠道。而在正常渠道不起作用时，企业需要发挥独立的沟通渠道的作用。例如，为员工提供直接接触财务总监或企业法律顾问等的渠道。高管人员可以定期抽出时间接待来访员工，并且让员工知道其来访是受欢迎的；也可以定期去基层慰问员工，形成交流难题和关心问题的氛围。换而言之，管理层向下传达正确的信息以及为合法的自下而上报告提供合理机制，两者都很重要。

（9）管理层与董事会之间的沟通至关重要。管理层必须使董事会了解企业最新的业绩、发展、风险、主要的革新等信息。管理层与董事会的沟通越好，董事会越能有效地行使监督职能，并能够对关键的事务做出合理的决策或提供建议。

3. 信息的外部沟通

外部沟通主要指企业与客户、供应商、政府部门等外界单位或个人的沟通。外部沟通的主要目的是希望与对方达成共识，取得互惠双赢的结果。外部沟通的主要内容如下。

（1）产品和服务信息。包括产品特点、优势、定价、销售渠道等内容，以便客户能够了解并做出购买决策。这类信息可以通过广告、产品目录、销售呈现、产品演示等工具呈现。

（2）客户关系管理。企业与客户之间的沟通不仅限于产品和服务的交付，还包括与客户的日常互动，解答客户的问题和需求，处理投诉和提供客户支持。这种沟通可以通过电话、电子邮件、社交媒体、在线聊天等多种渠道来进行。

（3）供应链合作。企业与供应商之间的沟通主要涉及订单、交付和供应链协调等事项。沟通的目的是确保供应链的高效运作，并及时解决可能出现的问题。供应链合作可以通过电子数据交换（EDI）、供应商门户网站、电话会议等方式进行。

（4）合作伙伴关系。企业可能与其他企业建立合作伙伴关系，共同开展业务活动。沟通的内容包括共享业务计划、协调市场推广、分工合作、共同解决问题等。这种沟通可以通过会议、电子邮件、合作平台等途径进行。

（5）政府和监管机构的沟通。企业需要与政府和监管机构保持沟通，以遵守法律法规、满足监管要求并获取必要的许可证和认证。这种沟通包括向政府报告、提供业务信息、协助调查等。具体的沟通方式和内容可能根据不同国家和行业的法律要求而有所不同。

（6）社会责任和公共事务。企业与外部也可以就社会责任和公共事务进行沟通。包括参与社区项目、与非营利性组织合作、推动可持续发展和环境保护等。企业可以通过活动宣传、媒体协作、社交媒体等方式来传达并与外部共享这些努力。

4. 信息沟通的方式

信息沟通可以采用政策手册、财务会计报告、备查簿、备忘录、公告通知、电视、网络等形式，亦可采用口头传递消息的方式。一种有影响力的沟通手段是管理者在领导下属工作时的言行。管理者应该经常提醒自己"做比说更有效"。同时管理者的行为受到企业历史和文化的影响，特别是受其上级处理同样事情的方式的影响。

（六）信息反馈

企业应将内部控制相关信息在企业内部各管理层级、责任单位、业务环节之间以及企业与外部投资者、债权人、客户、供应商、中介机构和监管部门等有关方面之间进行沟通和反馈。要提高联系与沟通的有效性，企业可从以下几个方面进行管理。

（1）建立沟通渠道并保持其畅通。沟通渠道常与组织结构相适应，因此，要保持其畅通，企业一方面要保证有明晰的组织控制线路，设计一条包含正式沟通和非正式沟通的沟通渠道，以使组织内各种需求的沟通都能够准确及时而有效地实现；另一方面要注意消除个人因素对沟通的干扰，使重要信息能被及时传递给董事会、监事会和经理层。

（2）对所传递信息进行必要的监控。企业对沟通渠道中传递的信息的数量、质量提出一定的要求，确保这些信息不会对企业造成损害或降低效率。

（3）注重组织沟通反馈机制的建立，并对反馈信息进行及时处理。没有反馈的沟通不是完整的沟通，完整的沟通必然具备完善的反馈机制，否则，沟通的效果会大大降低。对于沟通过程中发现的问题，企业应及时报告并采取措施进行处理。

（4）注重组织沟通环境的改善。组织沟通总是在一定的环境下进行的，沟通的环境是影响组织沟通的一个重要因素。这种环境包括组织的整体状况、组织中人际关系的和谐程度、组织文化氛围和民主气氛、领导者的行为风格等。

五、内部监督

（一）内部监督的含义与要求

内部监督是内部控制体系中不可或缺的一部分，是内部控制得到有效实施的有力保障，具有非常重要的地位。内部监督的目的是通过对企业内部控制整体框架及其运行情况的跟踪、监测和调节，识别控制缺陷和漏洞并保证内部控制持续有效，因而内部监督也是对企业其他内部控制程序和措施的一种再控制。企业通过内部监督，可以发现内部控制缺陷，完善内部控制体系，提高企业内部控制的健全性、合理性，提高企业内部控制施行的有效性；同时，内部监督也是外部监管的有力支撑；还可以减少代理成本，保障股东的利益。

《企业内部控制基本规范》第四十四条规定，企业应当根据基本规范及其配套办法，制定内部控制监督制度，明确内部审计机构（或经授权的其他监督机构）和其他内部机构在内部监督中的职责权限，规范内部监督的程序、方法和要求。

内部监督可通过日常监督和专项监督以及两者相结合的方式来实现。内部监督中发现的内部控制缺陷应自下而上报告，重大事件向管理层和董事会汇报。日常监督、专项监督和缺陷报告，是构成内部监督的三个要素。

（二）日常监督

日常监督是指企业对建立与实施内部控制的情况进行常规、持续的监督检查。

日常监督活动的主要内容包括但不限于以下七个方面。

（1）执行常规管理活动时取得内部控制持续运转的证据。例如，在部门、子公司和公司层次的销售经理、采购经理和制造经理可以接触到与他自己对经营的了解大不相同的经营报告和问题报告。

（2）来自外界的交流确认了内部产生的信息或明显的问题。例如，顾客的后期支付意味着其确认了账单数据，顾客针对账单的诉讼则表明销售交易过程存在系统缺陷。

（3）适当的组织结构和监管行为提供了对控制行为的复核和对缺陷的确认。例如，管理层对员工职责分配定期审核，以确保合理分工以便相互制衡，防止员工舞弊，并限制个人掩盖其可疑行为的权利。

（4）将信息系统所记录的数据与实物资产核对。例如，对产成品存货定期进行盘点，将盘点的数据与相应的会计数据核对并记录存在的差异。

（5）内外部审计师定期为进一步加强内部控制提供建议。

（6）培训研讨会、计划会议及其他会议能向管理层提供有关控制是否有效的重要反馈。

（7）定期询问职员理解及执行企业相关规定的情况。

日常监督可由信息系统内特定计算机模块完成。这种计算机模块能捕获关键数据并将控制测试作为常规任务。这种嵌入审计模块可以使管理者和审计师对内部控制功能实施持续性监控。

（三）专项监督

专项监督是指在企业发展战略、组织结构、经营活动、业务流程、关键岗位员工等发生较大调整或变化的情况下，对内部控制的某一方面或者某些方面进行有针对性的监督检查。

专项监督评估的范围和频率，应该视控制对象的风险大小及控制的重要性而定。一般来说，对于风险评估中风险较高的控制，应经常进行评估；对于非常重要的、不可缺失的控制，更要经常进行评估；对整体控制评估的次数，通常要少于对特定控制评估的次数；如有重大策略改变、管理层级变动、重大的收购或处分、重大的运营方法改变或财务资讯处理方式改变等，就需要对整体内部控制制度进行评估。

（四）缺陷报告

1. 内部控制缺陷与内部控制局限性

内部控制未能实现目标的原因分为两大类：内部控制缺陷和内部控制局限性。要正确识别内部控制缺陷，必须厘清内部控制缺陷和内部控制局限性的关系。内部控制缺陷，是指内部控制的设计存在漏洞，不能有效防范错误与舞弊，或者内部控制的运行存在弱点和偏差，不能及时发现并纠正错误与舞弊的情形。内部控制缺陷和内部控制局限性这两个概念既有本质区别，又密切联系、容易混淆。

（1）内部控制缺陷是内部控制设计者在设计过程中未意识到缺点，以及内部控制运行过程中不按设计意图运行而产生运行结果偏差的可能；内部控制局限性则是设计者在设计过程中事先预留的风险敞口，以及运行过程中按照设计意图运行也无法实现控制目标的可能。

（2）由于内部控制存在着局限性，内部控制只能为控制目标的实现提供合理保证，而不是绝对保证；内部控制缺陷的存在使得内部控制过程无法为控制目标的实现提供合理保证。

（3）内部控制存在着因合谋和越权而失效的可能，这表现为内部控制的局限性；但某一控制过程存在合谋或越权的迹象，则表现为内部控制的缺陷。

无论是误将内部控制局限性当作内部控制缺陷进行认定和揭露，还是误将内部控制缺陷当作内部控制局限性而忽略，都将导致内部控制过程偏离控制目标并可能导致内部控制有效性信息的虚假揭露。为保证内部控制缺陷识别和评估的科学性，必须厘清内部控制缺陷和内部控制局限性的共性与区别。

2．内部控制缺陷的分类

（1）内部控制缺陷按其成因分为设计缺陷和运行缺陷。设计缺陷是指企业缺少实现控制目标的必需控制，或现存的控制并不合理，即使正常运行也难以实现控制目标。运行缺陷是指内部控制设计合理且有效，但没有被正确地执行。主要包括：不恰当的人员执行；未按设计的方式运行，如频率不当等；执行者没有获得必要授权或缺乏胜任能力，无法有效地实施控制；等等。

（2）内部控制缺陷按其影响程度分为重大缺陷、重要缺陷和一般缺陷。重大缺陷也称实质性漏洞，是指一个或多个控制缺陷的组合，可能严重影响内部整体控制的有效性，进而导致企业无法及时防范或发现严重偏离整体控制目标的情形。重要缺陷是指一个或多个一般缺陷的组合，虽然其严重程度低于重大缺陷，但同样需引起管理层关注。例如，有关缺陷造成的负面影响在部分区域流传，为企业声誉带来损害。一般缺陷是指除重大缺陷、重要缺陷外的其他缺陷。

3．内部控制缺陷的识别

内部控制缺陷的识别，可采用测试识别和迹象识别两种方法。

（1）测试识别。其是指采用控制过程技术分析、符合性测试等手段识别内部控制的设计缺陷和运行缺陷。例如，某笔资金需经总经理签字授权后方可使用，但企业因急需使用资金，在先使用的情况下追补总经理审批手续，则可判断资金授权审批控制存在运行缺陷。

（2）迹象识别。其是指通过所发现的已背离内部控制目标的迹象，识别内部控制的设计缺陷和运行缺陷。迹象识别实际上是基于内部控制的运行结果对内部控制有效性的判断。严重背离内部控制目标的迹象发生，本身就表明现有的内部控制无法为控制目标的实现提供合理保证。表明内部控制缺陷的迹象包括：①管理层的舞弊行为，内部控制系统未能发现或虽已发现但不能有效制止；②因决策过程违规、违法使用资金等受到监管部门的处罚或被责令整改；③审计委员会或者外部审计师发现财务报表存在错报；④企业资产出现贪污、挪用等行为；⑤某个业务领域频繁地发生相似的重大诉讼案件。

表明内部控制缺陷的迹象尽管能够直接揭示缺陷的严重程度，但并不能直接表明缺陷所处的环节。因此，企业应以迹象为突破口测试内部控制的设计与运行，进行缺陷定位。

4．内部控制缺陷严重程度评估

我国《企业内部控制基本规范》及其配套指引赋予了企业在内部控制缺陷严重程度判断中的自由裁量权，允许企业在判断缺陷是否重大时考虑自身的行业特征、风险偏好和可容忍风险度、所处特定环境。当可容忍风险以目标的形式分解到各部门、各岗位，成为判断缺陷是否存在以及缺陷严重程度的标准之后，偏离目标的可能性和偏离的程度就反映了缺陷的严重程度。评价方法可以是定性分析，也可以是定量分析。定性分析是直接用文字描述偏离目标的可能性和偏离目标的程度，如"极低""低""中等""高""极高"等；定量分析是用数值衡量偏离目标的可能性（如概率）和偏离目标的程度（如可能的损失额或损失额占净利润的百分比、可能的错报额或错报额占资产的百分比）。

5．内部控制缺陷报告

发现内部控制缺陷，必须及时向企业管理层报告。上市公司对外发

内部控制五要素之间的逻辑关系

布内部控制评价报告，则需遵守监管部门对上市公司的强制性规定。

有关内部控制缺陷的信息应至少披露以下内容。

（1）内部控制缺陷的认定标准。

（2）缺陷对外披露的标准。

（3）按认定标准和披露标准确定的应对外披露的内部控制缺陷。

（4）采取的缺陷整改措施。

（5）采取整改措施后的剩余风险。

第四节　内部控制层次

关于内部控制的层次，站在不同的角度有不同的划分方法。基于注册会计师的视角，可以将内部控制分为两个层面：整体层面和业务流程层面。根据企业内部控制的目标不同，可以将内部控制划分为三个层面：治理层面、管理层面、业务层面。依据企业内部控制的主体不同，可以将内部控制划分为四个层面：股东层面、经营者层面、管理者层面和普通员工层面。

一、两个层面的内部控制

注册会计师出于审计的目的，需要对内部控制进行了解与测试。在进行审计测试时，通常从整体层面和业务流程层面去测试和评价内部控制。

（一）整体层面的内部控制

整体层面的内部控制是指对企业控制目标的实现具有重大影响，与控制环境、风险评估、信息与沟通、内部监督直接相关的控制。整体层面的内部控制通常在比业务流程更高一级的层面上甚至整个企业范围内运行，其作用比较广泛，通常不局限于具体的业务或流程。

整体层面的内部控制包括下列内容。

1. 与控制环境相关的控制

控制环境包括治理职能和管理职能，以及治理层和管理层对内部控制及其重要性的态度、认识和行动。控制环境设定了被审计单位的内部控制基调，影响员工的内部控制意识。与控制环境相关的控制包括：组织架构控制、企业文化控制、战略规划控制、薪酬与激励控制等。

2. 针对管理层和治理层凌驾于控制之上的风险而设计的控制

管理层和治理层在企业中扮演重要的角色，他们对决策和资源分配具有较大的权力和责任。然而，这种权力和责任也带来了风险，如滥用职权、不当行为、内部欺诈等。因此，需要专门的控制措施来监督和管理他们的行为。一般而言，针对管理层和治理层凌驾于控制之上的风险而采用的控制包括但不限于以下几个。

（1）针对重大的异常交易的控制。重大的异常交易主要指的是与企业日常经营活动不符、金额较大，或利用各种手段逃避监管的交易。例如，涉及高风险地区、高风险行业的交易，涉及大额资金流动，或者被怀疑是洗钱、欺诈等违法行为的交易等。企业应通过建立有效的控制，尽早识别与预防重大异常交易风险，保障企业的经营稳定和健康发展。

（2）针对关联方交易的控制。由于关联方之间存在利益关系，关联方交易很容易存在潜在的风险。为了控制关联方交易的风险，企业应对关联方交易的数量、价格等进行必要的审批和监管，建立完善的信息披露和监督机制，确保所有关联方交易都经过内部审计程序等。

（3）与管理层的重大估计相关的控制。管理层的重大估计涉及企业财务报表中的计量、分类和披露内容，对投资者和其他利益相关者具有重要的决策意义。重大估计错误在一定程度上会影响企业的形象和信誉，因此，企业必须加强这方面的控制。例如，企业充分披露与管理层的重大估计相关的信息，提高财务报表的透明度和公正性；选择独立的审计人员和评估机构，对与管理层的重大估计相关的信息进行核实和审查；建立信息审计和监督机制，对与管理层的重大估计相关的信息进行持续监控和审查；等等。

（4）能够减弱管理层伪造或不恰当操纵财务结果的动机及压力的控制。包括：为避免不恰当的薪酬与激励机制导致的舞弊风险所采取的措施；确保年度预算不会因过于激进或保守而导致人为错报风险所采取的措施；等等。

3．风险评估过程控制

风险评估过程包括识别与财务报告相关的经营风险，以及针对这些风险所采取的措施。风险评估过程是企业制订风险管理计划的重要步骤，也是控制风险的关键环节。风险评估过程控制包括以下内容。

（1）明确风险评估的目标、范围和具体内容，明确评估的范畴，避免遗漏。

（2）根据实际情况选定合适的评估方法，如问卷调查、实地考察、采访、风险模拟等方法。

（3）收集、归纳和整理风险信息，识别潜在的风险因素，获取相关数据并进行必要的分析。

（4）充分地分析风险，评估风险的严重程度和影响范围，并根据评估结果确定是否需要采取风险管控措施。

（5）基于评估和分析结果，制订适当的风险控制方案和策略，并制订相应的风险处理计划。

（6）建立风险监控机制，不断跟踪并监测风险的变化，及时更新风险评估结果，并根据实际情况调整风险控制方案。

4．信息与传递控制

有效的信息与传递是企业掌握风险因素的重要前提。因此，企业必须加强对信息与传递的控制。信息与传递控制包括以下内容。

（1）建立科学有效的信息管理系统，保证信息的安全、完整和信息传递的便捷。

（2）设立明确的传递平台和渠道，确保信息传递的准确性和及时性。

（3）加强信息披露和公开，通过向投资者和公众发布信息公告、公示等方式，提高信息透明度、投资者信任度，促进企业的健康发展。

（4）建立严格的信息保密机制，并对企业内部和外部通过电子邮件、微信、社交网络等形式的信息传递进行控制和管理。

（5）根据实际情况建立信息安全保障体系，加强信息技术设备的管理和维护，确保企业信息的安全性和保密性。

5．对控制的监督

管理层的一项重要职责就是持续不断地建立和维护控制。管理层对控制的监督包括：审视控制是否按计划运行，以及控制是否根据情况的变化而被恰当修改。具体的监督措施可以通过持续的监督和管理活动、审计委员会或内部审计部门的活动，以及自我评价等方式来实现。企业应该建立科学完善的风险控制监督机制，采用多种手段对控制进行监督，及时发现和纠正控制措施中存在的问题，确保企业风险控制工作的有效开展。

6. 内部控制评估

内部控制评估是指对企业内部控制制度和措施进行评价和检查，以发现存在的问题和不足之处，为企业决策提供准确可靠的信息。企业需要建立完善的内部控制评估制度（包括内部控制、评估标准、评估程序和评估人员等），遵循科学、公正、独立的原则，开展全面、细致、深入的评估工作，不断完善企业内部控制管理体系，提高风险管理的能力和水平，确保企业的可持续发展。

此外，集中化的处理和控制（包括共享的服务环境）、监控经营成果的控制（如全面预算控制）以及针对重大经营控制及风险管理实务的政策也属于整体层面控制。

（二）业务流程层面的内部控制

业务流程层面的内部控制是指企业通过规范和管理具体业务流程中的活动和操作，以保证企业目标实现的效率性、效果性和合规性的各种控制措施和要求的集成。企业各种业务活动之间不仅有严格的先后顺序，而且活动的内容、方式、责任等也都必须有明确的安排和界定，只有通过制定与实施各种措施和要求，才能使不同活动在不同岗位之间进行交接成为可能，构成闭环系统保证业务活动目标的实现。

业务流程层面的内部控制主要与业务流程和认定相关。主要内容包括：人力资源控制、资金控制、采购控制、资产控制、销售控制、研发控制、工程项目控制、担保控制、业务外包控制、合同控制、质量控制等。在设计业务流程层面的内部控制时，企业需要考虑具体业务的控制活动。

微课堂

内部控制整体层面与业务层面之间的关系

二、三个层面的内部控制

根据企业内部控制的目标不同，可以将内部控制划分为三个层面（见图2-5）：治理层面、管理层面、业务层面。

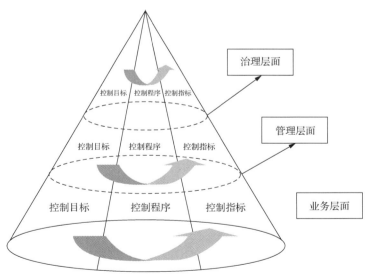

图2-5 内部控制的三个层面

（一）治理层面的内部控制

治理层面的内部控制是由公司关键资源提供者（即公司治理主体），通过治理结构的设计，实施权责配置、监督与制衡、激励与约束、统筹与协调等针对公司整体治理所采取的一系列控制措施。

狭义的公司治理是指所有者（主要是股东）对经营者的一种监督与制衡机制。其主要特点是通过股东大会、董事会、监事会及管理层所构成的公司治理结构的内部治理。

广义的公司治理则是指公司资源的提供者（包括所有者和债权人）通过一套包括正式或非正式的内部或外部的制衡机制来协调公司与所有利益相关者（股东、债权人、供应商、雇员、政府、社区）之间的利益关系，以促进公司决策的科学化，从而维护利益相关者的利益。

公司治理的问题，大多数是公司内部的问题，只有将内部控制纳入公司治理，才能在源头解决控制失效的问题，通过内部控制的监督与制衡解决投股与股东之间、股东与经营者之间的控制问题。因此，治理层面的内部控制是公司最高层次的内部控制。治理层面的内部控制能够帮助公司建立健全的治理机制，确保公司合规运营，提高经济效益和管理效率，防范经营风险和内部不法行为，进一步提升公司竞争力和持续发展能力。

1. 治理层面的控制目标

（1）抑制经理人员腐败或防范道德风险。根据委托代理理论，代理问题存在于公司内部的每一个层次中，代理关系虽然可以降低经营成本，但会增加代理成本。管理层为了追求私利，可能会做出逆向选择或发生经理人员腐败，损害股东和其他利益相关者的利益。为了解决代理问题，公司必须建立一个健全的治理结构，以实现公司目标，维护以股东为首的利益相关者的利益，降低代理成本。治理层面的内部控制目标之一，是治理主体对经营者实施监督和激励。例如，董事会通过评价公司的经营绩效来判断经理层的经营管理是否有效，抑制经理人员腐败行为，防范道德风险和逆向选择。

（2）保护投资回报，实现公司价值增值。根据利益相关理论，公司不仅要维护大股东的利益，还应该考虑中小股东、员工、经理、债权人、供应商、客户的利益，履行社会责任等。股东权益是股东基于其对公司的投资依法享有的权力和利益，只有维护了股东的基本利益，公司才可能维护其他利益相关者的利益。股东权利仍然是分析代理问题的逻辑起点，但经常出现大股东利益侵占公司利益或侵占其他利益相关者利益的问题。治理层面的内部控制需要协调大股东与中小股东、股东与其他利益相关者之间的利益关系，形成股东、董事会和经理层三者的权力制衡机制，减少代理问题，化解各利益相关者之间的利益冲突，凝聚各方力量，保护投资者的投资回报，最终实现公司价值增值。

（3）实施战略控制。战略目标是内部控制的根本目标。战略控制是监督战略实施进程、及时纠正偏差、确保战略有效实施且结果基本符合预期的必要手段。它是公司根据战略决策的目标标准对战略实施的过程进行的控制。

2. 董事会的治理角色

董事会是依照有关法律、行政法规和政策规定，按公司章程设立并由全体董事组成的，对内掌管公司事务、对外代表公司经营的决策机构。通常，董事会是平衡股东和经理之间利益关系的关键人。董事会的职权主要包括以下几个。

（1）作为代表股东的常设机构，向股东大会报告工作；

（2）对全体股东负责，执行股东大会决议；

（3）制定公司战略、宗旨和使命；

（4）制定公司的重大决策，决定公司的经营方案和投资方案；

（5）负责对公司财务进行审核与控制；

（6）制定公司的根本规章、制度，并监督其执行；

（7）对管理层的行为与董事会决议执行情况进行监督与有效控制；

（8）管理公司信息披露事项；

（9）听取公司董事长/总经理的工作汇报并评价其绩效；

（10）法律、法规或公司章程规定，以及股东大会授予的其他职权。

一个有效的董事会，应该具有以下特征：①权责清楚、建立制衡与问责制度；②建立和实施独立董事制度；③实行利益相关方参与的内部控制；④建立内部审计制度；⑤建立健全信息传递与披露制度。

3. 治理层面的控制程序

治理层面的控制程序是指在公司治理和管理结构上，为达到特定的目标而确保管理和业务运作的有效性和合规性的过程和措施。以下是一些常见的控制程序。

（1）进行战略规划和风险管理。公司管理层需要制定明确的战略规划和风险管理策略，以确保公司的经营方向明确，风险可控。

（2）实施财务监管。公司应设立财务管理部门，并制定完善的财务制度和管理流程，确保财务信息的准确性、真实性。

（3）设立审计委员会。公司应设立审计委员会，加强对重大决策的监督和评估。

（4）确定高层管理者职责。公司高层管理者要确保公司的治理和业务方向符合公司整体利益，不涉及非法行为。

（5）建立信息披露制度。公司应根据法律法规和证券交易所的规定，及时准确地披露公司的业务和财务信息。

（6）实行独立董事制度。公司应设立独立董事，并赋予其相应的权利和义务，确保公司的决策合法、合规。

4. 治理层面的控制指标

治理层面的控制指标是用来衡量和评估公司治理的质量、效果和风险的关键性量化指标，帮助企业股东、投资者和管理层监督和控制企业的经营活动。以下是一些常见的治理层面的控制指标。

（1）董事会结构指标，包括董事会独立性、董事会组成比例、董事会会议时间等指标。这些指标可以帮助企业评估其董事会结构是否满足监管要求和符合最佳实践标准。

（2）治理流程指标，包括管理层复核程序、内部审计流程、披露和信息披露要求等指标。这些指标可以帮助企业评估其治理流程是否满足全面和准确的信息披露和合规要求。

（3）高管层绩效指标，包括CEO绩效、经理绩效、高管人员薪酬等指标。这些指标可以帮助企业评估其管理层的绩效及激励机制的合理性。

（4）股东权益指标，包括股票股息收益率、股票回购政策等指标。这些指标可以帮助企业评估其股东权益相关政策的合理性。

（5）风险管理指标，包括不合规事件估算、信用风险监测、投资风险评估等指标。这些指标可以帮助企业评估其风险管理措施及预警、监测水平。

（6）社会责任指标，包括环境保护、社会福利、质量承诺、员工权益保护等指标。

总之，治理层面的控制指标可以帮助企业评估其治理质量和效果，管理层和股东可以通过这些控制指标，更好地把握整体风险状况、优化决策和提高治理效率。

（二）管理层面的内部控制

管理层面的内部控制是指管理者实施战略、考核绩效、协调企业内部各类业务，促使企业相关部门和人员统一行动，共同追求企业管理目标。

1. 管理层面的控制目标

管理层面的控制目标是确保管理层面的各项活动能够有效地促进企业战略目标的实现，同时规范和优化企业运营管理，提高资产利用效率、降低管理成本和风险。具体包括以下几个方面。

（1）经营目标。管理层面的内部控制要确保企业实现长期、中期和短期的经营目标，并制定相应的业务计划和年度预算，在实现经营目标的同时优化资源配置，提高资产利用效率和经营效益。

（2）资产管理目标。管理层面的内部控制应对企业所有的资产进行有效管控，包括管理固定资产、流动资产、财务资产和人力资产等，确保资产安全、稳健及其合理的利用效益。

（3）风险控制目标。管理层面的内部控制要加强风险管理和控制，设立完善的风险管理机制，对组织可能面临的风险进行识别、评估和控制，减轻风险带来的潜在影响。

（4）内部合规目标。管理层面的控制应确保企业内部建立并执行符合相关法律、法规和政策要求的规范和措施，以保证企业的合法性和规范性，降低企业面临诉讼风险和产生不良影响的可能性。

通过实现这些目标，管理层面的内部控制可以帮助企业健全高效的管理机制，优化企业经营管理，提高管理效率和效益，从而更好地适应市场需求，提高企业竞争力和持续发展能力。

2. 管理层面的控制程序

管理层面的控制程序是指企业管理层在风险环境下为实现经营目标和最大化利益，制定实施的一系列政策、规则、制度和程序。以下是一些常见的管理层面的控制程序。

（1）合理的职责分工。加强各部门之间的协调与合作，进行横向和纵向管理，使各部门协同完成各项任务。

（2）适当的授权审批。制定完整有效的授权审批制度，区分管理层的决策权限、执行权限和检测权限，避免内部人员滥用职权。

（3）有效的风险管理。评估、分析风险，建立风险防控机制并跟进风险变化，以达到降低风险和促进企业稳健发展的目的。

（4）信息管理和安全保障。通过建立完善的信息管理制度、建立信息安全保障机制和加强信息管理人员的专业培训等措施，保障企业数据的安全性、完整性和可靠性，防止多种信息风险。

（5）有效的业绩管理。设立业务、产品和个人的目标，明确相关人员的职责、权限，提供经营成果监控结果等，以促使企业目标的达成。

（6）财务监督制度。建立合理的财务监督制度，确保财务报表的准确性和合规性，以保证企业财务信息公开和透明，从而提高企业的声誉和信誉。

（7）内部审计制度。通过对企业内部运营和财务数据的审视，监督和评估上下层次之间的数据流动、交互和沟通，以确保企业的风险能够被正确辨别，并评估相应的内部控制措施的有效性。

总之，管理层面的控制程序可以帮助企业有效防范内部风险、提高经营效率，保证企业长期的稳健运行和发展。

3. 管理层面的控制指标

管理层面的控制指标是用来量化和衡量控制措施的效果以及帮助管理者更好地评估和管理组织运营的一种方法。以下是一些常见的管理层面的控制指标。

（1）成本效益分析指标，包括收益成本比（如净利润率、投资回报率等）、资本投资回收期、经济利润率等指标。这些指标可以帮助企业评估其投资项目的质量和效益。

（2）生产效率指标，包括生产产量、生产周期、原材料利用率、能源利用率、货物快递时间、库存周转天数等指标。这些指标可以帮助企业评估其生产率和效率。

（3）质量控制指标，包括客户满意度、产品退换货率、服务质量等指标。这些指标可以帮助企业评估其产品质量和客户满意度，从而提高产品的市场竞争力。

（4）管理流程指标，包括审批时间、信息查询时间、决策周期等指标。这些指标可以帮助企业发现其流程的瓶颈和改进空间。

（5）风险管理指标，包括不合规事件的发生估算、数据丢失风险评估、预算计划风险评估等指标。这些指标可以帮助企业评估其风险管理水平。

（6）人力资源指标，包括招聘效率、员工满意度、员工流失率等指标。这些指标可以帮助企业评估其人力资源管理水平和员工福利水平。

（7）安全管理指标，包括安全意识培训、安全事件处理流程、应急响应计划、安全事件处理时间等指标。这些指标可以帮助企业全面评估其信息安全管理体系的健康状况，发现并纠正潜在的风险和缺陷，并持续提高安全管理效能。

总之，管理层面的控制指标可以帮助企业评估其经营绩效，帮助企业管理者制定更好的决策和改进方案，进一步提高企业的效益和竞争力。

（三）业务层面的内部控制

业务层面的内部控制是指企业为确保业务流程的规范化、经济效益的最大化，通过对各业务环节的控制，减少业务事故和纠纷，保护企业利益。

1. 业务层面的控制目标

业务层面的控制目标是指企业在进行业务活动时所要达到的合规和管理目标。以下是一些常见的业务层面的控制目标。

（1）财务流程控制目标，包括保证企业财务报告准确无误，防止盗窃、舞弊和误用资金等。

（2）市场营销控制目标，包括提高产品宣传和广告的合规性，防止虚假宣传和误导消费者等。

（3）生产流程控制目标，包括加强质量控制、提高生产效率、保护环境等。

（4）供应链管理控制目标，包括在与供应商、承包商等合作过程中，保障供货质量、保护知识产权，保证供应链的稳定性、可靠性、合规性和可持续性等。

（5）安全控制目标，包括保障员工和资产安全，如健全安全制度、加强安全培训等。

（6）信息控制目标，包括保障企业信息的安全性、保密性和可靠性，如加强网络安全防范、做好数据备份等。

总之，业务层面的控制目标是确保企业在各个业务方面的高效和合规性。

2. 业务层面的控制程序

业务层面的控制程序可以分为预防性和检查性两种类型。预防性控制程序用于避免潜在的风险或错误发生；而检查性控制程序用于检查已发生的错误或异常事项，以便对其进行纠正和改善。以下是一些常见的业务层面的控制程序。

（1）风险评估和管理。确定和评估存在的和潜在的风险，并采取适当的措施来管理和降低风险。

（2）员工培训和教育。为员工提供必要的培训和学习机会，以便他们能够适当地执行企业的政策和程序。

（3）数据分析。使用数据分析工具来检测异常或异常模式，以便检测错误或欺诈行为。

（4）抽样检查。对已知或潜在的问题领域进行随机抽样检查，以确定问题所在和范围。

（5）合规审核。对业务流程、内部报告等方面进行审查、检查和评估，以确定企业是否遵守了法律法规、行业标准等相关规定，是否符合内部控制要求，以及是否存在潜在的风险和问题。

（6）内部审计。通过对关键业务领域的审计，检查是否存在问题和非法行为，评估内部控制有效性，并提供改进建议。

总之，对于业务层面的控制程序，企业需要根据业务模式、内部控制环境和风险特征进行定制化的设定并根据实际情况执行和检查。企业必须制定和实施这些控制程序，加强内部控制，保证业务运转的合法性和高效性。

3. 业务层面的控制指标

业务层面的控制指标旨在评估企业是否达成目标和获得预期的结果，以检测和纠正问题，并优化企业运作。以下是一些常见的业务层面的控制指标。

（1）财务层面的控制指标，包括营业收入、毛利率、净利率、应收账款周转率等。

（2）生产层面的控制指标，包括原材料利用率、能耗率、废品率、生产周期等。

（3）市场层面的控制指标，包括新客户获取率、客户满意度、市场占有率、市场份额、营销渠道、社交媒体参与度和反馈率等。

企业可以根据自身业务和发展需求，制定适合自己的控制指标。

三、四个层面的内部控制

企业由四种经济主体所组成，即股东、经营者、管理者和普通员工，这四种经济主体有各自的目标和各自的可控因素，所以，企业内部控制也可以划分为以下四个层次。

（一）以股东为主体的内部控制

以股东为主体的内部控制是指公司股东在内部治理中扮演重要角色，通过监督、参与和管控多个业务流程和治理环节，保障公司的合规性和风险控制。以股东为主体的内部控制主要包括以下几个方面。

（1）股权监管。公司股东定期参与和监管公司股权变动情况和股权流转情况，合理确定公司股权比例和权益，确保公司治理结构完整和合规。

（2）董事会管控。公司股东通过董事会监管、参与董事会决策，协助制定公司策略、计划，并通过董事会对公司业务表现和内部控制质量等方面进行检视和监管，确保公司治理的高效性和合规性。

（3）外部审计。公司股东通过组织、协助公司聘请外部审计服务机构，对公司业务活动和内部控制情况进行严格、专业的评估。评定结果对公司业务发展决策和内部控制体系的完善有重要的支持作用。

（4）建立股东代表制度。公司股东通过建立或完善股东代表制度，鼓励股东代表积极参与公司决策和治理，促进表决结果更加符合多数股东利益，提升公司治理的透明度和参与度。

（5）股东信息平台建设。股东信息平台的建设可以为股东、公司和监管机构之间的信息共享和沟通提供便利，促进公司治理的透明度，提高公司治理水平和效率，增强公司的内部控制能力。

（二）以经营者为主体的内部控制

经营者在公司内部治理中扮演重要角色。以经营者为主体的内部控制是指组织内部由经营者牵头负责设计、实施和监督的一系列机制和过程，旨在确保组织目标能够达成、风险得到有效管控，组织利益和财产得到有效保护，促进公司健康持续发展。这种内部控制由经营者作为主要责任者，通过确定控制目标、制定相关政策和程序以及监督其执行来推动和实施。其主要包括以下六个方面。

（1）战略控制。公司经营者通过制定或支持制定公司战略规划和内部治理制度，确保公司治理结构清晰和业务流程表述合理。

（2）风险控制。公司经营者通过配备专业团队防范风险，确保公司可持续发展和经营状况长期稳健，同时加强风险控制的规范化和科学化，保障公司的高效运转和持续增长。

（3）管理者激励。公司经营者通过提供福利、晋升机会、学习机会等激励机制，吸引和留住人才，提高公司的工作效率和效果。

（4）内部审计。公司经营者通过建立内部审计监督机制，定期组织内部审计工作，保障内部审计的完整性、严谨性和科学性，确保内部控制效果可衡量、可评估。

（5）公司文化。公司经营者通过建立积极向上的公司文化，形成开放、透明、高效的治理环境，提高员工士气和凝聚力，改善内部氛围，为内部控制提供广泛的需求支持。

（6）管理体系优化。公司经营者应形成适应变化的内部管理体系，逐步转变为数字化管理，加强数据分析，增强对公司、市场、行业等信息的感知度，提高公司的快速响应能力和决策效率，推动管理体系科学优化、内部控制不断创新。

（三）以管理者为主体的内部控制

以管理者为主体的内部控制是指公司管理者在内部治理中扮演重要角色，他们在制定公司经营计划、管理流程、执行决策等方面具有主导作用，需要对公司内部控制的实施负责。以管理者为主体的内部控制主要包括以下七个方面。

（1）岗位职责设计。公司管理者需要充分了解公司组织结构和各个岗位的职责，设计适当的岗位职责制度，确保员工在工作中有明确的职责范围和工作流程，提高员工工作效率和质量。

（2）风险防范。公司管理者需要充分了解公司经营环境和存在的风险，合理制定应对计划和内部治理措施，确保公司风险得到防范和规避，并及时调整和完善管理流程。

（3）流程管理。公司管理者需要建立和完善公司内部控制流程和规章制度，确保公司内部控制框架的有效性、高效性和科学性，保障公司的运转和发展。

（4）绩效管理。公司管理者需要建立有效的绩效管理机制，为公司员工设定工作目标，进行绩效评估，并将评估结果用于公司应对风险和内部控制方面的决策制定，提高公司管理能力和业绩。

（5）员工激励。公司管理者通过奖金、晋升、福利等形式对员工进行多方位、多角度的激励，让员工感受到自身的价值，从而激发员工的工作热情，提高公司绩效。

（6）建设管理团队。公司管理者应建设符合内部控制要求的优秀团队，通过内部、外部培训等方式不断提升团队成员的技能和素养，推动公司持续发展。

（7）信息管理。公司管理者需要建立标准化、数字化的信息管理体系，有效收集、汇总、分析、管理公司经营信息，以更好地支撑决策和内部控制等各项管理活动。

（四）以普通员工为主体的内部控制

在以普通员工为主体的内部控制中，每一位员工都承担着重要的责任。他们需要熟悉和遵守内部控制规定，严格执行工作职责，并时刻保持对公司治理、业务合规和信息安全等方面的关注。他们成了公司发现问题、纠正错误、预防风险的第一道防线，并通过积极参与和协作，共同推动公司的健康发展。其主要内容涉及以下几个方面。

（1）内部控制意识。公司需要注重开展内部控制意识教育，增强员工的自我意识、法律意识、风险意识等，让员工在日常工作中时刻关注内部控制问题，并牢记自己在内部控制中的重要性和责任。

（2）风险防范。公司员工需要遵守内部控制规定，积极监督和反馈公司内部风险存在情况和调整情况，确保公司内部控制措施有效实施，为公司的稳健发展贡献力量。

（3）信息管理。公司员工需要遵守保密规定，不泄露公司机密信息，合理使用公司信息系统和网络资源，维护公司信息安全。

（4）质量管理。公司员工需要不断提升产品或服务的质量，提高客户满意度，降低市场风险和回收风险，维护公司品牌声誉。

（5）纪律执行。公司员工需要遵守各项管理制度、规章制度和岗位标准，强化职责划分、审批、授权等内部程序的严谨性和权责清晰性，规避潜在风险。

（6）爱岗敬业。公司员工需要增强集体荣誉感，加强内部沟通和交流，营造爱岗敬业氛围，积极、努力工作，增强归属感。全体员工齐抓共管，全面推动公司内部治理工作。

四、内部控制划分的逻辑关系

上述关于内部控制层次的划分，其实并没有本质的区别，只是思考问题的角度不同。内部控制的层次结构如图2-6所示。

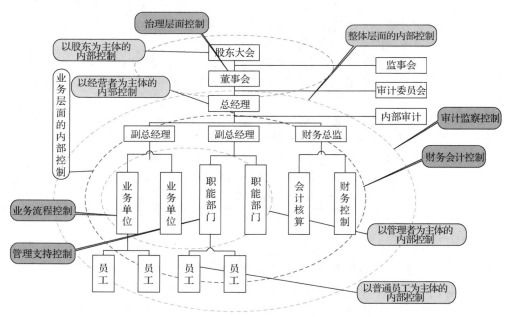

图2-6 内部控制层次结构图

在图2-6中，按内部控制的层次划分，企业内部控制可分为整体层面的内部控制和业务层面的内部控制。业务层面的内部控制又可以进一步细分为：业务流程控制、管理支持控制、财务会计控制和审计监察控制。

　　按主体划分的内部控制中，以股东为主体的内部控制代表了治理层面的内部控制（包含整体层面的内部控制）；以经营者为主体的内部控制和以管理者为主体的部分内部控制相当于管理层面的内部控制，包括管理支持控制、财务会计控制和审计监察控制，以管理者为主体的部分内部控制和以普通员工为主体的内部控制相当于业务层面的内部控制。

　　整体层面的内部控制和治理层面的内部控制是有差异的。整体层面的内部控制侧重于具体的业务流程和操作层面的控制，而治理层面的内部控制则更着眼于公司的整体治理结构、决策过程和透明度。可以说，整体层面的内部控制是治理层面的内部控制的一部分，二者在内部控制体系中有着协同作用。整体层面的内部控制的有效性受到治理层面的内部控制的支持和指导，而治理层面的内部控制的有效性则需要依赖整体层面的内部控制的实施和遵守。它们共同构成了全面的内部控制框架，确保公司在经营活动中获得有效的风险管理和治理支持。整体层面与业务层面的不同点主要体现在三个方面。一是控制的执行主体侧重点不同，整体层面执行主体侧重于决策层（治理层），业务层面执行主体侧重于管理层和操作层。二是控制的角度不同，整体层面侧重于宏观要求，业务层面侧重于微观执行。三是控制结果的影响不同，整体层面控制失效有可能导致企业全局性的失败，业务层面控制失效往往造成局部的损失。

【案例延伸思考】

　　雷曼公司破产事件是一个典型的内部控制失效案例。从内部控制五要素角度看，其破产的原因有以下几点。

　　1. 控制环境存在缺陷。有158年历史的雷曼公司破产的一个重要原因就是董事会没有发挥其真正的作用。主要表现如下。①缺乏内部牵制机制。雷曼公司的董事长查德·富尔德兼任企业的董事长和CEO，公司的重要决策均由一个人决定。②激进的激励机制。雷曼公司对高级管理人员采用高工资、高奖金的办法作为短期激励，同时普遍运用股票期权等多种金融工具来强化中长期激励，此种奖金激励方式极大地提升了高管层的道德风险。高管层为追求高额奖金和红利，无视审慎性要求，盲目"创新"业务。

　　2. 风险评估机制不健全。①跨界经营加大经营风险。为了追求更高的利润增长，雷曼公司不满足于仅从事传统的投资银行业务，开始了跨界经营，迈入了商业银行、保险、资产管理以及地产投资等多个业务领域，并依托可证券化平台逐步形成了投资银行管理、股票融资管理、债务融资管理三大业务板块，在无数的借款人、贷款人、发起人之间构建了一张错综复杂的大网，制作、销售且持有大量的资产抵押证券以及掉期合约。在房地产繁荣时期，雷曼公司整个交易链条上的两个最重要且使其大量获利的因素，即房地产价格、浮动利率，在房地产进入衰退期时就变成了腐蚀资产的剧毒品，在每一个环节上都暴露出大量的风险。②激进的高管激励政策推进了高风险业务。由于激进的高管激励政策，雷曼公司各分、子公司大量操作高风险业务，导致资产结构的调节难度大大增加。③"双高风险模式"大大弱化了风险调节能力。在传统投资银行的经营模式下，公司的盈利主要来自证券自营、证券承销，以及咨询等主营业务的收益，投资银行通过施行高收益、低风险交易结构来对冲投资银行普遍具有的高杠杆的财务风险，从而达到股东权益最大化。而雷曼公司为增加利润，大力拓展资本市场分部，并通过并购和内部交易将转移出去的高风险金融头寸重新买回，从而给自己带来了高经营风险。再加上雷曼公司本身就具有的高财务风险的特征，其在特定时期的"双高风险模式"便形成了。雷曼公司这种特有的"双高风险模式"使得其风险调节能力大大弱化。④系统性的次贷危机放大了雷曼公司的"双高风险"。2007年春，美国次贷危机开始第一次大规模显示其破坏力。在竞争对手纷纷减少风险投资的情况下，雷曼公司却凭借对"反周期增长战略"的信念，继续推行风险投资计划。2007年5月，雷曼公司贷款23亿美元收购Archstone-Smith房地产投资信托基金事件，使雷曼公司的风险投资战略一举跃上巅峰。随着次级债、债务担保证券（CDO）、信用违约互换（CDS）等金融头寸的进一步贬值，雷曼公司其他分部的资产根本不足以抵消来自股票市场的巨额亏损，最终雷曼公司因资不抵债而宣告破产，这是雷曼公司破产的最根本原因。

3．控制活动不到位。在风险评估之后，公司应采取相应的控制措施将风险控制在可承受度之内。但雷曼公司在使用创新金融工具过程中缺乏有效的内部控制，出现大量授权审批不规范的现象，使多数内部控制制度流于形式，并未得到有效实施。雷曼公司的资产结构其实早已隐藏着巨大风险，它是全球最大的美国抵押支持债券（MBS）承销商，其资产也主要是按揭贷款及与按揭贷款相关的债券，早就偏离了传统投资银行业务，并将杠杆机制用到了极致。雷曼公司多次收购房贷公司以实现业务扩张，成为华尔街在次贷危机以前打包发行房贷债券最多的投资银行。雷曼公司的高管以及风险管理委员会应该提早防范，应拒绝在原有基础上把风险再扩大，但事实上，雷曼公司并没有采取任何措施。

4．信息与沟通机制失灵。及时、准确地收集、传递与内部控制相关的信息，确保信息在公司内部、公司与外部之间有效传递是公司实施内部控制的重要条件。雷曼公司自身拥有很大一部分难以出售的债券，即持有过多不良资产。由于这些债券并没有一个流通的市场去确定它们的合理价值，投资银行便以市场上交易的类似产品作为参照物，或者用自己的模型对其进行估价。不同的金融机构对类似产品的估价会因所用模型的不同、输入变量的差别而相差悬殊，这无疑加大了公司的风险。为了获取巨大的眼前利益，公司可能会利用估值技术的差别追求自身利益最大化。雷曼公司与市场信息不对称，高估自身的价值，在急需出售资产补充资本金时与投资者讨价还价，延误自救时机，直到公司破产前，雷曼公司对其持有的MBS以每美元85%的额度进行账面减值，但市场却不认为该资产值这个价钱。

5．内部监督机构形同虚设。内部监督是公司对内部控制建立与实施情况监督检查，评价内部控制的有效性，发现内部控制缺陷并及时加以改进的重要保证。公司的董事会下设审计委员会、薪酬委员会、提名委员会，这些委员会一方面协助董事会行使决策与监督权，另一方面也对公司内部管理的改善起着很重要的作用。雷曼公司的董事会中，9个董事中有8个是外部董事，然而在此次危机中其内部监督机构似乎都失效了，没有事先实施正确的风险评价和进行必要的风险防范。

雷曼公司破产事件，给我们带来以下启示。

第一，完善的控制环境是企业内部控制有效性的保障；

第二，制定明确的战略目标，及时识别与应对风险，是企业基业长青的基本前提；

第三，建立具有独立审查与实时反馈的内部审计机制，是内部控制有效运行的关键。

总之，做好企业内部控制的意义是十分重大的。

【知识回顾与拓展】

即测即评

【思考与探索】

1. 阐述内部控制五个目标之间的关系。
2. 如何理解"人"是内部控制最重要的对象？
3. 阐述内部控制五要素之间的逻辑关系。
4. 如何理解内部控制划分的逻辑关系？

【实训项目】

实训项目一：理解内部控制五要素的内涵。

实训项目二：人本内控的讨论。

实训项目一

实训项目二

第三章
内部控制方法

 学习目标

通过对本章的学习，读者应该：
1. 了解组织规划控制的含义及内部牵制的原理；
2. 理解授权审批控制的原则及度的把握的意义；
3. 掌握财产保护控制的主要措施；
4. 理解激励相容原则；
5. 理解绩效考评控制的作用。

 教学引导案例

一名普通会计，8年贪挪2亿多元

卞中不过是一名普通的会计，却被查出贪污1200余万元，挪用两亿多元公款。他究竟采取了什么样的手段，能够在长达8年的时间内，不被单位察觉地将巨额资金据为己有呢？

2004年，据北京市检察机关查实，在1995年8月至2003年1月，卞中在担任国家自然科学基金委员会财务局经费管理处会计期间，利用自己掌管国家基础科学研究专项资金的下拨权利，采用谎称支票作废、偷盖印鉴、削减拨款金额、伪造对账单等手段贪污公款达1262.37万元，另外还单独或伙同他人将21 600.5万元公款挪用给他人进行经营活动。卞中贪污、挪用的公款共计为22 862.87万元。这也是当时北京市检察机关有史以来办理的涉案金额最大的一起涉嫌贪污、挪用公款案。

请思考：一名普通会计，是如何制造这样一起惊天大案的呢？国家自然科学基金委员会的内部控制中，到底存在哪些漏洞呢？

内部控制方法是实现内部控制目标、发挥内部控制功能、落实内部控制原则的技术手段。主要的内部控制方法有：组织规划控制、授权审批控制、会计系统控制、财产保护控制、预算控制①、运营分析控制、绩效考评控制、内部报告控制等。

---

① 关于"预算控制"的内容将在第九章中进行详细介绍，本章从略。

第一节　组织规划控制

一、组织规划控制的含义

组织规划控制，又称组织机构控制，是对企业组织机构设置、职务分工的合理性和有效性所进行的控制。它主要包括采用合理的组织方案，建立合理的组织机构，并对部门内部的岗位设立和岗位之间的职责分工做出科学的安排。组织规划控制的基本内容有两个方面：一是组织机构设置，二是不相容职务的分离。

二、组织机构设置

企业组织机构设置有两个层面：一是治理层的设置及其相互关系，涉及董事会、监事会、经理层的设置及其相互关系；二是管理部门的设置及其相互关系。

（一）治理层的设置及其相互关系

在公司治理结构中，常见的主要治理机构是董事会、监事会和经理层。它们分别拥有不同的权力和职责。

董事会是公司最高决策机构，由董事组成。董事会主要负责制定公司战略、决定重大事项等，对公司的经营和管理发挥着重要的指导作用。

监事会是对公司经营和管理进行监督的机构，由监事组成。监事会的职责是监督董事会和经理层的工作，对公司财务状况、财务报告、内部控制等进行审核和监督。

经理层是公司的具体经营管理人员，由总经理、副总经理等人员组成。经理层的职责是实施公司的战略和决策，具体落实公司的经营计划和管理措施，确保公司的正常运营和发展。

这三个机构是相互联系、相互制约的。董事会制定公司战略，为经理层提供指引，并向监事会汇报工作。监事会对经理层的表现和成果进行审核和监督，向董事会汇报工作，对公司管理进行监督。经理层实施公司战略，向董事会汇报工作，同时接受监事会的监督。

只有以上三个机构相互合作、相互配合，才能确保公司的正常运行，实现经济效益和社会效益的最大化。

（二）管理部门的设置及其相互关系

管理部门是指协调、监督和控制公司各业务运作的部门，包括财务部门、人力资源部门、市场营销部门、生产或运营部门等。

财务部门主要负责公司财务管理和财务报告，负责编制和实施公司的预算和财务计划，确保公司的资金流畅、财务安全和稳定。

人力资源部门主要负责公司人力资源管理和劳动力资源的配置，包括招聘和培训、员工关系和绩效管理。人力资源部门还需要与其他部门合作，制订员工的薪酬计划、福利待遇和激励机制。

市场营销部门是负责外部沟通与市场营销的主要部门，主要负责产品定位、市场分析研究、销售渠道的开拓、广告宣传等。

生产或运营部门是公司内部主要的生产或运作部门，负责生产或销售的具体工作。这个部门通常需要考虑很多具体因素，如制造能力、物流管理、库存控制等。

这些部门之间存在相互依存和相互配合的关系。例如，市场营销部门与生产或运营部门需要紧密配合，确保所生产或销售的产品符合市场需求；财务部门需要与各个部门紧密合作，监控资金的流动及预算的贯彻。这些部门之间需要充分沟通，共同制定政策和策略，以实现公司的目标。

有关"组织机构设置"的控制设计参见本书第六章第一节"组织架构控制设计"。

三、不相容职务的分离

不相容职务的分离是组织规划控制的基础。不相容职务是指如果仅由一名员工担任，则其既可以弄虚作假，又能够掩饰作弊行为的职务。《企业内部控制基本规范》第二十九条要求企业全面系统地分析、梳理业务流程中所涉及的不相容职务，实施相应的分离措施，形成各司其职、各负其责、相互制约的工作机制。所以企业进行组织规划，首先要对不相容职务进行分离。

不相容职务分离控制的核心是内部牵制。需要说明的是，内部牵制制度只是对业务活动及有关记录处理的一种程序或制度规定，该制度是否合理、执行效果如何，则应由内部审计去检查、监督与评判。

通常，企业的经济业务活动可以划分为授权、计划、执行、监控、记录五个步骤。

（1）授权。授权是指授予特定人员权力和责任来进行经济业务活动。这涉及将特定任务分配给相应的人员，并确保他们具有执行该任务所需的权限和知识。

（2）计划。在进行经济业务活动之前，企业需要进行规划。这包括确定目标、制定策略、预测需求、制定预算和资源规划等。

（3）执行。执行是将计划转化为实际行动的过程。执行可能包括付款、收款、采购、销售、生产等经济活动的实际操作和处理。

（4）监控。监控是对经济业务活动的进展和结果进行跟踪和评估。通过监控，企业可以确保经济活动按照计划进行，并及时发现和纠正潜在的问题和风险。

（5）记录。记录是对经济业务活动进行书面或电子形式的记录和归档。这包括保存相关文件、凭证、账目、报告等，旨在实现经济业务活动的可追溯性和透明性，以便未来的审计、核查和参考。

这五个步骤在企业的经济业务活动中起着重要的作用，确保活动具有合规性和有效性。通过明确的授权、准确的记录和适当的监控，企业能够更好地管理和控制经济业务，确保业务的可靠性和可持续性。

如果上述每一步都有相对独立的人员或部门分别实施或执行，企业就能够保证不相容职务的分离，从而便于内部控制作用的发挥。

第二节　授权审批控制

一、授权审批控制的含义与要求

授权审批控制是指通过对业务流程的审批、授权等环节进行严格的控制，以防止员工的不当授权或者越权行为，从而确保企业的运营、财务、人力资源等方面的管理安全和规范性。

授权审批控制要求企业根据自身的特点和情况，明确各岗位办理业务和事项的权限范围、审批层次、审批程序和相应责任。企业应当编制常规授权的权限指引，规范特别授权的范围、权限、程序和责任，严格控制特别授权。企业各级管理人员应当在授权范围内行使职权和承担责任。对于重大决策、重大事项、重要人事任免及大额资金支付业务等，企业应当实行集体决策审批或者联签制度，任何个人不得单独进行决策或者擅自改变集体决策。

二、授权审批控制的形式

授权通常可分为常规授权和特别授权。

（一）常规授权

常规授权又称制度授权，是指企业在日常经营管理活动中按照既定的职责和程序进行的授权。如销售部门确定销售价格的权力、财务部门批准费用报销的权力。

常规授权具体又分为基本授权和岗位授权两类。

基本授权是指针对具体业务赋予特定单位或部门事务决策权、人事任免权或财务审批权等权力。

岗位授权是指根据具体业务管控要求，将基本授权细化落实到内部控制流程关键环节，明确相应执行人的权力范围和责任。岗位授权应根据基本授权变化进行相应调整。

（二）特别授权

特别授权是指在特定情况下，企业会将某些管理权限授予特定的人员或部门，以便其在紧急情况下及时做出决策并采取行动。这些授权通常与企业的业务和特定情况相关，可以是在时间上有限制的，也可以是在具体领域内有限制的。

例如，在有些情况下，董事会可能会授权给公司的高级管理人员，以便其能够就公司的某些事项做出决策，并对此全权负责。同样地，公司的法务和财务部门可能会被授权在公司特定区域进行合同和支付的相关操作。特别授权通常是一事一审批，一旦某事项处理完毕，授权就自动终止。

尽管这些授权通常是有条件的或是有时限的，但它们仍然能够为企业带来很大的好处，如在紧急情况下快速做出决策、加速业务的开展以及提高在特定领域内的专业性等。特别授权的效果取决于它们的范围和有效期，因此企业应该明确这些授权的限制并遵守其内部程序，以防止权力被滥用。同时，企业应该对特别授权进行有效的监管和审查，以确保它们不会破坏企业内部控制，并确保管理人员能够合理使用特别授权。

三、授权审批控制的原则

授权审批必须按照一定的原则进行。其基本原则如下。

微课堂

授权与审批

（一）授权要有依据

授权要有依据是企业内部控制的一项重要原则，只有在授权行为的合法性得到明确保证的情况下，企业才能避免员工不当授权或者越权行为的发生，从而维护企业形象和运营安全。

授权的依据通常有：企业规章制度、合同或者协议、法律法规、内部审核报告等。

（二）授权要有界限

授权要有界限包括两层含义。一是权力应该控制在特定的人员、职责、项目、时间和范围内，以确保授权行为合法、有效，符合企业的运营和管理要求。二是不可越权授权。不可越权授权要求授权人在授权行为中严格按照授权范围和权限等级执行，不得越权行使或者滥用职权。

（三）授权要适度

授权的"度"非常重要，也就是说，企业在授权时需要把握好授权的适度性。授权过多可能引发管理混乱、控制不足等风险，授权过少则可能导致工作效率低下、错失商机等问题。因此，在授权过程中，企业需要制定明确的授权标准和管理程序，确保授权在可控范围内，不超出企业的风险承受能力和管理能力。关于如何把握好这个"度"的问题，著名的国际战略管理顾问林正大曾经说过："授权就像放风筝，部属能力弱了线就要收一收，部属能力强了线就要放一放。"

（四）授权需要监督

正确的授权应该是相对的、有原则的，是在有效的监督之下的授权。没有监督的授权不是真正的授权。因此，在授权过程中，企业需要建立监督机制，对授权行为进行跟踪和监督。具体做法如下。

（1）确定授权审批程序，严格遵守授权标准和管理要求，不得随意将授权权限外包或分享。

（2）建立授权审批记录和档案，确保授权行为可追踪、可考核。

（3）增强监督和审核力度，确保授权行为的合法性、准确性和规范性。

（4）及时发现并纠正不当的授权行为，防止授权行为出现偏差和滥用。

（5）建立定期报告机制，对授权行为和授权效果进行评估和反馈，及时调整授权策略和管理措施。

第三节　会计系统控制

一、会计系统控制的含义与要求

会计系统是为确认、汇总、分析、分类、记录和报告企业发生的经济业务，并保持相关资产和负债的受托责任而建立的各种会计记录手段、会计政策、会计核算程序、会计报告制度和会计档案管理制度等的总称。会计系统控制主要是通过对会计主体所发生的各项能用货币计量的经济业务进行记录、归集、分类、编报等而进行的控制。

会计系统控制要求企业严格执行国家统一的会计准则制度，加强会计基础工作，明确会计凭证、会计账簿和财务会计报告的处理程序，保证会计资料真实完整。

会计系统控制对企业来说非常重要，因为会计信息是企业运营和决策的基础，任何失误或错误都可能导致严重的财务风险和经济损失。企业需要根据实际情况和需求，制定适合自身的会计系统控制措施，并不断完善和优化控制机制。

二、会计系统控制的措施

会计系统控制的措施主要有以下三类。

（一）技术控制措施

技术控制措施主要包括访问控制、网络安全、数据加密、备份恢复等。

（1）访问控制。即采用密码、二次认证等技术方式，确保只有授权人员才能访问会计系统和数据。

（2）网络安全。即采用网络隔离、防火墙、网络加密等技术，保障会计系统网络的安全。

（3）数据加密。即采用对称加密、非对称加密等技术手段，对重要数据进行加密处理，确保数据机密性。

（4）备份恢复。即对重要的数据进行备份，以便在遇到信息丢失、系统故障等情况时，可以快速恢复数据并确保业务的连续性。

（二）管理控制措施

管理控制措施主要包括制定内部会计控制制度、规定审批程序、建立授权机制、进行内部审计等。

（三）物理控制措施

物理控制措施主要包括会计系统基础设施安全控制、会计系统硬件和软件的稳定运行控制（包括修复系统漏洞、更新安全补丁、检查网络和服务器等）、文件管理、存储介质的销毁和保管、自然灾害等的应急措施等。

三、会计系统控制的内容

会计系统控制的内容主要有如下几个方面。

（一）会计凭证控制

会计凭证控制指在填制或取得会计凭证时实施的相应控制措施，包括原始凭证与记账凭证的控制。会计凭证控制的主要内容如下。

（1）严格审查。对取得的原始凭证要进行严格的审查，对不符合要求的原始凭证予以退回。

（2）设计科学的凭证格式。凭证格式应当符合规定，便于核算与控制，做到内容及项目齐全，能够完整地反映业务活动全貌。

（3）连续编号。对记载经济业务的凭证按照顺序统一编号，确保每项经济业务入账正确、完整、合理、合法。

（4）规定合理的凭证传递程序。各个部门应当按照规定的程序在规定期限内传递流转凭证，确保经济业务得到及时的反映和正确的核算。

（5）明确凭证装订与保管手续。凭证传递完毕后，各部门有关人员应当装订凭证，定期整理归档，按照规定存放保管，以备日后查验。

（二）会计账簿控制

会计账簿控制指在设置、启用及登记会计账簿时实施的相应控制措施。其具体内容如下。

（1）按照规定设置会计账簿。

（2）启用会计账簿时要填写"账簿启用表"，明确账簿管理责任。

（3）会计凭证必须经审核无误后才能够登记入账。

（4）对会计账簿中的账页或账户连续编号。

（5）会计账簿应当按照规定的方法和程序登记并进行错误更正。

（6）按照规定的方法与时间结账。

（三）财务报告控制

财务报告控制指在编报财务报告时实施的相应控制措施。其具体内容如下。

（1）按照规定的方法与时间编制及报送财务报告。

（2）编制的会计报表必须由单位负责人、总会计师以及会计主管人员审阅、签名并盖章。

（3）对报送给各有关部门的会计报表要装订成册、加盖公章等。

（四）会计复核控制

会计复核控制指对各项经济业务记录采用复查核对的方法进行的控制。其目的是避免发生差错和舞弊，保证财务会计信息的准确与可靠，及时发现并改正会计记录中的错误，做到证、账、表记录相符。会计复核控制的主要内容如下。

（1）凭证之间的复核。

（2）凭证和账簿之间、账簿和报表之间以及账簿之间的复核。

会计复核工作应由具有一定会计专业知识、熟悉业务、责任心强、坚持原则的人员担任。复核人员必须对会计凭证、会计账簿、财务会计报表和所附单据认真审查，逐笔复核。复核过的凭证及账表应加盖名章。未经复核人员复核的，出纳人员不得对外付款，会计人员不得对外签发单据或上报报表。

第四节　财产保护控制

一、财产保护控制的含义与要求

财产保护控制是指保护财产不被偷盗或未经许可而获得或被使用的措施和程序。这里的财产主要包括机器设备、电子设备、存货、现金和其他（房屋、家具等）。财产保护控制要求企业建立财产日常管理制度和定期清查制度，采取财产记录、实物保管、定期盘点、账实核对等措施，确保财产的安全完整。

二、财产保护控制的主要措施

（一）财产账务保护控制

财产账务保护控制是指企业为保护企业财产和会计账务资料而采取的一系列安全措施和管理措施。

（1）财务部门控制。会计账务应当全面反映企业所有的财产，财务部门针对属于低值品的、在会计账上没有反映的财产应当建立备查账，同时要定期备份相关文件资料，避免记录受损、被盗、被毁。

（2）行政部门控制。行政部门应当建立房屋、家具和电子设备等资产管理台账，定期与财务部门对账。

（3）生产部门控制。生产部门应当建立机器设备管理台账，定期与财务部门对账。

（4）仓储部门控制。仓储部门对存货进出应当及时开具票据、登记账务，定期与财务部门对账。

（二）财产实物保护控制

财产实物保护控制主要包括限制直接接触、财产处置、实物保管、定期盘点、财产保险等措施，具体如下。

（1）限制直接接触。除了财产实物保管部门或人员可以接触财产实物外，其他部门或人员不可直接接触财产。

（2）财产处置。企业对于财产增减应当严格按照审核审批控制要求办理手续，一般由实物保管部门经办、由财务部门审核和企业负责人审批后，才能处置。

（3）实物保管。现金由出纳保管，其他人员未经批准不得代收现金；机器设备由生产部门负责管理，由车间、班组协助管理；房屋、家具和电子设备由行政部门负责管理，由各部门协助管理；存货由仓库负责管理，所有物资都应当办理入库后，再按照审核审批控制要求办理出库手续。

（4）定期盘点。企业应当重视账账相符管理，只有在账账相符的前提下，盘点才有意义。盘点应当根据实际需要定期和不定期进行，企业应当建立盘点制度和盘点流程，明确责任人，确保财产安全。盘点可以采用先盘点实物再核对账务的形式，也可以采用先核对账务再确认实物的形式。企业对盘点中出现的财产差异应进行调查、分析和处置（包括对责任人的奖惩），并修正相关制度。

（5）财产保险。企业应对主要财产投保（如火灾险、盗窃险、责任险等），以降低企业经营风险，确保财产安全、保值、增值。

第五节　运营分析控制

一、运营分析控制的含义与要求

分析就是将一个事件、活动、概念分解成不同的部分，并找出彼此间的各种联系的过程。分析是大脑的一种综合性思维过程，是人的经验、技能、文化、知识、性格等各种因素的综合体现。

运营分析，就是分析人员利用相关资料，采用一定的分析方法，通过对某一时期、某项业务具体的经营活动进行深入调查研究，探讨收入、成本、费用、毛利等变化的原因，肯定成绩，查找不足，揭露矛盾，提出建议，为领导决策提供信息依据的过程。

开展运营分析的目的就在于把握企业经营是否向着预算规定的目标值发展，如此一旦发生偏差和问题，企业就能找出问题所在，并根据新的情况解决问题或修正预算。一个企业的成功不仅依靠安全生产、促进销售等手段，还依靠对运营成果进行总结分析。因此，运营分析控制要求企业建立运营情况分析制度机制。经理层应当综合运用生产、购销、投资、筹资、财务等方面的信息，通过一定的方法，定期开展运营情况分析，发现存在的问题，及时查明原因并加以改进。

二、运营分析控制的方法

（一）因素分析法

因素分析法即通过分析影响财务指标的各项因素计算其对指标的影响程度来说明财务指标前后期发生变动或产生差异的主要原因的一种分析方法。它能够帮助组织理解并掌握影响运营绩效的关键因素，从而有针对性地采取控制措施，优化运营流程，并实现运营目标的持续改进。

因素分析法的基本步骤如下。

第一步，确定运营分析控制的目标。目标可以是降低成本、提高生产效率、改善质量、提升客户满意度等。明确目标有助于确定需要分析和控制的关键因素。

第二步，识别因素。通过对运营活动的分析和观察，识别出可能影响运营绩效的关键因素。这些因素可以包括生产设备、人员技能、供应链管理、工艺流程、质量控制等。识别这些因素需要考虑其对目标的重要性和影响程度。

第三步，收集数据。收集与每个因素相关的数据或指标。这些数据可以是数量化的（如产量、成本、质量指标）或定性的（如员工满意度调查结果、客户反馈）。数据的收集可以通过现有的数据系统、调查问卷、观察等方法进行。

第四步，进行因素分析。对收集到的各因素数据进行分析，探索因素之间的关系和对目标的影响程度。可以使用连环替代法和可视化工具来帮助理解数据并识别关键因素。

第五步，确定控制措施。根据分析结果，确定需要采取的控制措施。这可以包括改进工艺流程、加强员工培训、优化供应链管理、引入新技术等。控制措施应针对影响运营绩效的关键因素。

第六步，监控和反馈。建立监控机制，定期跟踪关键因素和运营绩效的指标。通过反馈机制，及时了解控制措施的效果，根据需要进行调整和优化。

（二）比较分析法

比较分析法是运营分析控制的一种常用的方法，用于比较和评估不同运营活动、策略或方案之间的差异和效果。它可以帮助组织发现运营活动中的差异、问题和机会，为决策提供数据支持和参考，促进持续改进和效率提升。

比较分析法的基本步骤如下。

第一步，确定比较对象。确定需要比较和分析的运营活动、策略或方案。可以是不同时间段内的同一业务活动、不同部门之间的运营实践、竞争对手的运营模式等。

第二步，确定比较指标。选择适当的指标来比较不同对象之间的差异和效果。比较指标可以包括成本、质量、生产效率、客户满意度、市场份额等。在这里根据比较对象的特点和目标，选择能够准确反映差异的指标即可。

第三步，收集数据。针对比较对象，收集相关数据。数据可以来自于内部的业务系统、财务报表、市场调研等。确保数据的准确性和可比性是进行比较分析的关键。

第四步，进行数据分析。对收集到的相关数据进行比较分析。比较分析可以使用各种方法，如对比图表、趋势分析、百分比对比等。我们可通过分析数据的差异和趋势，发现问题和改进机会。

第五步，解释结果。根据分析结果，解释和理解不同对象之间的差异和效果。这可能涉及识别关键因素、分析影响差异的原因、评估利弊等。

第六步，提出改进措施。基于比较分析的结果和解释，提出改进措施和建议。这些措施可以针对弱点和问题，以提高运营绩效和效率。我们要确保提出的措施可行、可操作，并与组织目标一致。

（三）比率分析法

比率分析法是运营分析控制的一种常用的方法，用于评估和分析运营活动的效果和表现。通过比率分析，企业可以将不同的运营指标进行相对比较，揭示运营绩效的趋势和潜在问题，评估运营绩效、发现问题和找到机会。

比率分析法的基本步骤如下。

第一步，选择比率指标。根据具体的运营目标和需求，选择适当的比率指标。比率指标是通过将两个或多个相关的数值指标进行比较而得出的。例如，常用的比率指标包括盈利率、毛利率、净利润率、资产周转率、存货周转率、现金流量比率等。

第二步，收集数据。收集与选定的比率指标相关的数据。这些数据可以来自财务报表、运营报告、会计记录等。企业应确保数据的准确性和可靠性，同时要确保数据能够与选定的比率指标匹配。

第三步，计算比率。使用收集到的数据计算所选比率指标的值。比率通常是通过将一个指标的值除以另一个指标的值来计算得出的。例如，净利润率可以通过将净利润除以销售收入得到。计算得到的比率值可以以百分比或小数的形式表示。

第四步，分析比率。对计算得到的比率值进行分析和解释。分析比率需要将比率值与过去的数据进行比较，分析其趋势和变化。在分析过程中，要注意考虑到行业标准和同行业竞争对手的表现，以获得更准确的判断。

第五步，寻找异常和问题。通过比率分析，寻找可能存在的异常和问题。比率值的变化可能暗示着潜在的风险和机会。例如，毛利率下降可能表示成本上升或定价策略不当。识别这些异常和问题有助于及早采取措施进行调整和改进。

第六步，提出改进建议。根据分析的结果，提出改进建议和措施。这些建议可以针对发现的问题和潜在机会，以优化运营绩效和效率。建议应该具有可操作性，并与组织的战略和目标相一致。

（四）趋势分析法

趋势分析法是运营分析控制的一种常用的方法，用于观察和分析运营指标的变化趋势，以便企业理解和预测未来的发展方向。通过趋势分析，企业可以了解运营活动的长期变化趋势，发现关键的增长机会和潜在风险，并根据预测的趋势做出相应的决策和行动。趋势分析还可以帮助企业制定更准确的目标和战略，以适应市场和行业的变化。

趋势分析法的基本步骤如下。

第一步，确定观察期间。可以选择过去的几个月、几年或更长时间段来观察指标的变化。观察期间的长度应根据具体情况进行选择，以确保趋势能够得到准确评估。

第二步，收集数据。根据所选择的观察期间，收集相关的运营数据。这些数据可以来自财务报表、绩效指标、市场数据等。企业应确保数据的准确性和可靠性，以及数据的连续性和一致性。

第三步，绘制趋势图。使用收集到的数据，绘制趋势图。趋势图可以是时间序列图，通过绘制数据点并连接数据点，可看到指标随时间的变化。

第四步，分析趋势。观察趋势图，分析指标的变化趋势。关注指标是否呈上升、下降或平稳的趋势。同时，关注趋势的速度和幅度，以及是否存在周期性或季节性变化。这有助于理解指标的整体趋势和潜在因素。

第五步，进行趋势预测。基于观察到的趋势，进行趋势预测。企业根据数据的历史变化和趋势的特点，尝试预测未来的发展方向。这可以是简单的线性推断，也可以是基于更复杂的模型和方法进行的趋势预测。

第六步，基于分析提出建议。根据对趋势分析的结果和趋势预测，提出相应的建议和措施。建议应该针对观察到的趋势和可能的发展方向，以指导企业的决策和规划。

（五）综合分析法

运营分析控制中的综合分析法综合考虑企业的偿债能力、盈利能力、营运能力和发展能力等指标，对企业的财务状况和经营成果进行系统、全面和综合的分析和评价。这种方法可以提供一个更全面的视角，帮助企业了解财务状况和经营绩效，并基于分析结果制定相应的改进措施，为提升企业整体业绩做出更明智的决策。

综合分析法的基本步骤如下。

第一步，收集财务数据。企业的财务数据的来源包括财务报表、资产负债表、利润表、现金流量表等。企业应确保数据的准确性和完整性，同时要注意数据的时效性。

第二步，计算财务指标。使用收集到的财务数据，计算一系列与企业经营状况相关的指标。这些指标可以包括但不限于以下内容。

（1）偿债能力指标：如负债比率、利息保障倍数等，用于评估企业偿债能力和债务水平。

（2）盈利能力指标：如净利润率、毛利率、ROE（净资产收益率）等，用于评估企业的盈利能力和利润水平。

（3）营运能力指标：如存货周转率、应收账款周转率、流动资产周转率等，用于评估企业的资产运作效率和营运能力。

（4）发展能力指标：如销售增长率、市场份额、研发投入比例等，用于评估企业的发展潜力和能力。

第三步，分析指标结果。对计算得到的指标进行分析和解读。重点关注指标的趋势、变化和相互关系，以及与行业标准和竞争对手的比较。通过分析，企业可以了解自身在财务状况和经营绩效方面的优势和劣势，并对问题和潜在风险有所察觉。

微课堂

哈佛分析框架

第四步，制定改进措施。基于指标分析的结果，提出相应的改进建议和措施。这些措施可以针对财务问题或经营绩效的短板，以提升企业的整体运营表现。措施应该具有可行性，并与企业的战略目标相一致。

三、运营分析控制涉及的内容

运营分析控制涉及的内容主要包括三个方面：运营环境分析、行业特征分析、竞争战略分析。

（一）运营环境分析

运营环境，是指影响一切行业和企业的各种宏观力量。对运营环境的分析，不同行业和企业根据自身特点和经营需要会有差异，但一般都应对政治、经济、技术和社会这四大类影响企业的主要外部环境因素进行分析。

（二）行业特征分析

某一行业的特征是某一行业的结构在某一时期的基本属性，它综合反映了该行业的基本状况和发展趋势。评价行业的特征要求企业对行业有一个全面的认识。评价行业的特征，主要是评价行业的竞争特征、需求特征、技术特征、增长特征、盈利特征等五个方面（见表3-1）。

表3-1　影响行业特征的一般因素

竞争特征	需求特征	技术特征	增长特征	盈利特征
竞争企业数	需求增长率	技术成熟程度	生产能力增长率	平均利润率
竞争企业战略	客户稳定性	技术复杂性	企业规模经济程度	平均贡献率
行业竞争热点	产品生命周期阶段	相关技术的影响	新投资总额	平均收益率
资源的可得性	替代品可接受性	技术的可保护性	一体化、多元化发展速度	
潜在进入者	需求弹性	研究与开发费用		
竞争结构	互补性	增长率		
产品差异化程度		技术进步的影响		

（三）竞争战略分析

企业的经营不仅受到宏观的运营环境、中观的行业特征的影响，还受到微观的企业竞争战略的影响。企业想要在未来的市场竞争活动中占据主导地位，一方面需要了解目标客户的未来需求、发现新的消费增长点和潜在的新客户群；另一方面需要了解竞争对手的经营状况以及竞争战略。这些就是企业竞争战略分析的主要目的。运营环境分析和行业特征分析为企业竞争战略分析提供基础和依据，企业竞争战略分析是运营环境分析和行业特征分析的具体落实和目的。

企业竞争战略关注企业如何在每个业务单元中建立竞争优势，因为企业在行业中的竞争地位决定了企业的获利能力。波特在《竞争战略》一书中把竞争战略描述为"采取进攻型或防守型行动，在产业中建立起进退有据的地位，成功地对付五种竞争力量，从而为企业赢得超常的投资收益"。波特在1985年提出了三种基本的竞争战略，即成本领先战略、差异化战略、聚集战略。

第六节　绩效考评控制

一、绩效考评控制的含义与要求

绩效考评控制是指企业通过考核评价的形式规范企业各级管理者及员工的经济目标和经济行为。它强调的是控制目标而不是控制过程，只要各级管理目标实现，则企业战略目标就得以实现。绩效考评系统主要包括考评指标和考评程序的制定、考评方法的选择、考评结果的分析和纠正偏差与奖励措施等关键环节。

绩效考评控制要求企业建立和实施绩效考评制度，科学设置考评指标，对企业内部各责任单位和全体员工的业绩进行定期考核和客观评价，将考评结果作为确定员工薪酬以及职务晋升、评优、降级、调岗、辞退等的依据。

二、激励相容原则

微课堂

激励相容的涵义

绩效考评的一个很重要的方面就是根据考评结果严格恰当地进行激励。激励的核心是激励相容。

激励相容的概念由美国教授威廉·维克里（William Vickvey）和英国教授詹姆斯·米尔利斯（James Mirrlees）共同提出，开创了信息不对称条件下的激励理论。二人因此成就获得了1996年度的诺贝尔经济学奖。

激励相容是指：在市场经济中，每个理性经济人都会有自利的一面，其个人行为会按自利的规则行为行动；如果能有一种制度安排，使行为人追求个人利益的行为，正好与企业实现集体价值最大化的目标相吻合，这一制度安排，就是激励相容。激励相容是激励机制的本质属性，通过寻求对利益各方互惠的实现方式，使双方满意，相互满足，实现利人与利己的统一。

评价一个机制或一个制度的优劣，关键在于在自由选择、自愿交换、信息不完全及决策分散化的条件下，该机制或制度能否达到既定目标。该机制或制度的激励相容是一个重要的判断标准，即在所制定的机制或制度下，每个参与者即使追求个人目标，其客观效果也能正好实现设计者所要实现的目标。

现代经济学理论与实践表明，贯彻激励相容原则，能够有效地解决个人利益与集体利益之间的矛盾冲突，使行为人的行为方式、结果符合集体价值最大化的目标，让每个员工在为企业多做贡献中成就自己的事业，即个人价值与集体价值的两个目标函数实现一致化。

激励相容的根本问题就是如何调动人们的积极性，即通过某种制度或政策的安排来诱导人们努力工作，使得努力工作的收益大于所付出的代价，进而使人们的自利和社会利益有机地结合起来。而激励相容的不足在于无法解决参与者的个人偏好。因为每个人的偏好在历史的进程中是一个潜移默化的过程。培育参与者的个人偏好（即信念），是激励相容机制能够实现目标的更有效保证。

三、绩效考评控制的方法

目前，绩效考评控制的常见方法有五种：关键绩效指标法、个人业务承诺计划法、平衡计分卡法、经济增加值法、360度反馈法。

（一）关键绩效指标法

关键绩效指标（Key Performance Indicator，KPI）是从对象（个人、业务单元、部门或组织）的关键成果领域中提取出来的主要工作目标。其代表了工作的重点和花费时间最多的工作内容，是用以衡量流程绩效的一种目标式量化管理指标，具有数量少、对工作重点有指导作用等特点。关键绩效指标法把企业的战略目标分解为可操作的工作目标，是企业绩效管理的基础。

（二）个人业务承诺计划法

个人业务承诺（Personal Business Commitment，PBC）计划法是指个人根据自身情况、资源和能力，在一定时间范围内向自己承诺并制订可行的计划，积极推进自己的工作、生活和学习等方面的目标和计划，逐步实现个人的成长和提高的方法。其主要内容包括：制订计划、合理分配时间、自我约束、向他人汇报、检查和总结等。

（三）平衡计分卡法

平衡计分卡是从财务、客户、内部运营、学习与成长四个维度，将企业的愿景和战略落实为可操作的衡量指标和目标值的一种绩效管理体系。平衡计分卡模型如图3-1所示。

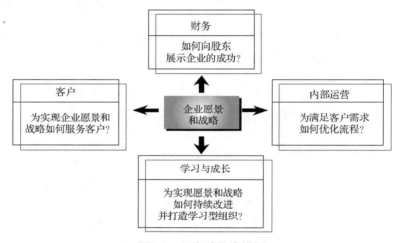

图3-1 平衡计分卡模型

平衡计分卡从企业愿景和战略出发，从四个维度考核相关领域的关键成功因素，进而确定具体的考核指标，并充分利用这些考核结果衡量企业战略的完成情况。在进行具体的指标设计时，强调不同维度绩效领域之间的协调和平衡。

设计平衡计分卡的目的就是要建立"实现战略制导"的绩效管理系统，从而保证企业战略得到有效的执行。因此，平衡计分卡是加强企业战略执行力的有效的战略管理工具。

（四）经济增加值法

经济增加值（Economic Value Added，EVA）的理论出自诺贝尔经济学奖获得者默顿·米勒和佛朗哥·莫迪利亚尼1958—1961年关于企业价值的经济模型的一系列论文。从最基本的意义上讲，它是指从税后净营业利润中扣除包括股权和债务的全部投入资本成本后的所得。

EVA的核心思想是：一个企业只有在其资本收益超过为获得该收益所投入资本的全部成本时，才能为股东带来价值。基于这种认识，EVA不仅是一种有效的企业业绩度量指标，同时还是企业进行决策与战略评估，以及资金运用和出售定价的基本依据。

（五）360度反馈法

360度反馈法是指从与被考核者发生工作关系的多方主体那里获得被考核者的信息，以此对被考核者的绩效指标进行全方位、多维度的绩效评估的方法。这些信息的来源主要有：上级监督者的自上而下的反馈、下属的自下而上的反馈、平级同事之间的反馈、公司内部支持部门和供应部门的反馈、公司内部和外部客户的反馈，以及来自本人的反馈等。可以说，360度反馈也称全视角反馈或多源评价，即被考核者的上级、平级同事、下属、服务的内部客户和外部客户以及被考核者本人等对其绩效指标、重要工作能力和特定的工作行为和技巧进行评价，以获知各方面的意见和建议，明确其长处和短处，达到完善自我、提高工作能力的目的。

第七节　内部报告控制

一、内部报告控制的含义与要求

内部报告是指在企业内部流转的关于运营、财务和合规方面的信息，用于管理层和内部利益相关方做出决策、监督和控制。内部报告的形式有多种，如书面报告、口头介绍、电视电话会议、音像制品、计算机多媒体显示和集上述形式为一体的信息中心。

内部报告控制是指企业内部建立的一系列措施和程序，旨在确保内部报告的准确性、可靠性和及时性。其基本要求是：企业应该建立和完善内部报告制度，明确相关信息的收集、分析、报告和处理程序，及时提供业务活动中的重要信息，全面反映经济活动情况，增强内部管理的时效性和针对性。具体要求如下。

（1）整体要求：表格化、数据化、条理化、规范化。

（2）内容要求：简明扼要、通俗易懂、统筹规划、避免重复。

（3）时效要求：及时、按时、主动、积极。

（4）方法要求：提问题、讲办法、讲时间、讲思路。

（5）责任要求：部门负责、个人负责。

（6）上报要求：逐级上报，特殊除外。

二、内部报告控制的格式要求

内部报告的格式，也就是信息将以什么方式呈现在管理者面前。信息的内容不同，内部报告的格式也不完全一样。一般的内部报告格式包括：文本格式、图表格式、数字格式和综合格式等。

（1）文本格式，就是以文字叙述的方式来传递信息，常用于说明一些不能量化的信息的特点及相互间关系。

（2）图表格式，就是以图表的形式，通过书面、多媒体显示等方式传递信息。它具有强烈的视觉效果，但制作难度大，且每张图表反映的信息较少。

（3）数字格式，就是以数字的形式来描述一些量化信息。它反映的信息较多，生成简便，且易被接受。

（4）综合格式。即以上几种格式的综合运用。

企业在设计格式时，还要考虑字体、颜色等内容，以突出重要信息，但主要还是要考虑信息的特点、信息使用者的偏好和理解能力，以及成本费用等因素。

三、内部报告控制的主要措施

以下是一些常见的内部报告控制措施，可以帮助企业确保内部报告的准确性、可靠性和及时性。

（1）制定内部报告政策和程序。制定明确的内部报告政策和程序，明确报告的要求、标准、格式、频率和接收者。确保报告的一致性和标准化，并提供指导以确保报告的准确性和完整性。

（2）实施职责分离。实施职责分离原则，可以确保内部报告的编制、审核和认可由不同的人员或部门负责。这有助于减少潜在的操纵和偏见，并提高报告的可靠性和独立性。

（3）进行内部审计。通过定期的内部审核和审计，验证报告的准确性和合规性。内部审计可以检查报告的制作过程、数据来源和准确性，并提供改进建议。

（4）加强数据质量管理。报告的准确性和完整性取决于报告所依赖的数据质量。数据质量管理包括验证数据来源的准确性、完整性和时效性，实施数据清洗和验证流程，以及确保数据记录和报告的一致性和可靠性。

（5）报告审批和授权。设立适当的报告审批和授权机制，确保报告经过适当的层级核准和授权后才能发布。这有助于确保报告的可靠性和合规性，并减少未经授权的报告发出。

（6）错误纠正和改进。建立错误纠正和改进程序，及时纠正和解决报告中的错误和偏差。这可以包括报告制作者的纠错机制、管理层的复核程序和持续改进计划。

（7）保密和安全控制。确保报告的机密性和安全性，防止未经授权的披露和访问。实施数据访问权限控制、加密和安全技术，建立信息保护和机密协议。

（8）适当培训。提供针对内部报告的培训和意识提高活动，使报告编制人员和审核人员了解报告的要求、流程和控制措施。这有助于提高报告质量，减少错误和遗漏，并增强员工对报告重要性和合规性的认识。

（9）监测和反馈机制。建立监测和反馈机制，监测和评估内部报告的实施和效果。可以通过定期的内部审计、管理层的评估和接收者的反馈来评估报告的准确性、时效性和适用性，并及时采取改进措施。

内部报告控制的有效性需要与企业的整体内部控制框架和文化结合起来。企业应建立一个鼓励透明和及时内部报告的文化，确保员工可以自由报告问题和异常，并制定相应的机制和措施来妥善处理和解决这些问题。此外，内部报告控制也需要与外部报告要求和合规性要求保持一致，以确保企业向内外部利益相关方提供准确和可靠的信息。

【案例延伸思考】

在"教学引导案例"中，卞中无视党纪国法，为他的贪婪和欲望付出了应得的代价。法律是无情的，也是正义的，腐败的坚冰终将被法律的利器摧毁。卞中所在的国家自然科学基金委员会的内部控制存在以下漏洞。

（1）没有贯彻不相容职务分离机制。卞中既管记账又管拨款，身份是会计却又掌握出纳的职能，这样就给他实施贪污、挪用提供了职务上的便利。

（2）授权审批不严格。吴锋作为该基金委员会经费管理关键岗位的负责人，违反财经纪律，对于需要由其加盖财务局局长名章的支票等银行票据，不审核或不认真审核票面记载的相关信息，致使卞中利用在支票上不填收款单位的方式骗取盖章，后再填写其他单位的方式贪污、挪用公款。

（3）管理失职。吴锋将其负责保管的财务局局长的名章交给该处出纳会计使用，并在看到该处记账会计卞中使用财务局局长的名章时不加制止，致使卞中采取在支票上偷盖章的方式贪污、挪用公款。

（4）缺乏反舞弊机制。该基金委员会8年来没有实行轮岗制度，给卞中贪污、挪用提供了可乘之机。

（5）缺乏监督机制。该基金委员会14年来没有对卞中的账目进行过一次审计。

由此可见，强化财务监督和各环节的制约机制，加强内部控制建设与实施，对预防职务犯罪非常重要。

【知识回顾与拓展】

即测即评

【思考与探索】

1. 什么是不相容职务分离？为什么说内部牵制是不相容职务分离的核心？
2. 什么是授权审批控制？授权与审批有区别吗？
3. 如何把握授权的度？
4. 财产保护控制的基本内容是什么？
5. 简述运营分析控制的框架。
6. 什么是激励相容？在绩效考核中如何运用激励相容原则？
7. 内部报告控制的具体要求有哪些？如何理解？

【实训项目】

实训项目：部门主管的郁闷。

实训项目

下篇 内部控制制度设计

第四章
内部控制制度设计理论

 学习目标

通过对本章的学习，读者应该：

1. 了解内部控制制度设计的理论基础；
2. 掌握内部控制制度设计的基本理念；
3. 理解内部控制制度设计的两种基本模式；
4. 掌握内部控制制度设计的原则和方法；
5. 能够把握内部控制制度设计的度；
6. 能够根据本章所学内容，针对企业实务中的内部控制去查问题、找原因，求改进。

 教学引导案例

丢书现象为何屡禁不止

某阅览室总丢书，管理员只好竖一个告示牌："凡偷书者，一经发现，一律罚款500元。"然效果不佳，丢书现象依然屡禁不止。

后来，阅览室来了一位智者。管理员向其诉说这一现象。这位智者将告示牌改为："凡检举偷书者，一经查证，一律奖励200元。"

这一告示发出以后，丢书的次数大大减少了。

这是为什么呢？

第一节　内部控制制度设计的理论基础

内部控制制度设计的理论基础主要有：人性假设理论、利益相关者理论、组织行为理论。

一、人性假设理论

人性假设理论主要研究人类行为背后所隐含的假设。该理论认为，人类行为受到其背后的人性假设的影响，人性假设是人们对自己和他人行为的看法和预期。

著名社会学家雷蒙·阿龙认为：人类的历史就是人性的发展和成长过程。但不管人性怎么变化，任何制度的选择和设计都毫无疑义地要体现人性的要求，因为制度的选择和设计归根到底是人自身的意义、价值和人性的要求。制度设计必须以某种人的预设为前提，不管是以人性善的预设还是以人性恶的预设，在其操作层面上都是以某种对人性的洞见为前提的。

诺贝尔奖获得者、经济学家哈耶克认为：从"好人"的假定出发，必定设计出坏制度，导致坏质量；从"坏人"的假定出发，则能设计出好制度，得到好结果。

西方经济学把人假定为经济人，认为人都是自私的。制度设计从价值判断上当然不是反对行善、利他，在事实判断上也不是怀疑人有善心或利他性，只不过是基于一个常识：一个人做点好事并不难，难的是一辈子做好事。有鉴于此，人们在设计制度时就应当从人有可能为恶的低调假设着眼。

"制度设计假定"是为了防止坏人用权力做坏事，但绝不会妨碍好人用权力做好事。人的局限性是产生错误与舞弊的根源，缺乏监督则为腐败的滋生提供了条件。

内部控制作为企业的一项主要制度，同样需要以一定的人性假设为前提。那么，内部控制制度要以什么样的人性假设为前提呢？我们认为，内部控制制度赖以存在的人性假设应该是现实生活中正常人表现出来的人性。主要包括两个方面：一是人性自利，二是有限理性。

所谓自利，是指人会计算、有创造性、能寻求自身利益最大化，表现为经济人。自利并不一定会导致损人，亚当·斯密在《国富论》中认为，在"看不见的手"的指引下，经济人追求自身利益最大化的同时也促进了社会公共利益的增长。

当然，自利也可能带来对他人利益的损害。每个人由于自利的本能，在一定条件下可能出现机会主义倾向，此时的自利就可能导致舞弊。内部控制以人性自利作为人性假设，一方面可以针对人的舞弊动机，建立必要的约束机制，防范舞弊行为的发生；另一方面可能针对人的自利特性，采取一定的激励措施，激发人的潜能，增加组织价值。

有限理性认为，人的行为是有意识地理性，但这种理性又是有限的，人并不能在任何情形下都做出最优选择。这是因为以下几个方面。

一是环境是复杂的，人们面临的是具有不确定性的世界，因此，信息是不完全的，是有限的。

二是人对环境的计算能力和认识能力是有限的，人不可能无所不知，因此，人拥有的信息认识能力是有限的。

三是人会受到情境的影响，在一些情境下，会做出情结化的选择，理性在当时的作用是有限的。

基于上述三个方面，人是有限理性的，所以，人的决策和行为可能存在次优问题，甚至可能出现错误。内部控制以有限理性作为人性假设，一方面可以针对"可能出现的错误"建立相应的内部检查与核对机制，将可能出现的错误控制到最少；另一方面针对"可能存在的次优问题"，建立审查批准制度，增加改进的机会。内部控制设计中的人性假设如图4-1所示。

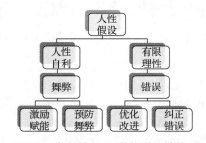

图4-1　内部控制设计中的人性假设

微课堂

内部控制与
人性假设

二、利益相关者理论

微课堂

内部控制与利益
相关者理论

利益相关者理论是企业和组织管理中的一种重要理论，强调企业应该考虑到各种利益相关者的权益和利益。利益相关者包括企业的股东、债权人、员工、消费者、供应商等，也包括政府部门、本地居民、本地社区、媒体、环保组织等，甚至包括自然环境、人类后代等受到企业经营活动直接或间接影响的客体。这些利益相关者与企业的生存和发展密切相关，他们有的分担了企业的经营风险，有的为企业的经营活动付出了代价，有的对企业进行监督和制约，企业的经营决策必须要考虑他们的利益或接受他们的约束。从这个角度讲，企业是一种智力和管理专业化投资的制度安排，企业的生存和发展依赖于企业对各利益相关者利益要求进行回应的质量，而不仅仅取决于股东意愿。

利益相关者理论的核心理念是企业不是建立在真空中的，企业在做出各项经营决策、采取具体经济行为时，应该考虑到所有利益相关者的利益，并且需要通过制定相关政策和实施行动，来平衡各相关者的利益，尽可能满足他们的需求。

企业各类利益相关者的利益，需要通过内部控制来调节与平衡。内部控制对企业利益相关者利益产生的影响主要表现在如下方面。

（1）股东。内部控制的有效实施可以提高企业治理水平，降低企业经营风险，保护股东的利益，提高企业价值。

（2）债权人。内部控制的有效实施可以保护债权人的权益，维护企业信用和声誉，降低债务风险，提高企业债券价格。

（3）员工。内部控制的有效实施可以提高员工的工作效率和工作质量，促进企业整体发展，提高企业价值。

（4）监管机构。内部控制的有效实施可以帮助企业依法依规经营，减少违规行为，避免惩罚和罚款。

总之，内部控制的利益相关者理论认为，企业良好的内部控制对企业各类利益相关者都有益处，可以提高企业治理水平、降低经营风险、维护企业信誉和员工利益、提高企业价值等。

三、组织行为理论

组织行为理论认为，人是组织中的灵魂，组织结构的建立只是为了创造一个良好的环境，使这个组织中的人比较顺利地实现他们的共同目标。在组织行为理论中，与内部控制最相关的有契约理论和激励理论，这两个理论为内部控制的制度设计和实施提供支持。

契约理论主要探讨人们如何通过签署契约或协议来协调和管控彼此的利益关系。在企业内部，契约理论可以用于制定各种规则和流程，确保员工和领导都遵守相应的规则和内部控制制度。此外，契约理论还可用于鼓励员工与企业建立长期的、可持续的关系。

激励理论主要探讨了激励对人类决策的影响。在内部控制设计与实施过程中，激励理论可以帮助企业设计更加合理的激励机制，如提供奖励、职务晋升等，以此来提高员工的工作积极性，进一步提高企业整体绩效。

在激励理论中，有一个非常著名的马斯洛需求层次理论。马斯洛需求层次理论是关于需求与行为之间的关系的概括。该理论认为，人的需求按照层次从低到高依次为生理需求、安全需求、归属需求、尊重需求和自我实现需求（见图4-2）。未满足的需求会引起内心的紧张感，从而形成动机，促使个体去寻找消除紧张感的行为。当需求得到满足时，紧张感消除，人的行为也会随之转变。"需求未满足—紧张感—动机—寻找行为—需求满足—紧张感消除"的循环，促使人们不断前行和成长。

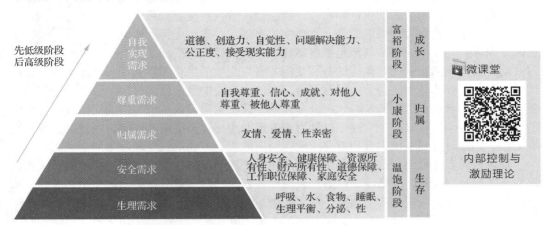

图4-2 马斯洛需求层次理论

第二节 内部控制制度设计的基本思路

一、内部控制设计的基本理念

内部控制制度设计就是为了保证企业各项业务活动的有效进行，确保资产的安全、完整，防止欺诈和舞弊行为，实现经营管理目标而制定和实施的一系列具有控制职能的方法、措施和程序。

企业内部控制制度设计的目的是加强对组织风险和治理者决策的控制，保证组织及利益相关者价值最大化。因此，内部控制制度的设计需要秉持下列理念。

（一）价值增值理念

设计与实施内部控制的目的是实现组织价值。但目前许多组织在设计与实施内部控制制度时只注重过程，忽视了内部控制的结果，以为内部控制就是相互牵制，反而造成组织运行效率低下。所以内部控制活动要围绕组织的价值增值目标展开，把组织结构、经营项目以及业务流程作为一个有机整体来考虑，以价值增值目标为轴心进行制度安排。

（二）风险导向理念

根据COSO的报告，风险评估是内部控制框架的重要组成部分，所以内部控制制度的设计必须体现组织对风险的治理。由于经济、行业、政策法规和经营条件持续地变化，每个组织都要面对各种不同的内部和外部风险，因此必须对这些风险进行识别、评估，借以确定和分析组织实现其目标过程中的相关风险，这是组织在前进过程中避免各种错误和意外的前提。

（三）合规经营理念

合规是组织可持续发展的基石，合规是世界各国的基本要求。近几年，我国对合规经营高度重视。2022年10月，国家市场监督管理总局和国家标准化管理委员会发布了《合规管理体系要求及使用指南》（GB/T 35770-2022）。因此，组织在规划内部控制制度设计时，必须贯彻合规经营理念，将合规要求融入内部控制体系。

（四）服务决策理念

所有组织都面临着许多不确定性，不确定性表现为风险和机会，具有腐蚀或增加组织价值的潜伏性，最高管理层面临的挑战就是确定组织在竭力增加组织价值的同时，预备接受多大的风险。管理者能否有效处理不确定性，能否有效地避免风险、把握机会，直接影响组织的生存与发展。因此，内部控制制度一方面需要对最高管理层的决策行为进行规范和约束，这是组织规避风险的有效途径；另一方面也要通过内部控制机制，为最高管理层的经营决策提供真实、完整、及时的高质量决策信息。

（五）利益相关者理念

根据COSO的定义，内部控制制度必须有董事会、管理层和员工共同参与实施。内部控制制度的终极目的是要保证利益相关者价值最大化，所以在进行内部控制制度的设计时应该综合平衡股东、债权人、管理者、员工、顾客、经销商、供应商、政府和其他利益相关者的利益。但是目前我国内部控制制度的设计基本上是站在高管层（经营管理者）的角度来考虑的，把内部控制制度看成高管层治理的重要手段，着重于组织内部治理职能机构、业务活动等控制制度的设计，很少将内部控制制度的设计与股东、债权人、政府等利益相关者联系起来。突出表现在设计内部控制制度时，不注重股东（大）会、董事会、监事会、总经理的设置及相互制衡关系的要求，使股东和其他利益相关者丧失了对高管层的控制权。所以内部控制制度的设计必须从股东、债权人等利益相关者的角度重新思考。

第一，内部控制制度的设计必须完善现代组织治理结构，注重对高管层权力的制衡。

第二，内部控制制度的设计应该强化对董事会、监事会成员身份的确认，使他们真正成为股东的代言人，以主导者的身份参与企业内部控制活动。

第三，内部控制制度的设计应该体现债权人、政府等利益相关者的利益，促进组织健康平衡发展。

（六）成本效益理念

成本效益理念是指在计划和实施各种决策时，需要综合考虑成本和效益的关系。在企业内部控制制度设计中，成本效益理念尤为重要，因为企业需要考虑内部控制制度设计的成本和其提供的效益之间的平衡。在内部控制制度设计中贯彻成本效益理念，具体来说要注意以下几点：

（1）成本效益分析。企业需要对内部控制制度设计的成本和效益进行分析，明确其中的成本和效益项，并对其进行权衡，确保成本合理、效益最大化。

（2）合理控制成本。在内部控制制度设计中，企业应该根据自身实际情况和需求，合理控制成本，确保在产生必要的效益的同时，控制成本水平。例如，企业可以采用构建信息系统等方式来降低内部控制的成本。

（3）对效益进行评估。企业需要对内部控制制度设计的效益进行评估并对其进行改进，保证设计的内部控制制度能够为企业带来可量化的效益。

（4）强化成本效益管理。企业在内部控制制度设计、实施、监控等阶段都需要强化成本效益管理，确保内部控制制度设计的成本和效益相匹配，并随着外部环境和内部需求的变化进行调整。

（七）全员参与理念

全员参与理念是指整个组织中的所有成员都要积极参与到内部控制中来，从而提高内部控制制度的有效性和效率。全员参与理念是内部控制制度设计和实施的重要原则，它贯穿于内部控制的始终。

内部控制是一个涉及组织中所有成员的复杂系统，只有全员参与，才能更好地解决内部控制风险。全员参与理念也是提高内部控制有效性和效率的重要手段，因为只有每个成员都能切实履行自己的内部控制职责，内部控制制度才能全面执行。

在实践中，全员参与理念需要由内部控制制度的设计者以及企业领导团队来传递和落实。他们需要向员工传达内部控制的重要性和角色，并鼓励员工在日常工作中积极参与内部控制的实施和监督。同时，设计者也需确保内部控制的有效性，制定相应的标准和检查机制来监测员工的履行情况和控制效果。

全员参与理念的重点是促进内部控制的文化建设，将内部控制作为每个成员的责任。通过与业务整合，逐步实现内部控制的全覆盖，构建具有高可靠度的内部控制体系，从根本上解决内部控制问题。因此，全员参与理念是企业内部控制制度设计和实施过程中的关键要素，既可以提高效率和经济效益，也可以降低内部管理和风险防控的成本。

（八）信息化理念

电子技术和互联网的迅速发展，使信息技术作为工具被引进大多数组织的活动，传统用手工进行信息处理的组织内部控制系统已不能满足现代需要。运用现代信息技术，促进组织内部控制系统的现代化、信息化是内部控制制度设计的重要任务。

信息化理念有三个方面的含义。

一是依托信息技术，如网络技术、计算机技术和现代通信技术，设置合适的流程，加快数据采集和处理速度，构建组织内部控制的操纵平台。

二是建立信息库，主要包括风险源库、控制内容库、控制标准库以及控制对策库等。风险源库对组织面临的风险源进行识别和评估；控制内容库以组织、项目和流程为基础，搭建全面预算控制、采购控制、销售控制等核心业务的治理控制体系；控制标准库是组织进行内部控制的依据，主要包含由国家有关部门制定的法律法规和组织根据有关法律法规制定的规章制度；控制对策库则是控制事项的处理原则和处理程序的集合。

三是构建信息化系统。这一系统要能够不断有选择地从外界获取信息，不断进行自我完善，同时内部控制系统要能有选择地向外界提供反馈信息，以便能够及时纠正、调整偏差，实施控制。

由以上分析可以看出，企业内部控制制度基本框架的构建思路，是一个国家层面、组织层面、利益相关者层面、控制目标层面等多层次依次推进的过程，最后才是对内部组织、流程和项目等一系列具体制度内容的设计。在整个内部控制机制运行的过程中，组织的信息系统是联系各个层面的纽带。

二、内部控制制度设计的基本模式

内部控制制度设计的基本模式主要有两种：风险导向型和价值创造导向型。

（一）风险导向型内部控制制度设计

这种模式的理论依据是：从内部控制与风险管理的起源看，二者都是基于风险的存在而产生的。没有风险，就没有控制，控制只为管理风险而存在。企业的内部控制是一个由企业的管理当局及其他员工实施的为实现经营的效率和效果等目标而提供合理保证的过程，并贯穿整个组织的所有层级和单位。企业实施内部控制，就是为了尽可能地降低风险，从而保证企业能够基业长青，创造更多的利润。

微课堂

风险导向型
内部控制

因此，风险导向型内部控制是以风险为中心轴的风险控制，从确认潜在风险事项入手，将整体风险分解到不同层次，再区别剖析各业务层次风险的特点，进而有针对性地采取措施协调企业内部管理各个部门和环节，将内部控制渗透到企业风险管控各个业务流程。具体而言，风险导向型内部控制的作用机理如图4-3所示，分为风险预测、风险分析、风险排序、识别关键控制、执行监督以及评估报告六个环节，每个环节都在某种程度上持续运行。

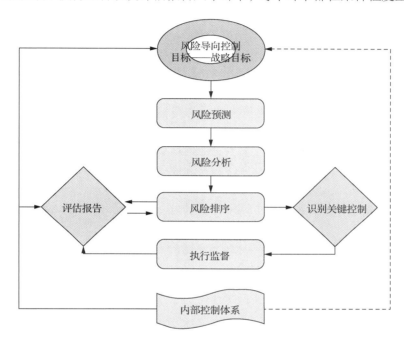

图4-3 风险导向型内部控制的作用机理

1. **风险预测**

风险预测是对未来可能影响战略目标实现的各种风险状态、影响因素和变化趋势所做的分析和推断。

2. **风险分析**

风险分析是对风险事件发生的概率及其一旦发生带来的影响和损失进行量化评估的过程。通过风险分析，管理者可以全面了解项目或业务的风险情况，制定有效的风险管理策略。

3. **风险排序**

在风险管理中，由于资源有限，企业无法对所有风险都采取同等的管理措施，因此需要对风险发生的概率及其影响程度进行排序，以便能够先处理最严重的威胁。通过风险排序，管理者可以清晰地了解各种风险的重要性和处理优先级，为有效控制风险提供指导。

4. **识别关键控制**

关键控制是在相关业务流程中影响力和控制力相对较强的一项或多项控制，其控制作用是必不可少和不可替代的。如果缺少该项控制，将在很大程度上直接导致风险事件的发生。识别关键控制是内部控制体系建设与测试的重点。企业通过考虑那些会增加控制失败风险的因素，如控制的复杂性、是否需要高度判断、人工或自动化、人员的胜任能力或经验、高管凌驾的风险等，可以促进识别关键控制。

5. 执行监督

执行监督包括持续的日常监督和专项监督两个层面。持续的日常监督为管理层关于内部控制有效性的管理信念提供主要支持，确保了内部控制的长期有效。

6. 评估报告

评估报告强调发现内部控制的缺陷要及时与执行该流程和相关控制的人员沟通，发现重大缺陷要与高管层和董事会沟通，并有针对性地采取控制措施。

（二）价值创造导向型内部控制制度设计

这种模式的理论依据如下。

第一，价值链增值思想与内部控制最终目标是一致的。内部控制的目标就是企业价值最大化。根据委托代理理论，所有权与经营权的分离削弱了股东对企业的控制。由于所有者与经营者之间利益不同、风险偏好不一致，以及信息不对称等原因，经营者为了实现自身利益最大化有可能损害股东的利益，内部控制作为一套监督和纠正机制由此产生。内部控制制度的建立和有效实施，有利于完善企业治理结构，减少所有者、经营者之间的利益冲突。良好的内部控制可以协调企业各个利益主体之间的关系，促进利益主体共同为实现企业价值最大化而努力，同时还可以约束和激励经营管理人员。内部控制可以降低企业的委托代理成本，进而实现企业整体价值的最大化。

第二，价值链的服务对象与内部控制的服务对象趋同。价值链将企业划分为一些互相分离又互相联系的价值活动（如采购、设计、生产、营销、服务等），包括基本活动和辅助活动两类。这些价值活动或者环节直接关系着企业的增值，因此对这些价值活动及其关系的分析和改进，与内部控制活动密切相关，为准确把握内部控制对象、设计和改进内部控制方法提供了思路和方向。同时价值链管理特别强调关键环节上核心竞争力的形成，而企业核心竞争力的培育也是企业内部控制的核心范围及风险控制的主要方向。由此可以看出，价值链与内部控制的服务对象具有趋同性。

第三，从内部控制设计和改进来看，进行价值链各环节之间的协调和关键价值环节的选择以实现价值增值，是内部控制体系设计和改进的主要方向和内容。企业内部控制体系围绕价值导向，将价值增值作为价值链管理活动统一的业绩标准和各部门协同整体利益的共同目标，能激励员工主动地进行价值创造，并有效地将企业所有价值链活动统一贯穿到股东财富最大化的目标上，使价值链真正发挥创造价值的作用。企业价值链管理与内部控制体系的关系如图4-4所示。

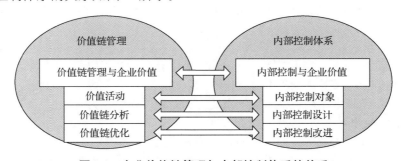

图4-4 企业价值链管理与内部控制体系的关系

第四，风险导向型内部控制忽视企业整体价值创造。2004年9月，COSO发布了《企业风险管理——整体框架》，这标志着内部控制制度发展到"风险控制导向"时期。根据COSO

的观点，企业风险管理处理风险和机会，以便创造和保持价值，尽管风险控制导向型内部控制框架已开始重新审视其价值取向，并将被视为价值创造源泉的企业战略以战略目标的形式纳入内部控制框架体系，在一定程度上兼顾了价值创造目标的要求，但其降低风险的立场并没有转变。为了控制风险，在内部控制制度设置上可能会更加保守。这一方面可能降低经营效率，另一方面会失去风险可能带来的机会，因而风险导向型内部控制不能够从企业整体价值创造的高度为企业价值创造提供良好的环境。

　　第五，价值创造导向型内部控制的核心是价值创造，企业价值增值与价值链管理是分不开的。价值链分析的目的不在于成本，而是企业价值，内部控制以企业价值活动为对象实行必要的控制，企业的价值活动是企业价值链管理的内容，一切都要服从价值链分析的目标，要不断地调整和平衡成本与价值，重视管理的效率，内部控制通过约束和激励机制实现价值创造目标，这与价值链管理目标是一致的，因此基于价值链管理的内部控制能够较好地平衡成本与收益，平衡控制与效率，从而摆脱目前有些企业为了控制而牺牲效率的现象。

微课堂

价值创造导向型
内部控制

　　价值创造导向型内部控制框架如图4-5[①]所示。

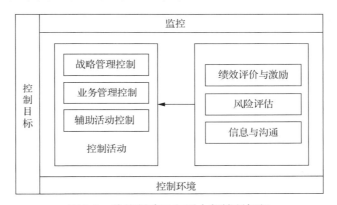

图4-5　价值创造导向型内部控制框架

1. 控制目标

　　目标是一切控制行为的方向，也是促成内部控制有效实施的必要条件。基于价值管理的内部控制目标应该是企业价值最大化。

2. 控制环境

　　控制环境就是指对企业内部控制的建立和实施有重大影响的因素的统称。控制环境的好坏直接关系到组织其他内部控制实施的效果，它既可以增强也可以削弱内部控制的有效性。价值创造导向型内部控制环境要充分地考虑价值链潜在影响的因素，更重要的是对可控部分进行有效控制，从而达到实现价值创造的目的。

3. 控制活动

　　控制活动也可以理解为控制程序和方法，价值创造对控制活动与方法就好比目标对一系列的程序，因此价值创造导向型内部控制框架应涵盖与价值创造有关的控制活动及方法。企业在运用控制活动和方法时，要从价值管理的角度出发，将"流程再造"纳入内部控制

---

① 参见：《"价值创造导向"内部控制探讨》（作者：孔敏，载于《合作经济与科技》，2016年第7期）。

的框架。在风险导向型内部控制中，控制活动的设计倾向于复杂化，认为复杂化的控制活动可以减少风险产生的可能性，以至于许多不重要的事项采取了烦琐的流程。实际上这些烦琐的流程并不能控制风险，反而可能产生责任推诿，使"搭便车"的现象更加严重。同时，企业在控制活动的设计中要充分考虑企业的战略，分清控制活动的重要性层次，将控制活动划分为战略管理控制、业务管理控制和辅助活动控制。

4．绩效评价与激励

绩效评价与激励是价值创造导向型内部控制中出现的一个新要素，绩效评价是衡量控制目标的实现程度，体现为以结果为导向的"管理价值创造导向"。内部控制框架可以利用各价值活动的执行情况及所创造的价值，实现对内部控制绩效的评估与分析。绩效评价的指标要与激励的手段相互呼应，在评价的基础上获取相关信息，并采取行动，给予相应的物质的、非物质的，甚至职务的激励。

5．风险评估

风险评估是指企业从系统的角度出发，通过对风险的识别、分析和评估，以最经济合理的手段综合应对风险，将风险导致的各种不利后果减少到最低程度，以实现企业价值的最大化。该要素的主要目的是确立企业各种行为的边界。即明确什么可以做，什么不可以做。对各种超越边界的行为直接进行实时控制，保证价值创造导向型内部控制在风险评估的基础上进行。

6．信息与沟通

价值创造导向型内部控制中信息的范围应当包括企业内部和外部所有与管理相关的财务信息与非财务信息。企业在设计"信息与沟通"要素过程中应当充分考虑信息化技术，并将该要素的设计纳入企业的企业资源计划（ERP）系统。

7．监控

整个企业的内部控制都必须处于监控之中，价值创造导向型内部控制框架赋予监控更为全面的含义。在该框架中，监控要素不是作为控制活动，而是作为一种辅助工具，对企业的价值创造活动进行持续不断的跟踪、监测和调节，确保企业能够实现最大化的价值目标。

企业在进行内部控制监控设计时不仅要考虑企业治理，还要考虑外部监督，包括外部审计监督、证监会的监控等。

这两种模式的差异主要表现在两个方面。

一是对风险的认识有差异。前者偏向于认为风险是有害的，被动地将风险管理作为成本中心，内部控制的中心任务是防范与控制风险，转移或避免风险；后者认为风险是可以加以利用的，主动积极地将风险管理作为价值中心，内部控制的中心任务是积极利用风险，寻求风险优化措施，创造企业价值。

二是对价值创造的认识有差异。前者偏向于减少损失，认为减少损失就是创造价值，追求保障企业财务风险和业务操作的稳定性和可靠性，强调合规、稳定的运营和监督，以避免重大损失和负面影响。后者偏向于增加价值，强调实现组织的战略目标和增加股东价值，它关注组织的创新、效益和增长，注重提高运营效率、优化资源配置和寻找新的商机，以实现长期的可持续发展和价值最大化。

三、企业内部控制体系构建

企业内部控制体系的构建是一个系统工程，涉及治理层、管理层、员工和其他利益相关者。在实际工作中，企业内部控制体系的建设并不是完全推倒重来，而是通过诊断梳理企业内部管理现状，按照内部控制体系框架的要求和标准并结合企业发展战略，对散布于企业管理各个方面的相关元素进行补充、修正和组合，建立一套兼顾股东、经营者、管理者和员工利益的系统性的内部控制体系。

第二章已经对内部控制的层次结构进行了阐述。本书采纳了三个层面的划分方式，构建如下的企业内部控制框架体系（见图4-6）。

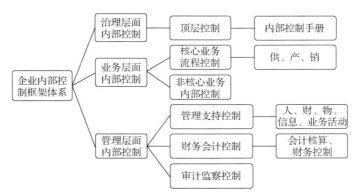

图4-6　企业内部控制框架体系

治理层面的内部控制，是企业内部控制的顶层控制，是企业制定其他内部控制的纲领性文件，对组织架构、发展战略、薪酬政策、社会责任、企业文化、基本管理模式、基本管理流程等予以明确，通常以内部控制手册的形式阐述。

业务层面的内部控制，是对企业具体经营业务的运行进行控制，主要包括采购业务制度、生产业务制度、销售业务制度、研究与开发制度、工程项目制度等。

管理层面的内部控制，是对企业具体经营业务的运行提供服务与保障的控制。依据控制的作用不同，其又分为三类：管理支持控制、财务会计控制和审计监察控制。

管理支持控制，主要为对业务运营提供服务和支持的控制，涉及人、财、物、信息、业务活动。主要制度包括：资金管理制度、人力资源管理制度、资产管理制度、合同管理制度、内部信息传递制度、信息系统制度等。

财务会计控制，是指企业为准确记录和监控企业的财务状况和交易、识别和管理风险而采取的控制。主要制度包括：全面预算制度、会计核算制度、成本费用制度、财务报告制度等。

审计监察控制，是对其他内部控制的再控制。主要制度包括：内部审计制度、纪检监察制度等。

第三节　内部控制制度设计的原则与方法

一、内部控制制度的设计原则

（一）顶层设计原则

顶层设计，本是一个工程学术语，本意是统筹考虑项目各层次和各要素，追根溯源，统揽全局，在最高层次上寻求问题的解决之道，以集中有效资源，高效快捷地实现目标。

顶层设计具有以下三个主要特征。

微课堂

内部控制体系构建

一是顶层决定性。顶层设计是自高端向低端展开的设计方法，企业的核心理念、战略与目标的确立都源自顶层。因此顶层决定底层，高端决定低端。

二是整体关联性。顶层设计强调设计对象内部要素之间围绕核心理念和顶层目标所形成的关联、匹配与有机衔接。

三是实际可操作性。由于企业高层的深度参与，顶层设计成果更具有可实施性、可操作性。

内部控制的设计必须从"顶层"入手。企业最高管理层只有真正重视内部控制，深度参与内部控制制度的建设，才能保障内部控制体系健全有效。

（二）目标导向原则

目标是控制的出发点和归宿，控制的最高宗旨就是实现预定的目标。内部控制制度设计应以企业的目标和战略为导向，确保内部控制与企业的目标和战略相一致，以维护企业长期稳定健康发展。目标导向原则要求企业在设立与实施内部控制制度时，既要有效控制企业风险，又要保证企业的经营效率与效果，在"管控"与"效率"之间找到均衡点。

（三）全面性与重要性相结合原则

内部控制制度设计应尽可能全面。但是，由于内部控制的固有局限以及内部控制实施的成本效益考量，企业制定的内部控制制度不可能面面俱到、尽善尽美。因此，企业内部控制制度的设计应该在兼顾全面的基础上，关注重要业务事项和高风险领域，并采取科学、严格的控制措施，在"合理保证"范围内确保内部控制制度的设计与实施不存在重大缺陷。

（四）合规性原则

合规性原则指企业在设计内部控制制度时，必须符合国家有关法律法规和有关政府监管部门的监管要求。合规性是企业从事经营、创造价值、实现内部控制目标的前提，是一种约束性条件。合规性原则要求：在构建内部控制制度时，企业既要遵循一般法律法规，如公司法、税法、会计法、企业会计准则、内部控制基本规范；又要根据自身行业特点和性质，遵循行业内部控制规范，如上市公司治理准则、证券投资基金管理公司内部控制指导意见、商业银行内部控制指引等。

（五）制衡性原则

制衡性原则是指在企业治理领域中，通过建立和维护不同势力之间的互相制约和平衡关系，以达到控制和平衡各种不同势力的目的。制衡性原则通常被认为是有效地控制和防范内部风险、改善企业治理和避免管理机制失衡的关键。

（六）协调配合原则

协调配合原则是指在各项经营管理活动中，各部门或人员必须相互配合，各岗位和环节应协调同步，各项业务程序和办理手续需要紧密衔接，从而避免相互扯皮和脱节现象，减少矛盾和内耗，以保证经营管理活动的连续性和有效性。

协调配合原则是对制衡性原则的深化和补充。

（七）适应性原则

适应性原则要求企业设计内部控制制度，首先要适应有关的控制环境。控制环境是内部控制的首要要素，是设计内部控制制度的基础。企业在制定制度时要对涉及内部控制制度的环境进行深入了解和分析，在制定企业整体的内部控制制度时，要了解企业的背景，包括历史概况、性质、组织结构、经营业务项目、组织情况、资产设备情况、分支机构情况、财务情况等。在设计业务部门（循环）的内部控制制度时，则要了解该业务部门（循环）控制的环境。

（八）成本效益原则

成本效益原则要求企业必须运用科学的经营治理方法以降低成本，提高经济效益，力争以最小的控制或治理成本获取最大的经济效益。内部控制的一个重要目标就是提高企业的经营效率，所以企业在内部控制制度的设计中要贯彻成本效益原则。在贯彻成本效益原则过程中，企业要努力降低控制的各种耗费，不应夸大控制的严密性和完整性，应尽量精简机构和职员，改进控制方法和手段，减少过繁的手续和程序，避免重复劳动，使企业能因工作简化、效率提高而节省用度。

二、内部控制制度的设计方法

内部控制制度设计的方法主要有三种：文字叙述法、调查表法、流程图法。

（一）文字叙述法

文字叙述法适用于设计控制范围较广、管理内容比较细致的制度。

文字叙述法是指通过询问等方式，将当前业务的授权、批准、执行、记录、保管等程序及其实际执行情况，用叙述性文字记录下来，形成内部控制说明书的方法。文字叙述法一般按业务循环（销售与收款、采购与付款、投资与筹资等），逐项描述各个业务循环所完成的工作，及其所派生的各种文件记录。

优点：用文字叙述法描述内部控制制度具有灵活性的特点，它可以描述各种类型的业务，也可以描述内部控制制度中的特殊情况。

缺点：描述内容不够直观，特别是针对较为复杂的业务时，有时不易说明。

这种方法适用于任何类型、任何规模的企业，特别适用于内部控制不健全且内部控制程序简单、比较容易描述的中小企业。

（二）调查表法

调查表法也叫问卷法，是以调查表的形式来了解和描述内部控制制度的一种方法。

编制内部控制调查表，关键是针对需要调查了解的控制系统及控制点，设计拟调查的问题条款。内部控制调查表示例如表4-1所示。

表4-1　内部控制调查表示例

序号	问题	是/否
1	企业是否建立了投资管理制度？	
2	对投资业务是否设专人或部门进行管理？	
3	投资立项是否有可行性研究报告？	
4	投资前对接受投资方的信誉和经济实力是否进行调查？	
5	是否建立了投资可行性研究的审批制度？	
6	投资项目是否按经审批的可行性研究文件进行？	
7	长期投资以实物、货币资金直接投资的，是否对接受投资方行使所有权、债权的监督？	
8	以实物、无形资产投资有无评估作价和审查复核制度？	
9	与接受投资方的谈判签约，经办与审批是否分离？	
10	……	

优点：简便易行、概括性强、省时省力。

缺点：系统性差、缺乏弹性。

（三）流程图法

流程图法是采用特定的符号，以业务流程线加以连接，辅之以简要的文字和数字，将某项业务处理程序和内部控制制度反映出来的一种描述方法（见图4-7）。

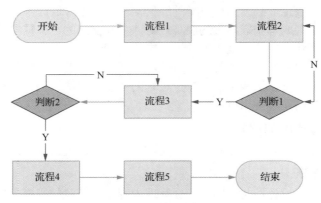

图4-7 流程图法（示例）

在企业中，根据使用的场景不同，流程图大致可划分为三个类别，分别是方框流程图、跨职能流程图、工作流程图等（具体说明将在下一节阐述）。流程图的作用主要表现在以下几个方面。

（1）建立对业务流程和控制活动全局观的保证。

（2）流程图是一种提纲挈领的记录文件。

（3）流程图是梳理业务流程的基础工具。

优点：能够比较直观地表达内部控制的运行情况，且易修改。

缺点：绘图需要娴熟技术和工作经验，无法明显标注控制弱点。

第四节 内部控制文书类型及格式要求

一、内部控制文书类型

常见的内部控制文书类型有：制度、规定、办法、流程、标准、说明书等。

（一）制度

制度的含义较为广泛，通常用于比较大的领域（如国家的政治制度、经济制度，企业的预算制度、财务制度），具有明显的强制性。它来源于古代的法典，"制"是约束的意思，"度"表示在一定的范围内。制度通常是为统治者服务的一种工具。

在引入企业管理后，制度是企业的"法律"，是企业全体员工需要共同遵守的行动准则。企业制定的制度必须合乎国家法律，并体现公平公正原则。企业管理制度具有较高的严肃性，通常以单位公文的形式发布。

（二）规定

规定是为贯彻实施有关法律、法令和条例，根据其规定和授权，对有关工作或事项做出的局部的具体的规定。对企业而言，规定就是企业为贯彻某政策或进行某项管理工作、活动，而预先提出的原则要求、执行标准与实施措施。

规定和制度类似，但规定主要针对局部，而制度针对的范围更广泛，并且规定的时效性一般较短，多数是针对临时发生的情况而制定的。

规定是企业规范性公文中使用范围最广、使用频率最高的文种，要求所属部门和下级单位贯彻执行。

规定具有较强的约束力，而且内容细致，可操作性较强，通常以单位公文的形式发布。

（三）办法

办法是指处理事情或解决问题的方法。对企业而言，办法是对特定范围内的工作事务提出照章办理的具体要求。办法重在可操作性。

办法与规定的区别如下。办法强调上级对下级的指导性或操作方法，强调处理问题或办理事务的程序、步骤、方法等程序性、规范性的要求。办法是指导性的，通常不具有强制性；而规定具有较强的约束力，规定的内容和事项是不能违背的。规定是要求，办法则可能是执行规定的手段。

（四）流程

流程，也称程序，是由序列组成的，为实现特定目标或解决特定问题采取的命令序列的集合。一个完整的流程至少包括五个基本要素：分工、分权、分责、流程表单、总负责。

（1）分工、分权、分责。组织本质上就是社会分工的产物。以前一个人能干的事情，为了提高效率和产出，控制风险，就需要分开来做，所以就有了分工。分工的同时权和责也就一道分出去了。企业要评判一个员工是否按照流程进行工作，首先需要考察他是否能够满足"工、权、责"三个方面的要求。只有当这三个方面的要求都得到满足时，才能认为他的工作是正常的。否则，就意味着他们工作存在问题，这时管理者不要被员工的托词和假象所迷惑。

（2）流程表单。流程本质上就是内部交易的过程。外部交易通常由订单、合同等契约的形式加以明示，而内部交易就是通过一系列流程表单的形式加以承诺的。

（3）总负责。每一个流程都要有一个流程负责人。流程中最常见的问题就是"铁路警察——各管一段"的现象。防止这一现象最简单的方法是确定流程负责人。流程负责人就是代表本流程对"客户"负责任的人。这个"客户"既有外部的，也有内部的。

（五）标准

标准是对重复性事物和概念所做的统一规定，它以科学技术和实践经验的结合成果为基础，经有关方面协商一致，由主管机构批准，以特定形式发布作为共同遵守的规范或特性的文件。

标准与制度的区别如下。管理标准是国内外先进管理经验的总结和升华。管理标准应根据国家标准《企业标准体系管理标准和工作标准体系》（GB/T 15498－2021），结合本企业的具体实际来制定，有统一的编写格式、编写要求和批准手续，程序严谨，要求严格。而企业管理制度（规定）往往由各企业自行制定，无统一要求、统一格式，因人因事而异，具有随意性。

（六）说明书

说明书属于描述性文件。如岗位职责说明书、任务说明书等。

下面，仅就制度、流程的设计进行阐述。

二、制度设计要素与模板

（一）制度八要素

一个良好的制度，通常包括八个要素（见图4-8）。

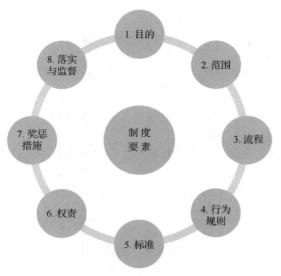

图4-8　制度八要素

微课堂

制度与流程的关系

1. 目的

编写制度前，我们首先要明白设计这个制度要达成什么目的，也就是明确最后要得到的结果是什么。目的明确后，设计将始终围绕目的展开，目的要说明什么事可以做，做到什么标准，什么事不能做，如果做了将会受到什么惩罚。目的描述要简洁明了，最好一句话道明。

2. 范围

制度必须明确适用范围，即明确制度是针对哪个部门、哪类人、哪类事来制定的。这样既便于学习理解，也便于有针对性地贯彻执行。

3. 流程

做事必须有条理，制度所要管理的某项事物或工作必须细分到每个环节，并明确各环节之间的步骤及衔接，将各工作程序梳理出先后顺序，制定清晰的流程。

4. 行为规则

行为规则是制度的主要内容，各环节、步骤要做什么、怎么做，相关部门或岗位怎么配合，等等，这些都需要事先进行规定，并且有些规定还需要有依据。行为规则是规章制度的核心部分，有以下五点注意事项：

（1）按照条、款、项的内容，做到条款清楚，层次分明；

（2）体现正确的指导思想和基本原则；

（3）态度坚定，语言明确、肯定。具体指示人们行为的条款，通常用"应当""必须"或"禁止""不得"等词语表述，不能用模棱两可的词句；

（4）抓住主要矛盾，处理好详与略、具体与概括的关系；

（5）表述准确，用词规范，避免歧义。

5. 标准

有些制度之所以在执行中比较容易产生分歧，是因为缺乏统一的标准，领导也难以裁决。制度中，必须明确正确做事的标准，如在什么时间做到什么程度，质量要求如何。标准要尽量用数字量化。明确了标准，就能够减少因解读偏差造成的纠纷。

6. 权责

做事必须要有权限，行使权力必须要承担责任。各环节、步骤、方面如果涉及权责，一定要明确责任、义务，以及相应的权限。职责明确，权责对等，可确保制度的强制性和权威性。

7. 奖惩措施

遵守制度是基本要求。对于遵守制度做得很好的，可以给予奖励（精神或物质的）。对于违反制度规定的行为，则必须实施惩罚。这一点很重要，违规必须付出代价，否则制度就会丧失严肃性和权威性，形同虚设。

8. 落实与监督

制度中必须明确制度由哪个部门、哪个岗位负责贯彻落实，把制度执行责任人明确到具体岗位人员，有利于制度的落地执行。为了保障制度执行的公正性和执行效果，必须有专门的监督机构或人员来监督责任人对制度的执行情况。监督机构或人员一般是企业的专门督查机构或责任人的上级。

在制度设计实际操作中，通常将流程这一要素通过流程图的形式表述，将其他七要素合在一起，通过文本的形式表述。

（二）制度编写的通用模板

应用到某一具体制度设计时，除了包括上述八要素外，还包括主管机关（或单位）、名词界定、解释单位、施行日期、废止条款、相关附件等。

制度编写的通用模板如表4-2所示。

表4-2　制度编写的通用模板

制度编写的一般框架			撰写要点
制订目的（做什么）	一、总则	1. 目的或依据	目的是表述制定该项制度的目标和意图、阐述其对实现组织整体战略或解决特定问题的意义。如果是依据上级法规设定，要写清楚法规名称
		2. 适用范围	表明该规章制度对地域、人和事的效力范围，以确保制度的针对性
		3. 制定原则（必要时设定）	说明该规章制度设置的基本原则
		4. 名词界定	有特殊的术语、概念的对其进行释义界定，避免不理解或歧义的产生
	二、主管机构与职责	5. 主管机关	指定负责制定、执行、监督和评估制度的主体，确保制度执行的统一性和权威性
		6. 权责	规定各参与主体的权利和责任，包括授权和问责机制，以保证制度的执行力度
		7. 行为规则	具体规定参与主体应遵循的行为规范，以及禁止的行为，确保制度的可操作性
行为规则（怎么做）	三、管理程序	8. 分类（必要时设定）	根据解决问题的复杂程度，确定是否需要设立此项，以利于后续相应规范的结构化描述
		9. 流程	详细说明制度执行的步骤，包括各个阶段的任务、责任和时间节点。可根据复杂程度选择使用图形表达、表格表达或文字表达，可以单独列示
		10. 标准	设定执行过程中的量化或质化评价标准，以便于评估和监督

续表

制度编写的一般框架			撰写要点
违规处理	四、纪律与监察	11. 奖惩措施	根据行为规则和标准的遵守情况，设定奖励和惩罚措施，以激励或约束行为
		12. 落实与监督	制订实施计划和监督机制，确保制度得到有效执行，并定期评估其效果
其他	五、特别说明	13. 特别事项说明	把以上规范没有涉及但与该制度执行紧密相关的问题于此处补充说明
	六、附则	14. 解释单位	指定负责解释制度内容和处理执行中出现问题的单位或个人，以提供权威的解释和指导
		15. 施行日期	明确制度的生效日期，以便于所有相关方做好准备，并开始执行
		16. 废止条款	规定制度在何种情况下会被废止或更新，以及废止的程序，以保证制度的时效性和适应性
支持工具	七、附件	17. 相关附件（必要时设定）	可以是工作流转使用到的表单，也可以是履行本制度项下活动须使用到的参照性工具模板等

三、流程设计规范要求

（一）流程与制度（规定）的区别

（1）制度的主观性更强。制度是人为产生的，是人们在活动过程中发现问题或预见问题，而用明文的方式将问题的解决方法固定下来、约定遵守，是管理的依据和准则。流程以活动为核心，一切从活动出发，所以适用范围也限定在某一活动中。流程是人们对活动过程所规定的规范处理方法，是在发现问题前就已经存在的。

（2）强调的方向有差异。制度主要是对某事项的规则进行说明，强调规范性：应该做什么、不应该做什么、能做什么、不能做什么、有什么后果。流程主要是对某活动的过程进行详细描述，强调事件的逻辑性：先做什么、后做什么、输入什么、输出什么、如何转化等。

（二）流程符号

准确、客观地对流程现状进行描述是进行流程优化与设计的基础。在进行流程现状描述时，应首先掌握如何运用各种流程符号进行现状描述。

这些流程符号代表着特殊的含义，其先后排列顺序说明流程步骤之间的逻辑关系。表4-3展示了常见的流程符号。

表4-3　常见流程符号

符号	名称	含义
⬡	开始	标准流程的开始
▭	进程	流程步骤，要执行的处理
◇	决策	决策或者判断

符号	名称	含义
	文档	以单个文件的方式输入/输出
	多文档	以多个文件的方式输入/输出
→	流程指向	表示执行的方向与顺序，表明流程步骤的逻辑关系
	资料库	表示流程数据源
	终点	标准流程的结束
	联系	同一流程图中从一个进程到另一个进程的交叉引用，即流程图之间的接口
	注释	表示对已有元素的注释说明
	子流程	如果有参考其他已经定义的流程，不需要重复绘制，直接用子流程符号代替
"Y"或"是"		批准或确认
"N"或"否"		否决或否定

运用流程符号进行流程描述时，应注意以下事项。

第一，注意相关流程步骤的先后顺序，避免逻辑关系错误。

第二，流程步骤描述不宜文字太多，如需详细说明，可以放在流程说明中另外阐述。

第三，运用决策符号对流程流向进行判断时，其前面都应有相应的流程步骤作为前期活动。在做出判断的情况下，一般右方连接"是"的情况，下方连接"否"的情况；另外，每个判断后至少会存在两种结果："Y"或者"N"。在有些流程中，判断后会存在2个以上的结果。例如，检验人员对来料检验后可能会存在合格或不合格两种结果，对不合格的物料会有三种处理方式，即特采、退货和降级使用等。

第四，每个流程都有完整的起点和终点。对于某些可循环运作的流程，需要分清相关的截止区间。

第五，对流程设计中所需运用的相关文档资料，应尽量明确和清晰。

为了让大家对流程符号有更为清晰的认知，现举例说明如下。

图4-9所示的流程，在3种情况下都可以启动，分别是：

（1）人力资源部门每年3月份按照上年度员工绩效表现提出员工异动方案；

（2）员工个人提前1个月提出离职；

（3）部门负责人根据员工绩效表现提出员工异动申请。

同时，在该流程中一共有4个判断，分别是步骤5、步骤6、步骤7和步骤10。另外，还有5个文档，分别是步骤1（绩效考评结果表）、步骤2（员工异动方案）、步骤3（员工调动或离职申请表）、步骤4（离职审批单）和步骤9（工作交接单）。

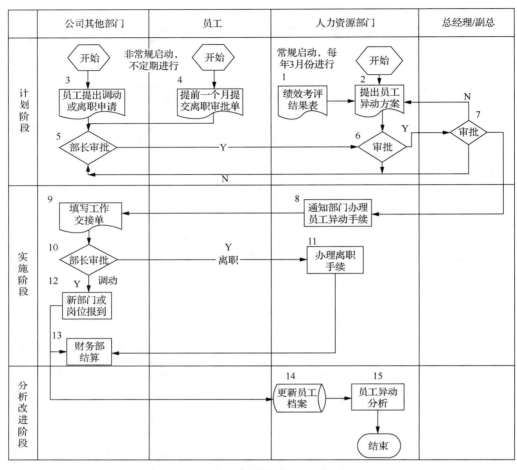

图4-9　员工异动流程图

（三）流程描述

1. 进行流程调查

（1）各部门主要业务职责及岗位设置。

（2）各项业务流程的总体框架及其层次划分。

（3）业务流程所涉及的部门及岗位。

（4）完成各项业务流程的时间顺序。

（5）表单/文档的形成及传递。

2. 流程描述思路

（1）找出核心业务和主要活动点。

（2）在流程中突出问题点。例如，①部门内、外的衔接；②工作烦琐、重复程度；③成本和效率的高低，时间的长短；④任务转手次数。

（3）理清流程层次。

（4）搭建框架。包括：列出清单，界定流程的范围和层次等。

3. 流程描述的格式

（1）流程描述主体，包括：业务流程、部门/岗位、时间顺序等。

（2）辅助说明，包括：必要的文字补充、流程相关问题分析等。

（3）文档信息，包括：流程编号、版本信息等。

4. 流程描述的相关注意事项

（1）针对现状进行描述。

（2）对关键业务进行描述，突出核心。

（3）根据岗位同一性原则，整合各岗位业务活动。同一岗位在同一张业务流程图中原则上只出现一次。

（4）部门岗位表述。"与"的关系用"."表示，如A1. A2。"或"的关系用"/"表示，如B1/ B2。

（5）业务流程应为"总—分"式的树状结构，各级总流程下是可再分的子流程和不可再分的活动。仔细考虑流程的层次分解与合并，做到每项流程不跨多页。

（6）注意体现时间概念。通常的表述是由上至下，由左及右。

（7）注意"判断"符号的使用，其本身也是一个活动。

（8）对"必要的文字补充说明""流程相关问题分析"应引起注意，详细填写。

（四）流程图绘制要求及注意事项

1. 流程图绘制要求

（1）部门岗位描述。当与顾客有关联时必须有"顾客"一栏；尽可能描述岗位而不是部门，特别是审核、批准类岗位。

（2）流程图框内的文字通常用活动来描述。一般采用申请、审核、批准、文件编制、记录保存、归档等。不能采用顾客文件、表格、奖惩措施、改进方法等。

（3）流程图框内的文字语言要简练，通常不超过8个字。例如，"根据培训需求编制年度计划"，就应简写为"编制年度计划"。

（4）流程图的关键控制点。如果回答为"是"，这就是一个关键控制点。如果回答为"否"，检查这是否是一个必不可少的步骤。对每项活动可以提出以下问题：①活动对目标的影响是否关键？②活动或活动的结果能否可测量？

2. 注意事项

（1）绘制流程图前要先组织（理顺思路），后表达（注意措辞）。要想清楚主干流程是什么，尽量保证主干流程是竖直的，这样看流程图时可以清晰查看哪些是主干流程，哪些是分支流程。

（2）明确流程图的使用对象，使用简练和完整的语句，每句最好只表达一种含义，以免引起歧义；避免使用过长、含义不清的语句；避免模棱两可的表达；避免使用口语及其他空洞的修饰语（例如，相关的、适当的、恰当的等）。

（3）绘制流程图时应遵循从左到右、从上到下的顺序。

（4）从开始符号开始，以结束符号结束。需要注意：开始符号只能出现一次，但是结束符号可以出现多次；如果流程足够清晰，可省略开始和结束符号。

（5）需要认真检查各个步骤或判断结果，避免出现漏洞，导致流程无法形成一个闭环。

（6）同一流程图内，符号大小需要保持一致，同时连接线要避免交叉，连接线不能无故弯曲。

（7）必要时可以用注释，以便更加清晰地说明流程。

（8）流程图中，如果有参考其他已经定义的流程，不需要重复绘制，直接用子流程符号代替。

（9）流程图不是越大、越详细才越好。把所有流程画在图中后往往会发现整个流程图显得很复杂，影响其他人员的查看。这时不妨用子流程符号来代替一些耳熟能详的流程。

（五）方框流程图设计

方框流程图是最简单、最常用的一种流程图，用于快速、简洁地描述流程的运作状况。其主要使用方框和箭头两种符号来描述流程。企业的业务流程通常可以用方框流程图来描述。销售业务流程图示例如图4-10所示。

方框：表示相关作业活动。

箭头：表示作业活动之间的关系，或者信息流动的方向。

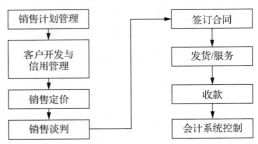

图4-10　销售业务流程图示例

（六）跨职能流程图设计

跨职能流程图又叫作泳道图，旨在分析和展示各个部门在同一任务流程上的不同进程，明确流程环节所属的阶段、流程环节负责人、组织机构或部门（见图4-11）。由于这种图形的外观的缘故，故又被称作泳道图。它可以方便地描述企业的各种业务流程，能够直观地描述系统的各活动之间的逻辑关系，利于用户理解业务逻辑。

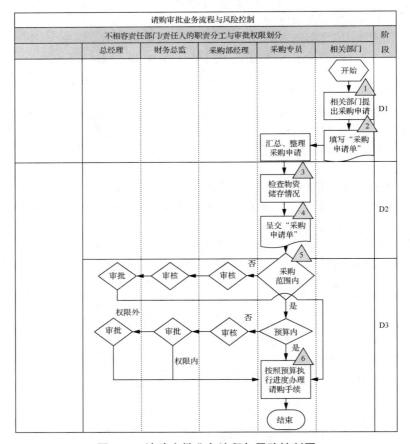

图4-11　请购审批业务流程与风险控制图

由于流程图绘制的要求是简洁、清晰，因此，在绘制跨职能流程图时，对于复杂的步骤，除了需要将流程步骤在图表中设计出来以外，为了将相关的步骤更为详尽地说明，还需要对每个流程步骤进行编号，并在流程图附页（见表4-4）进行说明。

表4-4 请购审批业务流程控制表

请购审批业务流程控制		
控制事项		**详细描述及说明**
阶段控制	D1	1. 生产部和仓储部等物资需求部门根据企业相关规定及实际需求提出采购申请 2. 请购人员应根据库存量基准、用料预算及库存情况填写"采购申请单"，需要说明请购物资的名称、数量、需求日期、质量要求以及预算金额等内容
	D2	3. 采购部核查采购物资的库存情况，检查该项请购是否在执行后又重复提出，以及是否存在不合理的请购品种和数量 4. 如果采购专员认为采购申请合理，则根据所掌握的市场价格，在"采购申请单"上填写采购金额后呈交相关领导审批
	D3	5. 如果采购事项在申请范围之外，应由采购部经理、财务总监逐级审核，最终由总经理审批；如果采购事项在申请范围之内但实际采购金额超出预算，经采购部经理审核后，财务总监和总经理根据审批权限进行采购审批；如果采购事项在申请范围之内且在采购预算之内，采购部按照预算执行进度办理请购手续 6. 采购专员按照审批后的"采购申请单"进行采购
相关规范	应建规范	1. 采购申请制度 2. 请购审批制度
	参照规范	《企业内部控制应用指引》
文件资料		1. 采购申请单 2. 采购预算表
责任部门及责任人		采购部、财务部、生产部、仓储部 总经理、财务总监、采购部经理、采购专员

第五节 内部控制制度设计的度的把握

在内部控制中把握好"度"，也是企业实施内部控制制度的一个关键环节。在实际的内部控制中很容易"控制不足"或者"控制过度"。控制不足，容易造成较大风险；控制过度，容易打击员工的工作积极性，影响管理的效率。并且内部控制制度本身就存在一些不合理性和风险，内部控制部门或人员对内部控制措施的实施把握不当会导致企业运转效率受损，甚至有碍企业的正常运营。此外，内部控制措施可能涉及组织结构调整，进而造成内部职权的重新分配，引起组织结构与人员管理方面的动荡。若过度关注内部控制活动本身，而忘了内部控制的目的是合理保证达成企业的组织目标，那就本末倒置了。因此，在内部控制制度设计与实施过程中，把握好"度"意义重大。其中，最主要的是要把握以下几组平衡。

一、刚性与柔性的平衡

（一）内部控制的刚性

企业设计了内部控制制度，实现了有规可依；一切按制度规定走，解决了有规必依；内部控制的执行就是要坚持做到有规必依、执规必严、违规必究。这就是内部控制执行的刚性。当然，内部控制的刚性不仅体现在执行上，还体现在其设计上。内部控制在设计上应包含更多的确定成分，即合规性的要求更多、表现更直接；禁止性的行为必须明确无歧义；合理性的要求相对收敛；对违规行为的处罚弹性尽量压缩。在设计具体的制度时，制度起草人应尽可能列明常见的应用场景，明确这些场景下的处理方法，虽然也允许有例外情形，但例外情形的占比要严格控制。

（二）内部控制的柔性

内部控制需要一定的刚性，也需要有一定的柔性。内部控制的柔性，是指企业在内部控制制度设计和实施过程中，应注重灵活性、适应性和变通性，以适应市场和环境的变化，从而保证内部控制体系的有效性和效率。内部控制的柔性通常体现在以下几个方面。

（1）灵活的控制策略。企业应该根据不同的业务环境和市场情况，灵活地制定内部控制策略，从而保证企业的控制和监管能够随着市场需求的变化而改变。

（2）保持创新性。企业应该在内部控制制度设计和实施过程中保持创新性，寻求新的解决方案和方法，不断提高内部控制的效率和确保内部控制的适应性。

（3）加强沟通和信息共享。企业应该加强内外部沟通和信息共享，及时了解企业的市场和环境变化，并对内部控制进行相应的调整和优化。

（4）培养员工创新能力和适应性。企业需要培养和重视员工的创新能力和适应能力，以适应市场和环境的变化，积极参与内部控制体系的建设和管理。

内部控制的柔性理念源自柔性管理。柔性管理的本质是人性化管理，它以刚性管理为基础，以一定的企业文化为依托，强调针对复杂、不确定和变化快速的内外部环境，采用一种灵活的管理思维和方法，以适应市场和环境变化并取得成功。

> **┃ 小故事 ┃**
>
> HW公司是一家世界500强企业。HW公司曾经在重要文件的存档和备份上，设定了非常严格的规定：每个部门都必须按照规定的格式、流程对文件进行存档和备份，否则就会受到处罚。在一次重要文件备份的过程中，某个部门由于没有按照规定的流程进行备份，使得重要文件备份失败，导致HW公司遭受了重大损失。
>
> HW公司管理层在进行分析后发现，这个规定鲜明地体现了内部控制制度设计中刚性和柔性的平衡问题。即使是最好的规定也无法完全避免人为失误和技术漏洞的存在，只有注重柔性控制，才能为内部控制提供更加全面的保障。
>
> 为了解决这个问题，HW公司决定在内部控制制度设计中，不仅注重规范的刚性控制，还要在柔性控制上下一番功夫。具体来说，HW公司制定了更加灵活多样的文件备份流程，允许员工根据实际情况进行适当调整，同时加强了内部的监管和检查机制，及时发现和纠正存在的问题，以确保内部控制的健康运行。

这个故事告诉我们，企业在设计与执行内部控制制度时，必须刚柔相济。刚性的内部控制可以确保组织遵守法律法规和内部规章制度，防止欺诈行为和员工失误，降低运营风险。然而，刚性的内部控制也可能会对业务操作造成限制，增加运营成本和影响效率。因此，保持内部控制的一定柔性也很重要。柔性的内部控制可以给员工更多自主权，提高员工对运营的参与度，帮助企业更好地适应不断变化的市场环境和消费者需求。因此，企业在设计与执行内部控制制度时，如果能够将"刚性的规章制度"与"柔性的内控文化"有机地结合，刚柔并济，就能建立和谐、有效的内部控制制度。

二、管控与效率的平衡

管控与效率的平衡是内部控制工作追求的目标。内部控制的原则之一是制衡性，要求在治理结构、机构设置及权责分配、业务流程等方面相互牵制、相互监督、权力制约。管控可以帮助企业有效地管理风险，遵守法律法规，确保内部控制的全面执行，从而保障企业的可持续发展。但是，过度地强调管控，势必造成工作环节增多、审批环节增多，从而影响正常的工作效率；过度强调效率，容易造成监管或控制漏洞，会给企业带来经营风险，甚至造成损失。

　　管控与效率之间的关系是一种竞合关系。在设计内部控制制度时，企业首先要正确而精心地选择控制点，实行有选择的控制。假如企业不进行控制，就会出现管理无序，导致经营效率低下，并且也会加大企业发生风险损失的可能性；随着控制点的增加，管理的无序和风险得到一定程度的控制，企业的经营效率会逐步提高，风险损失会逐步降低；但当控制点达到一定数目时，若企业再增加控制点，即管控过度，则企业效率的提高达到边际，就会呈现递减的趋势，即取得的边际收益发生递减。

　　理论上，边际成本与边际收益相等时所对应的控制点的数目就是最佳控制点数目。管控与风险、效率的关系曲线如图4-12所示。

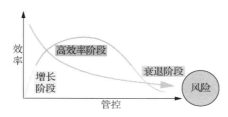

图4-12　管控与风险、效率的关系曲线

> **小故事**
>
> 　　曹总是一位拥有五家上市公司的大企业家。20年前，他开始创办自己的企业，由于之前在别的公司工作过，他非常清楚内部控制在企业生产经营中的重要性。于是他决定在企业创立之初，就投入大量的时间和精力设计完善的内部控制制度，以确保企业的风险得到有效的控制。他聘请了一些专业的内控人员，对企业各项业务的执行过程进行严格的监管和审核，检查员工是否按照规定的流程进行操作。
>
> 　　由于内部控制严格，企业在一定程度上得到了保护。然而，随着时间的推移，企业内部开始出现效率等方面的问题：审批流程冗长，给员工带来了很大的困扰；内部控制审核频繁，员工感到焦虑和疲惫。
>
> 　　曹总也注意到了这些问题，并且在听取了很多员工的反馈后，他决定采取一些措施来处理这些问题。首先，他对内部控制审核的范围进行了梳理和优化，减少了一些不必要的环节和重复工作。其次，他加强了员工培训和教育，帮助他们更好地理解企业内部控制的重要性，自觉按照规定流程进行操作。最后，他还引进了一些先进的数字化技术，提高了流程的自动化程度，降低了人为操作的难度。

　　这个故事告诉我们，企业要想取得成功，在内部控制制度设计中需要平衡管控和效率。管控能够保障企业风险控制的安全和有效，但是过于严格的管控体系会影响企业运营的效率和员工积极性。因此，在设计内部控制制度时，企业需要根据自身的实际情况，充分考虑维护企业经营效率，合理设立审批流程，规范流程和管理规范，将管控措施融入企业经营业务管理活动，并根据环境的变化灵活调整流程和规范，创造一个安全、稳定、高效的企业环境。这就要求企业将风险管控的端口前移，将风险管控与企业经营业务管理工作融合，实现"经营中有风险控制，风险控制中讲究经营效率"。

三、集权与分权的平衡

授权是指上级向下级委派权力，下级在一定的监督下完成任务，并且在这个过程中有相当的自主权和行动权。上级有指挥和监督之权，下级有报告和完成任务的责任。授权的重点在于如何将权力进行分配，让下属拥有更多的权力。高层管理者或关键部门的经理，既要保证其经营决策的独立性和权威性，又要保证其经济行为的效益性和廉洁性，权力的度量界定是关键一环。如果授权过于宽松，可能会造成员工滥用权力、内部失控。在管理实务中，企业出现重大舞弊案件，基本上均是授权不当引起的，是授权过多、权力过大，且长期控制不力的恶果。但如果授权过于严格，可能会影响员工的工作积极性和工作效率。

一位企业家说得好："授权就像打篮球，不是把球交到下属手里，责任就是下属的，自己就什么也不管了。一定要考虑整体局势，进行控制，相互照应。这样，下属的智慧才能增长，才能有足够的能力去完成授权任务。"管理者在授权过程中，需要把握好一个"度"，要知道过犹不及、物极必反的道理。华为是中国优秀民营企业之一，其内部控制也是很出色的。在华为的内部控制制度中，业务作战指挥权前移，子公司董事会监管前移，但资金管理权、账目管理权、审计权这三项权力是总部高度集权坚决不能下放的[①]。

权力的集中与分散是相辅相成、相互制约的，绝对的集中和绝对的分散都会走向失败。在许多情况下，集权模式会带来较高的决策效率和稳定性，但同时也有可能妨碍员工的创新和积极性。相比之下，分权管理建立在员工团队的能力发挥和协作上，可以让企业在面临新的挑战时更加灵活和敏捷。而在实践中，企业应该根据自身的实际情况，灵活运用这些方法，把握授权的度，做到集权与分权的平衡，发挥自己的优势和强项，突破管理的瓶颈，推进企业的发展和创新。

四、完美与实用的平衡

无论企业怎么努力，内部控制总是有缺陷的。完美的内部控制是不存在的。只有"合理保证"的内部控制，没有一劳永逸的内部控制。完美的内部控制需要耗费很多时间和资源，不一定能完全保证所有的风险和问题都能得到控制，而实用的内部控制则能够在成本可控、操作性强的前提下达到合理、有效的控制效果。企业的经营活动和内外部环境变化是持续的、复杂的，因此，内部控制是一个动态的、不断改进的过程，企业在设计内部控制制度时需要在完美与实用之间保持平衡。如果过分强调内部控制的完美性，可能会加重企业的成本负担，阻碍企业的发展。

微课堂

如何把握内部控制
制度中的度

如果内部控制过于松散，甚至漏洞百出，忽视了内部控制目标的实现，企业则会面临无法预料的风险。企业在制定内部控制制度时，需要充分考虑实际情况和企业的经济承受能力，并在保证风险控制的基础上，尽量选择控制成本低、操作简单、实用性强的方案，以实现内部控制的效果最大化。

> **小故事**
>
> 张作霖是个颇具传奇色彩的人物，关于他的传说很多。这里讲一个有关防止舞弊的故事。
>
> 军队支出无论大小，张作霖审批后才能报销，但张作霖文化水平不高，如何签字？

---

① 来自《任正非文集：在泛网络区域组织变革优化总结与规划汇报的讲话》。

他有办法：每次审批，把毛笔饱蘸墨汁，然后用力在单据上一戳，签批就算完了。报销者拿着张作霖审批的单子，就能去账房先生那儿领款。

久而久之，账房先生动了贪念，如法炮制，在单据上用毛笔一戳，贪污钱财。由于连连得手，账房先生胆子越来越大，就冒领了一大笔钱。年底，张作霖查账，抓大放小，专看大笔支出单据，翻到冒领的这张，脸色一沉，喝令卫兵当场把账房先生拿下。账房先生连呼冤枉，说这是张作霖签批的。张作霖冷冷一笑："你倒是花力气、花心思学我签批，以为能瞒过我？"说着让卫兵把单据扔过去，账房先生却怎么也看不出破绽。

张作霖让账房先生反过来看看，单据背面有个小眼，就在墨迹的中心处。"我的笔是特制的，毛笔中间有根细铁丝！"

账房先生无话可说，张作霖为严肃财务纪律，严厉惩处了账房先生。

这个故事告诉我们，完美与实用之间需要保持平衡。张作霖虽然文化水平不高，但他通过用特制的毛笔签批来防止舞弊，不仅达到了审批的目的，也展示了其独特的思维和智慧。

在实务中，过分追求完美往往会牺牲效率和实用性。在这个故事中，张作霖并没有因为自己的文化水平不高而放弃防止舞弊的重要措施，而是通过创新的方式解决了问题。这种完美与实用性的平衡，帮助他保持了财务审批的纪律和准确性。

完美与实用不是相互独立的，而是可以相互促进的。完善的流程和制度，可以进一步提高审批的精准度和效率。例如，在这个故事中，如果制度更加完善，那么账房先生可能就不那么容易贪污了。因此，完美和实用需要在具体实践中进行权衡和协调。

【案例延伸思考】

"教学引导案例"中提到了如何应对丢书现象。两块告示牌，代表了两种内部控制制度。

第一块告示牌之所以效果不佳，是因为制止偷书的力量主要来自管理员一个人，缺少了制衡的力量（力度）。内部控制如果只有控制目标，而缺少控制措施，或者控制措施力度不够，则内部控制的执行就难以取得预期的效果。

第二块告示牌之所以能够取得较好的效果，是因为智者认识到原来的告示牌存在制衡力度不够的缺陷，于是通过奖励的方式发动群众，增加了制止偷书的力量，偷书者受到来自周边制衡（阅览）者的压力，自然不敢贸然偷书了。

这个案例给人们最大的启示就是：在任何组织中，得控则强，失控则弱，无控则乱。

【知识回顾与拓展】

即测即评

【思考与探索】

1. 阐述人性假设理论对内部控制制度设计的意义。

2. 简述企业利益相关者的利益矛盾与均衡。

3. 阐述激励理论对内部控制制度设计的意义。

4. 如何理解"得控则强，失控则弱，无控则乱"？

5. 内部控制制度设计如何确保员工忠诚和坚守职业道德？

6. ABC公司为了提高销售人员的快速反应能力，决定将产品推销、产品发运、销售货款结算等销售业务均交由公司销售部统一负责。请思考：根据内部控制有关理论，ABC公司的这一决定是否存在不妥之处？如有不妥的地方，该公司应该如何处理？

【实训项目】

实训项目一：找问题，寻原因，求改进。　　　　实训项目二：责任到底谁来负。

实训项目一

实训项目二

第五章
内部控制制度设计程序

 学习目标

通过对本章的学习，读者应该：
1. 理解并掌握内部控制设计的三个基本阶段及各阶段的主要步骤；
2. 理解内部控制需求的界定方法；
3. 了解如何调查内部控制的现状；
4. 掌握流程梳理的基本方法；
5. 学会编制流程风险清单；
6. 理解风险评估的方法与内容；
7. 理解关键控制点的含义，并掌握寻找关键控制点的方法；
8. 能够依据本章知识进行简单的内部控制设计。

 教学引导案例

C先生的苦恼

C先生从一家外资企业跳槽到了一家民营企业，任内部控制主管。其直属上司是公司内部控制总监，该总监原为财务人员，对公司业务和财务工作都很熟悉。内部控制总监对C先生寄予厚望，希望他能把外企成熟的内部控制模式植入本企业。C先生在入职前踌躇满志、意气风发，但半年过后，完全换了一副模样，整个人看着十分焦虑和颓丧。虽然C先生成功地通过了试用期，但他的直属上司对他的工作成果并不认可，连他自己都觉得对不起内部控制总监的期待。C先生每天绝大多数时间都在办公室查制度、看流程、分析关键控制点，但所有的发现都是所谓的"鸡毛蒜皮"。C先生一个劲儿地追问自己"该怎么办"，完全搞不清未来的工作思路和工作方向。高级管理层都关心什么，他无从得知；限于层级，他对企业的主要风险、企业管理层主要关注的领域也不清楚，甚至连基层的业务都没摸熟。于是C先生开始怀疑民营企业是否适合自己，开始怀疑自己的能力和当初的选择。

请思考：C先生该怎么办？

第一节　内部控制制度设计准备阶段

内部控制制度设计准备阶段是内部控制制度设计的首要环节，也是内部控制制度设计的基础。这一阶段的主要工作包括：成立内部控制建设委员会、了解高管层的管理基调、关注行业风险特征、借鉴同行成功经验、界定内部控制需求、编制内部控制制度设计方案。

一、成立内部控制建设委员会

这是内部控制制度设计准备阶段的第一步，是内部控制制度设计工作能够有效进行的资源保证，包括组织资源、人力资源、财务资源和技术资源等。企业通常应该成立内部控制建设委员会，负责内部控制的设计与实施工作。

内部控制建设委员会的职责主要包括以下几项。

（1）统一思想、提高全员对内部控制重要性的认识水平；

（2）审定内部控制体系建设实施方案，部署内部控制体系建设工作；

（3）提供人、财、物等资源，保障内部控制体系建设顺利开展；

（4）指导、检查内部控制体系建设的实施、运行和内部控制建设期的评价工作；

（5）负责内部控制体系建设重大事项决策，研究、解决内部控制体系建设中的重大问题；

（6）负责内部控制体系建设阶段成果总结、组织建立长效机制。

内部控制建设委员会下设内部控制工作小组。工作小组的职责主要包括以下几项。

（1）研究起草公司内部控制体系建设实施方案及工作计划；

（2）组织实施内部控制体系建设实施方案；

（3）向内部控制建设委员会报送内部控制体系建设情况；

（4）其他相关工作。

企业内部各业务部门对本部门的内部控制建设也负有一定的职责，主要包括以下几项。

（1）按照业务分工和职责，负责本部门职责范围内的内部控制建设工作，结合内部控制目标，负责梳理相关规章制度，提出规章制度制（修）订计划，并修改完善；

（2）查找经营管理环节风险点，评估风险影响程度；

（3）结合相关规章制度，建立和完善管理程序和业务流程，明确关键控制点和控制措施；

（4）负责执行和持续改进本部门的主要业务流程。

要想内部控制体系建设工作取得较好的效果，领导的支持与授权是关键中的关键，同时内部人员和外部咨询专家的相互配合也是至关重要的。表5-1所示为一份比较理想的内部控制工作小组资源清单。

表5-1　内部控制工作小组的理想资源清单

组织授权	主要包括组织地位的认可
人力资源	配备一定数量的专业人员
财务资源	主要包括必要的经费支持
物质资源	包括：硬件资源（如办公地点）；软件资源（如必要的管理软件、适当的培训与成长计划等）
信息资源	主要包括：内部信息的访问权

二、了解高管层的管理基调

高管层的管理基调包括高管层的诚信与道德价值观、管理理念、对风险的态度等。高管层的管理基调对内部控制制度的建设影响很大。

高管层的管理基调的相关内容参见第二章第三节。

三、关注行业风险特征

风险无处不在。企业内部控制制度设计必须以风险为导向，以风险

微课堂

高管层的管理基调

识别为抓手，把风险管控放在首要位置。在进行内部控制制度设计时，内部控制制度设计者首先要明确组织活动的目标，对各种相关业务的风险进行分类、辨别，再对各种类型的风险进行评价；其次要针对各种具体业务设计其内部控制制度；最后要采用一定的方法对内部控制制度应用后的实际情况与设计所预期的结果进行对比分析，从而进一步改进内部控制制度，完善风险管理体系。

每个行业都有自身的风险特征。内部控制制度设计者对外要关注所在行业的科学技术的发展变化、市场环境的变化、相关政策法规的更新情况。如果不了解技术、网络安全、宏观经济、法律法规等带来的广泛的战略风险，就不能给组织提供至关重要的风险应对建议。在日常工作中，内部控制制度设计者应该做个有心人，眼光不能死盯本企业，要留一只眼睛看向客户、看向竞争对手、看向供应商，把握组织业务的全价值链，通过直接的或间接的渠道，了解本行业的风险状况及其变化。内部控制制度设计者对内要了解企业自身的重大经营事项执行情况、战略调整、业绩完成情况，知晓并理解董事会或高管层的愿景、操守、价值观和行动路线，关注其他部门的难点和痛点。只有如此，才能设计出适合行业发展和组织期望的内部控制制度体系。

四、借鉴同行成功经验

微课堂

成功的内部控制特征

借鉴是一个学习的过程。在同行业，总有一些成功的内部控制经验可以借鉴。企业通过借鉴，能不断完善自我。借鉴可分为两步。

第一步，探究优秀组织内部控制有效的关键要素。通常来说，有效的内部控制系统具有以下特征。

（1）高管层重视内部控制制度建设，并以身作则。

（2）拥有富有竞争力和遵守职业道德的员工。

（3）合理的职责分工。在具有良好的内部控制系统的企业中，任何一项重要的职责都不会被忽略，每个员工都要承担一定的责任，即所有的责任都应明确界定并清楚地划分给每个人。另外还有内部和外部审计、凭证和记录、电子设备及其他控制。

（4）合理授权与批准。企业有一套书面的制度来规定授权、审批的程序，要求任何一种对标准政策的偏离均需得到适当的授权。例如，在零售商店中，金额超过商店一般限额的支票结算，需经过商店经理或经理助理的同意。

（5）适当的职责分离。职责分离减少了舞弊的机会，提高了会计记录的准确性。

（6）有效的监督与问责机制。有效的监督与问责机制能够保证内部控制按照设计的理念得到有效的执行。

第二步，思考适合自身模式的内部控制制度。优秀组织内部控制有效的关键要素往往与其资源禀赋和所处的环境紧密相关。内部控制制度设计者不能采取拿来主义，借鉴他人的成功经验，需要做业务模式的总结和管理模式的梳理。业务模式主要是优秀组织所采用的商业模式、竞争策略等；管理模式是一整套的管理理念、工具、方法等内容的系统化、体系化综合概况。内部控制制度设计者应在总结、提炼模式的基础上，判断该模式对自身的适用性，选择与组织战略发展和业务规模、组织架构、人员素质等更加匹配的模式进行借鉴，并在此基础上建立与完善组织自身的内部控制制度。

五、界定内部控制需求

对内部控制需求的挖掘，可以从常规性内部控制需求和非常规性内部控制需求两个方面来进行。

（一）了解常规性内部控制需求

常规性内部控制需求是在已有内部控制框架下提出的需求，旨在使现有的内部控制框架更加充实、完善和系统化，扩大其范围和内涵，精确其细节。常规性内部控制需求的特点是它可以在已有内部控制框架的范围内加以解决。

依据《企业内部控制应用指引》，常规性的业务主要有18项：组织架构，发展战略，人力资源，社会责任，企业文化，资金活动，采购业务，资产管理，销售业务，研究与开发，工程项目，担保业务，业务外包，财务报告，全面预算，合同管理，内部信息传递，信息系统。

常规性内部控制需求框定的范围是现有的业务领域。常规性内部控制需求旨在对组织的日常流程进行检查、评估和优化，多采用自下而上的收集方式。

（二）挖掘非常规性内部控制需求

除考虑常规性内部控制需求外，内部控制制度设计者更要思考如何挖掘与组织战略规划相关的，具有更高价值含量的非常规性内部控制需求。

所谓非常规性内部控制需求，是指在日常的业务流程之外，甚至是超出已有内部控制框架而提出的需求。非常规性内部控制需求可能的来源途径有以下几种。

（1）来自法律法规或政府层面的监管要求，如新颁布的法律法规、行政规章等可能包括对企业监管的要求。

（2）组织战略要求。战略要求不仅存在于明文公布的组织战略规划文件中，还存在于组织的重大会议纪要、高管层或实际控制人的重要谈话中。

（3）企业特定的风险。一些企业可能面临特定的风险，如数据安全、知识产权保护、环境可持续性等。面对这些风险，企业可能需要实施非常规性的内部控制来管理和减轻相关风险，并确保业务的可持续发展。

（4）业务扩展或变革。企业在进行业务扩展、合并收购、重大技术升级或战略变革时，可能会面临新的风险和挑战。为了适应这些变化并保持控制，企业可能需要采取非常规性的内部控制措施。

（5）高风险岗位或人员的监管需要。高风险岗位是指由于岗位职责的特殊性及存在思想道德、外部环境和制度机制等方面的实际风险，可能造成在岗人员不正确地履行行政职责或不作为，构成失职渎职、以权谋私等严重后果的岗位。一般来说，组织里都是因事设岗的，当然也有例外，有些岗位是因人设岗的，这样的岗位会天然缺少一些监督和牵制，风险自然会较高。除岗位特质外，内部控制制度设计者还需要考虑人的风险。虽然人岗匹配是根本，但在实践中不完全匹配是常态。对于那些因为匹配错位导致的风险，内部控制制度设计者需要特别关注。例如，对于身处资产管理和审批岗位的、家庭负担重或短期内有重大资金支出的人员，内部控制制度设计者可以将其提升到内部控制检查的优先位置；对于身处采购或销售岗位的、开拓精神十足但规则意识不强的负责人或团队，内部控制制度设计者可以将其提升到内部控制检查的优先位置。

（6）董事会或高级管理层的特别要求。内部控制制度设计者尤其是内部控制部门的负责人应与董事会与高管层适时进行沟通，以便做相应的调整或提前安排资源。

经过以上分析，内部控制制度设计者可以得到一份内部控制需求清单，如表5-2所示。

表5-2　企业内部控制需求清单示例

一级分类	二级分类	内部控制需求项目
需要新建的内部控制制度	控制环境制度	1.《××公司社会责任建设纲要》 ……
	核心业务制度	1.《新产品开发管理办法》 ……
	管理控制制度	1.《××公司合同管理办法》 ……
	财务控制制度	1.《关于支持业务创新财务管理办法》 ……
需要修订的内部控制制度	控制环境制度	1.《××公司文化建设纲要》 ……
	核心业务制度	1.《××公司采购付款流程》 ……
	管理控制制度	1.《××公司事故应急管理办法》 ……
	财务控制制度	1.《××公司财务报销流程》 ……
需要废止的内部控制制度	财务控制制度	1.《××公司备用金管理办法》 ……

六、编制内部控制制度设计方案

内部控制制度设计方案是实施内部控制制度设计项目的依据。一个完整的内部控制制度设计方案一般包括文字说明和数字表格两部分，即内部控制制度建设工作规划和内部控制制度建设工作计划表。

文字说明部分主要说明计划年度内部控制制度建设工作的指导思想、方针、重点、主要任务和编制依据，以及实现计划任务的主要措施。

数字表格部分主要列明以下内容。

（1）计划年度内部控制制度建设工作目标。

（2）需要建设的具体内部控制制度设计项目及其先后顺序。

（3）各内部控制制度设计项目所分配的资源，包括：内部控制制度建设工作所需要的工作人员数量；实施内部控制制度建设项目所需要的专业知识、专门技能和相关专业知识及其培训方面的安排；为开展内部控制制度建设工作所做的财务预算。

（4）内部控制制度后续建设的必要安排。

下面是一份××公司20×4年内部控制制度建设工作规划。

××公司20×4年内部控制制度建设工作规划

一、公司内部控制制度建设工作总体思路

1. 今后5年公司内部控制工作的总体目标是……

2. 20×4年内部控制制度建设工作重点是……

二、20×4年度公司内部控制制度建设工作计划

1. 完善公司内部控制制度，促进公司内部控制管理机制健全与完善。

2. 加强内部控制审计工作。公司内部审计部门要加大对内部控制执行情况的检查与评价力度，主要评价以下几个方面。

（1）内部控制是否健全、有效，可依赖程度如何；

（2）内部控制在运行中是否得到认真贯彻和执行，是否有利于公司的经营活动、促进公司的发展等；

（3）已经发现的管理中的漏洞。

…………

八、加大宣传力度，改善控制环境，加强管理人员培训，进一步提高风险管控水平和经营管理效率

1. 利用公司内刊，宣传内部控制的意义，报道一些通过加强与改进内部控制使部门单位效益增加的事例，或定期与公司各职能部门及下属公司负责人、相关部门进行座谈，让所有员工了解内部控制在公司中的作用。特别是让下属公司领导从了解、重视到全力支持内部控制工作，为内部控制制度建设工作的进一步开展打下更好的基础。

2. 内部控制建设委员会协助与配合相关部门健全与完善各部门内部控制制度，使员工工作有制度，管理有依据，处罚有标准。

…………

附：20×4年度内部控制制度建设工作计划表（见表5-3）

××公司审计部
20×4年1月6日

表5-3　　××公司20×4年度内部控制制度建设工作计划表

一级分类	内部控制制度建设项目	时间安排	负责人与参加人
1. 需要新建的内部控制制度	1.《××公司社会责任建设纲要》	20×4年2—6月	傅×× 罗×× 梁×× 张×× ……
	2.《新产品开发管理办法》	20×4年3—4月	傅×× 梁×× 张×× ……
	3.《××公司合同管理办法》	20×4年3—5月	罗×× 梁×× 李××
	4.《关于支持业务创新财务管理办法》	20×4年4—6月	傅×× 罗×× 梁××
	……	……	……
2. 需要修订的内部控制制度	1.《××公司文化建设纲要》	20×4年4—6月	傅×× 罗×× 李×× 张××
	2.《××公司采购付款流程》	20×4年7—9月	罗×× 梁××
	3.《××公司事故应急管理办法》	20×4年8—10月	傅×× 黎××
	4.《××公司财务报销流程》	20×4年9—11月	罗×× 梁××
	……	……	……

第二节　内部控制调查设计阶段

内部控制调查设计阶段的主要工作包括：调查内部控制现状、明确控制目标、进行流程梳理、编制流程风险清单、进行风险评估、寻找关键控制点、确定控制措施、形成风险控制矩阵、编制内部控制制度初稿、评价内部控制制度设计的合理性。

一、调查内部控制现状

（一）调查工作的重点

（1）内部控制环境。不同主体内部控制之间存在的差异大多源自控制环境。不同的内部控制环境将直接影响内部控制制度设计的很多方面，如内部控制程序的实施、内部控制方式的选择等。重点包括：公司现有内部控制政策与制度的执行时间，自制度建立与实施以来公司组织结构、人员素质、企业文化等方面的变化。

（2）了解内部控制设计的合理性与执行的有效性。内部控制制度设计者应当将内部控制的现状与内部控制标准进行对比，确定现有内部控制的缺陷和潜在风险，并进一步评价现有内部控制的健全程度。

（3）形成内部控制现状评价报告。内部控制现状评价报告应该客观准确地反映公司内部控制的现状和问题，为进一步提出有效的改进建议和措施提供参考。

（二）调查研究的方式

（1）询问。内部控制制度设计者可对企业高层、中层及部分核心员工进行访谈，询问有关内部控制制度的设计与执行情况，了解内部控制缺陷。

（2）查阅。内部控制制度设计者可查阅有关内部控制的管理制度和文件，查阅以前年度有关内部控制评价的档案。

（3）现场调研。内部控制制度设计者可通过现场调研，对公司生产工艺流程、组织运行情况进行梳理，找出问题症结，并进行项目内部分析。

（4）执行穿行测试。内部控制制度设计者可依据现有内部控制对相关业务流程进行测试，执行内部控制操作程序，检查业务流程和数据流动情况，收集相关证据，确认内部控制存在的问题和不足，找出缺陷集中的环节和流程。

（5）进行分析整理。内部控制制度设计者可通过对公司现有运营、管理资料的分析整理，判断现行内部控制制度设计的合理性及执行的有效性。

二、明确控制目标

控制目标就是要合理保证业务流程目标的有效实现，即确保企业实现业务流程目标的可靠性、及时性、准确性、完整性、合规性、安全性等特点。控制目标是希望实现的风险缓解或控制的基本任务，是内部控制的核心要素。控制目标既是经营管理的基本要求，也是评价内部控制是否有效的一般标准。明确内部控制目标是明确企业控制范围、控制要求和控制目的的过程，是评估企业内部控制的前提条件。

在设计某项具体业务流程制度时，内部控制制度设计者要围绕企业发展战略和企业当前存在的问题，梳理具体的业务流程目标。随着企业的不断发展，控制目标也是不断变化的。企业需要根据当前的控制环境，充分考虑未来的变化，思考与提出新的控制目标。只有明确控制目标，才能设计出有效的内部控制制度，从而合理保障企业目标的实现。

三、进行流程梳理

（一）流程梳理

流程梳理是公司内部控制制度建设的基础一步，也是关键一步。内部控制措施是要嵌入流程的，所以内部控制制度设计者要先梳理流程，然后再实施流程优化。

流程梳理包括业务流程梳理和管理流程梳理。

1．业务流程梳理

业务流程指的是一个公司或组织在完成特定的业务活动时，所涉及的具体步骤和相互关联的部门、人员和系统。关键业务流程主要包括研发、采购、生产、销售、售后等。业务流程梳理包括以下几个方面。

（1）业务流程的目标和环境。这一部分要明确业务流程的目标以及所处的外部环境和内部环境，如法律法规、公司治理结构等。

（2）业务流程的输入和输出。这一部分要清楚地描述业务流程的输入和输出内容，包括原材料、产品、报告、数据等。

（3）业务流程的步骤和控制点。这一部分要详细描述业务流程所涉及的步骤和控制点，以及业务流程中需要遵循的规定、制度和流程。

（4）业务流程的角色和职责。这一部分要明确业务流程中相关人员所扮演的角色和职责，如审批、负责、协调等。

（5）业务流程的风险和控制措施。这一部分要对业务流程可能面临的风险进行识别和评估，并提出相应的控制措施和处理方案。

（6）业务流程的监控和改进。这一部分要确定业务流程的监控方式和方法，并进行周期性的评估和改进，以确保业务流程的持续改进和优化。

2．管理流程梳理

管理流程是指按照PDCA（即计划—执行—检查—改进）循环的思路，由公司、管理者或员工完成管理工作的过程。管理流程梳理包括以下几个方面。

（1）制订管理计划。这一部分要明确管理目标和任务，分析内外部环境，确定管理策略和实施方案，制订管理计划。

（2）组织实施计划。这一部分要确定组织机构和管理体制，明确各部门和人员的职责和权限，落实管理制度和流程。

（3）监督和评估实施情况。这一部分要在计划执行过程中对执行情况进行监督和评估，及时调整计划，保证计划的顺利实施。

（4）收集和处理信息。这一部分要收集、处理和分析信息，以便管理者做出正确的决策，调整管理计划。

（5）建立和维护良好的沟通和合作关系。这一部分要通过沟通、协调和合作，建立和维护公司内部各部门和人员之间的良好关系，提高管理效率。

（6）风险评估和控制。这一部分要对可能产生风险的事项进行评估，并采取相应的风险控制措施，保持管理流程的风险控制能力。

（7）改进管理流程。这一部分要对管理流程进行持续改进，不断提高管理水平和效率，创造更高的价值。

（二）流程清单

梳理流程之后，内部控制制度设计者需要对现行业务流程与管理流程进行详细描述。内部控制制度设计者应当在制度分析和业务操作分析的基础上，采用流程图的形式，直观地反映各业务和管理活动的开展过程，为以后的风险控制分析打好基础。

本阶段的最终工作成果是编制流程目录、绘制流程图。编制流程目录的目的是建立清晰的业务流程框架，识别和管理风险，设计和改进内部控制，促进内部沟通和协调，并满足内部审计和合规性的要求（见表5-4）。

表5-4　关键控制业务流程目录（采购与付款流程示例）

关键控制业务流程目录				
流程编号	一级流程	二级流程	三级流程	四级流程
……				
RCM05	采购与付款			
RCM05.01		物资采购		
RCM05.01.01			请购计划管理	
RCM05.01.02			采购实施计划	
RCM05.01.02.01				电子采购
RCM05.01.02.02				招标采购
RCM05.01.02.03				非招标采购
……				

内部控制制度设计者可以直接绘制经设计优化的流程图，也可以绘制流程现状图并与完善后的流程图相比较，让管理者知道流程的优化之处。

四、编制流程风险清单

要控制风险，就要先识别风险，知道风险源自何处，然后依据风险源，进行风险评估，分析风险发生的原因、发生的概率和产生的后果，最后结合企业的风险管理策略，制定相应的管控措施。

本阶段的工作成果是流程风险清单。内部控制制度设计者可以流程目标为出发点，识别偏离目标的所有可能事项，形成风险清单。风险清单的内容主要包括风险发生环节、重要风险点、计划采取措施、责任人、配合人、风险发生概率、风险产生后果等核心要素。

以工程物资管理业务为例，内部控制制度设计者可编制如下流程风险清单（见表5-5）。

表5-5　业务流程风险清单（示例）

风险发生环节	重要风险点	计划采取措施	责任人	配合人（岗位）	风险发生概率	风险产生后果	备注
项目物资采购	采购人员不认真导致采购错误	退回错误的采购标的物；重新采购，依据采购责任制度归责	项目经理、采购员	施工员			
	采购材料质量不符合规定	与供应商解除合同	项目经理、采购员	施工员			
	项目部的采购计划需求不明确，导致材料采购数量超出实际需要	施工员提交采购计划，预算员进行审批，施工员每月对进场材料进行盘点总结分析，与材料采购总计划比对，对超材料计划情况采取及时办理变更签证及材料增补计划等措施，确保材料进场数量在可控范围内	项目经理、预算员	施工员			

续表

风险发生环节	重要风险点	计划采取措施	责任人	配合人（岗位）	风险发生概率	风险产生后果	备注
材料管理风险	工程使用的主要建筑材料、建筑构配件和设备的进场试验报告不齐全	在进场前补全	项目经理、材料员				
	项目材料管理混乱，收、发、存记录不完整	梳理项目管理材料，完善项目管理资料和台账，预防不定风险的发生	项目经理、施工员、材料员				
	材料管理人员对衍生合同不熟悉，不按照合同约定验收材料、发放材料	可联合预算、质量人员，在总工程师的主持和监督下完成验收，防止风险的发生	项目经理、总工程师、材料员	预算员			

五、进行风险评估

在评估风险时，内部控制制度设计者需重点关注潜在威胁的类型和来源，以及可能产生的损失和影响程度。同时考虑已有的控制措施及其有效性，以及风险发生的概率和频率。内部控制制度设计者需要根据工作经验，并咨询相关专业人员，对各个流程中存在的风险进行识别，分析风险发生的可能性和风险成因，评估风险发生的后果与风险重要性，研究确定风险应对策略，形成相应的风险数据库（或风险图谱）和风险评估报告。

风险数据库是用于记录和管理组织内部风险的工具。它包含以下基本要素。

（1）风险描述。对于每个内部控制风险，需要详细描述其性质、来源、潜在影响和可能导致的问题。这包括明确风险的定义，以便于理解和沟通。

（2）风险分类。将内部控制风险按照一定的分类标准进行分类，如业务流程、功能领域（财务、采购、销售等）、风险类型（操作风险、合规风险、信息安全风险等）等。这有助于组织对风险进行更好的管理和监控。

（3）控制缺陷。记录导致内部控制风险的具体控制缺陷或弱点。这包括描述控制缺陷的性质、位置、原因和程度。

（4）风险评估。对每个内部控制风险进行评估，包括确定风险的概率和影响程度。这可以帮助组织确定哪些风险是高风险或紧急风险，需要优先处理。

（5）责任与职责。确定涉及内部控制风险的相关方，并明确各个相关方的责任和职责。

（6）控制措施。记录已实施或计划实施的控制措施，包括对控制缺陷的修复措施、控制补充措施等。

（7）监测和跟踪。记录内部控制风险的监测和跟踪情况。包括定期检查和评估控制的有效性以及监测风险的变化和演变情况。

（8）问题解决和改进。记录解决内部控制风险的过程和结果。包括问题解决的步骤、解决方案和改进措施的实施情况。

（9）变更和历史记录。记录内部控制风险数据库的变更和历史记录，以便追溯风险管理的过程和决策。

这些基本要素形成了一个全面的内部控制风险数据库，用于记录、管理和监督组织的内部控制风险。通过使用风险数据库，组织可以更好地识别、评估和应对内部控制风险，从而提高内部控制的有效性和可靠性。

六、寻找关键控制点

控制点是指在一个流程中能够对流程执行产生影响或起到控制作用的有意义的位置。控制点可以是物理位置，也可以是逻辑位置，在流程内可以对流程的输入、处理、输出等过程进行监控和控制。在风险识别和风险控制分析的基础上，内部控制制度设计者需要根据企业的风险策略，与企业各部门反复、深入地交换意见，对现有流程图和风险控制分析表进行讨论，寻找问题和瓶颈（如重复手续、决策偏差、信息传递不畅、资源浪费等），确定控制点，及时修改、调整和优化流程。

微课堂

如何寻找业务流程
中的关键控制点

控制点按其发挥作用的程度来划分，可以分为关键控制点和一般控制点。

在业务处理或管理过程中发挥作用最大、影响范围最广，甚至决定全局成效，对保证整个业务活动或管理活动的控制目标具有至关重要的影响的控制点，即关键控制点。例如，材料采购业务中的"验收"控制点，对保证材料采购业务的完整性、实物安全性等控制目标都起着重要的保障作用，因此是材料采购控制系统中的关键控制点。

只能发挥局部作用，影响特定范围的控制点则为一般控制点。与"验收"相比较，材料采购控制系统中的"审批""签约""登记""记账"等控制点，即一般控制点。

在内部控制现状评估过程中，确定关键控制点并设计相应的控制措施，可以有效控制各种内部风险，确保流程的质量、效率、安全和合规性。需要说明的是，关键控制点和一般控制点在一定条件下是可以相互转化的。某个控制点在此项业务活动中是关键控制点，在另外一项活动中则可能是一般控制点。

七、确定控制措施

找到了关键控制点后，内部控制制度设计者需要结合具体情况，根据不同的控制点选择合适的控制措施。这些措施应该是组织计划、政策和程序等的一部分，如物理控制、技术控制、合规性和人员控制等。内部控制制度设计者需要针对具体的风险，为每一个控制点制定具体的控制措施，并通过监测关键指标、评估效果、识别改进机会和修订控制措施等方式，进行监控和反馈，将控制责任落实到相应的部门和岗位，以保证责任到人、失职必究。

例如，现金控制系统中的"审批"控制点，就设有主管人员授权办理现金收支业务、经办人员在现金收支原始凭证上签字或盖章、部门负责人审核该凭证并签章批准等控制措施。

银行存款控制系统中的"结算"控制点则设有出纳员核查原始凭证、填制或取得结算凭证、加盖收讫或付讫戳记、签字或盖章等控制措施。

由于业务的内容不同，所要实现的控制目标不同，因而与之相匹配的控制措施也不相同。在实际工作中，内部控制制度设计者必须根据控制目标和具体对象设置相应的控制措施。以餐饮业为例，寻找关键控制点、设计控制措施的具体过程如下。

（1）确定流程和目标。餐饮企业的主要流程可能包括采购、食品准备、餐厅服务和清洁，而相关目标可能包括保证食物安全、提高顾客满意度和减少浪费。因此，内部控制制度设计者需要明确这些流程和目标为关键控制点建立了哪些要求和标准。

（2）评估风险和威胁。考虑到食品安全问题，内部控制制度设计者需要识别可能会出现的威胁，如食物污染、细菌感染和食物中毒等。在评估风险时，需要考虑食品来源和种类、生产加工方式和开展顾客服务的方式等多个因素。

（3）确定关键控制点。基于流程和风险评估的结果，内部控制制度设计者可以确定餐饮企业的关键控制点。例如，生鲜食材的采购，食品的接收和储存、加工过程，餐饮服务和清洁等，是关键控制点，对应的控制目标包括保证食材的质量和安全、保证加工过程的卫生和安全、保证服务人员的卫生、定期进行清洁和消毒等。

（4）设计控制措施。为了实现关键控制点中的控制目标，内部控制制度设计者需要确定相应的控制措施。例如，实行严格的食品采购流程，要求供应商提供检测报告，实行随机抽检制度；优化食品储藏环境，制定食品寄存标准，确保食物储存的温度、湿度和防潮等；实时监测餐厅的空气净化和消毒情况，制定操作规范，维持餐桌、器皿和环境的清洁，规范餐厅工作人员的穿戴，制定清洗标准和卫生要求等。这些措施应该与关键控制点一一对应，以实现预期的控制目标。

八、形成风险控制矩阵

微课堂

风险控制矩阵

风险控制矩阵是一种常用的风险评估工具（见表5-6）。它将风险分为不同的等级，基于相应的控制措施设计和实施不同的控制策略。风险控制矩阵可以回答这些问题。

（1）风险有哪些？
（2）控制有哪些？
（3）谁对流程/控制负责？
（4）控制是怎样设计的？
（5）控制设计是否有效？

表5-6　风险控制矩阵（示例）

序号	风险等级		控制措施							
	风险编号	风险描述（包括风险的严重程度和风险发生的概率）	控制编号	现有控制	缺陷编号	缺陷描述	建议	控制类型	控制频率	控制责任人

九、编制内部控制制度初稿

在上述各项工作的基础上，内部控制制度设计者就可以着手编制内部控制制度初稿。内部控制制度初稿编写注意事项如下。

（1）合规性、符合性。对照内部控制基本规范，编写体系文件结构相同，逻辑符合内部控制框架，基本要素齐全，强调规定动作。

（2）兼顾超前性。对于内部控制手册、发展战略规划、企业文化管理、全面预算管理、信息化管理等制度需要适当从高起点进行设计。

（3）实操性。对业务流程设计规划，需要兼顾风险管控（含合规管控）和经营效率，体现操作实用性。

十、评价内部控制制度设计的合理性

内部控制制度设计的合理性取决于内部控制体系的设计是否符合国家的有关法律法规、企业管理理念和实际业务操作情况等要求，能否科学、合理、有效地控制企业风险，并合理保证企业战略目标的实现，以及信息的准确、完整和及时。内部控制是企业管理中至关重要的一环，其设计的合理性直接关系到其实际运行的有效性，关系到企业运营的稳定性和发展的可持续性。

内部控制制度设计的合理性评价可以从以下几个方面进行。

一是内部控制制度设计是否充分、完整。充分的内部控制制度设计能够涵盖企业经营的各个方面、业务流程和协作环节等，充分保障企业在各个方面的运营效率，充分发挥内部控制的综合作用。

二是关键控制点的定位是否准确。内部控制制度的设计需要确保其可以识别并监控关键控制点，以防止诸如财务欺诈等问题的发生。只有深入了解企业经营运作，实时进行风险评估，不断更新关键控制点，才能全面、及时地应对企业可能出现的各种风险。

三是内部控制制度设计是否做到管控与效率的平衡。合理的内部控制不仅能帮助企业防范和有效地控制风险，还能帮助企业合理利用内控资源，避免不必要的浪费，使控制措施既能够管控风险，同时又能提高企业经营效率。

四是内部控制制度设计能否保证企业内外部信息流通的顺畅和准确，包括信息的采集、整理、存储和传递等方面。内部控制制度的设计要确保内外部部门之间的有效沟通协作，防止出现信息中断和传递不足等问题。

五是内部控制制度设计是否能够灵活应对不断变化的风险问题。灵活性是内部控制常常需要的能力。企业不断变化的业务环境和风险问题要求企业的内部控制具有相应的灵活性。

六是内部控制制度设计是否考虑了对控制实施有效监督。有效的监督可以帮助企业发现和纠正偏差、错误和违规行为，及时采取措施，并确保内部控制体系的不断完善。

第三节　内部控制制度运行与完善阶段

内部控制制度设计完成后，并不能马上投入使用，还需要经过试运行与完善。

一、内部控制制度试运行

内部控制制度试运行是内部控制制度设计必不可少的一个环节。其主要目的是在全面推行内部控制制度前，先对一部分业务进行试验，改进和完善内部控制的方法和标准。通过试运行，企业可以预防和减少风险，并对内部控制的制度、流程等进行科学合理的评估和优化，从而提高内部审计的效能和效率，确保内部控制的有效性和全面性。

试运行通常选择局部试行。局部试行就是对设计的内部控制制度选择一些单位或业务循环进行试运行，以检查其运行的效果。一般包括以下几个阶段。

一是选定待试运行的区域和项目。企业首先需要确定需要进行内部控制试运行的区域和项目，通常是选择一个相对较小的区域或项目，以便更好地进行控制的监控和评估。

二是制订内部控制试运行方案。企业需要根据试运行目标和识别的试运行区域或项目，制订试运行方案，包括内部控制计划、流程图、工作方案等，明确试运行的目标、内容、范围、期限等。

三是组织和实施试运行方案，包括内部控制制度的建立、流程的优化、人员的培训、技术方案的实现、软件工具的应用等。企业需要按照开始和结束时间进行讨论和汇报，指导员工收集运行的证据和跟进结果。

四是评估和分析内部控制试运行效果。内部控制试运行效果评价是对试运行方案的成效进行全面、系统、科学的定量和定性评估，以确保试运行方案达到预期目标和程序流程的合理性和合法性。企业需要对内部控制试运行的结果进行评估和分析，包括制定评价标准、搜集数据和信息、分析运行结果、找出问题和制订改进方案等。

内部控制试运行效果评价可以由单位内部执行，必要时，企业也可以请第三方中介机构进行。

二、内部控制制度修改完善

内部控制制度的修改完善是一个长期的过程。在这个阶段，企业需要对内部控制体系进行持续的优化、修正和完善。主要包括以下几个方面。

（1）规章制度的修订。企业应结合自身业务运营和发展情况对内部控制体系的规章制度进行定期修订，以确保其科学性、适应性和有效性。同时，也要根据外部环境变化和相关法律法规的变化，及时对规章制度进行修订完善。

（2）内部流程的优化。企业应针对业务流程和内部管理流程进行持续优化和改进，加强各个环节的协调和衔接，提高工作效率和精度。

（3）风险评估和控制的加强。企业应加强对潜在风险的评估和控制，增强风险预测和防范的能力，避免影响业务发展的风险事件发生。

（4）信息技术的升级。随着信息技术的不断发展，企业应对内部信息系统进行定期升级和优化，通过引入新技术来降低风险和提高运行效率，提高内部控制的科学性和高效性。

（5）学习培训的持续开展。企业应定期开展内部控制专项培训和学习，为员工和管理人员提供及时和有效的专业知识和技能培训，提高他们的风险意识和内部控制意识。

总之，企业应在内部控制体系的实践中注重持续性和完善性，不断优化和改进内部控制体系，以提高业务流程的有效性和管理控制的效果。同时，也要不断跟进和适应外部环境变化和法律法规的变化，保证内部控制体系的有效性。

三、内部控制制度全面推广

经过一段时间的试行，并经修改完善后，内部控制制度建设就由设计阶段进入实施阶段。为了保证内部控制制度的有效实施，企业需要加强内外部宣传与沟通，全面宣传与推广内部控制制度。具体可以采取以下措施。

一是开展内部控制意识教育。企业应该加强员工对内部控制的了解和认知，透过内部控制意识教育项目，告诉员工关于内部控制的重要性和目的，并且引导员工从内部控制角度看问题，为内部控制制度的实施打下基础。

二是开展内部控制培训。企业可以开设内部控制培训项目，包括基础培训、定向培训和继续教育，培养员工在内部控制方面的专业技能，进而提高内部控制的效率和质量。

三是印发内部控制手册制度。企业应定期更新或印发内部控制手册制度，引导员工理解和遵守制度要求，促进风险管理和合规性实践。

四是安排内部控制展示活动。企业可以安排内部控制展示活动，分享企业内部控制的好案例以及成功和改进的故事。此外，还可以邀请专家和从业人员为员工提供实例，使员工有获得内部控制专业知识的更广泛的机会。

五是表彰内部控制先进单位和个人。企业可以开展内部控制先进单位评选表彰活动，评选在内部控制方面有卓越贡献的团队和员工，通过颁发荣誉证书、发放奖金和物质奖励等特殊形式，增强员工对内部控制的重视和实施积极性，激发他们在内部控制领域的创新能力，并提高整体内部控制水平。

【案例延伸思考】

C先生的问题在于他没找对合适的路径，没有养成内部控制的工作思维。他不应整天闭门造车，而应把80%的时间花在办公室之外；应多与内部控制总监等高层管理者沟通，了解高级管理层的关注点以及对内部控制的需求和对内部控制部门的期望。他应该深入基层，熟悉业务和业务人员，深入了解企业风险及关键控制点，从大处着眼、细节着手，慢慢领悟。

事实上，刚刚从事内部控制工作的新人，或多或少都会感到困惑、迷茫、彷徨，甚至犹疑，渴望成长，但总觉得自己资历太浅、层级太低，又苦于找不到提升的路径。做内部控制既要沉得下去，又要浮得上来。也就是说，一方面要深入基层，了解、理解与把握相关岗位员工的做法、想法和选择；另一方面要跳出具体的操作细节，想高层之所想，立足于职责部门、业务流程，梳理、看待和调整相应的控制活动、控制点和控制体系，逐步建立与完善内部控制制度。

【知识回顾与拓展】

即测即评

【思考与探索】

1. 如何确定关键控制点，并评估其有效性？

2. 什么是流程梳理？在内部控制制度设计中流程梳理的作用是什么？

3. 处于新兴领域的企业，如何应对技术和业务模式变化带来的风险？如何在内部控制制度设计中充分考虑这些风险？

4. 面对多种复杂的金融交易模式，企业如何建立适用性强、全面的内部控制机制？如何确保内部控制机制的灵活性？

5. 在内部控制评价的过程中，如何避免随意性和人为主观判断的干扰，以确保评价结果的客观与准确？

6. 内部控制制度设计的实施和落实需要充分的资源支持，如何确保内部控制的投入产出效益达到最优化？

7. 在内部控制制度设计中，如何确保控制措施的有效性和可操作性？

8. 面对不断变化的外部环境和法规，企业如何及时调整和完善内部控制机制？

9. 内部控制设计涉及多个相关部门和人员，如何实现协同配合和信息共享？

10. 风险评估在内部控制制度设计中占据重要地位，如何进行更加科学合理和全面的风险评估？

【实训项目】

实训项目一：听故事，谈体会——娱乐城困惑谁来解。

实训项目二：两个制度的比较。

实训项目一

实训项目二

第六章
治理层面的内部控制制度设计

 学习目标

通过对本章的学习，读者应该：

1. 了解企业治理层面内部控制制度设计的主要内容；
2. 了解企业发展战略的内容及作用；
3. 了解高管人员薪酬与考核制度的作用；
4. 了解社会责任对企业发展的意义；
5. 了解企业文化控制制度设计与实施的目的。

如何理解治理层的
内部控制

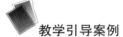 **教学引导案例**

内部控制制度为何重要——退市案例引发的思考

这是一个真实的案例。A公司为一家大型上市百货公司，创造了"诚信永远"的企业文化。近年来A公司股权结构整体稳定，前几大股东为一致行动人关系，一致行动人持有公司将近50%的股份。2021年，A公司因连续三年亏损，股票被上交所终止上市。D事务所对A公司进行年度财务报表及内控审计时发现如下情况。

（1）A公司董事长越权经营，在未获得董事会授权的情况下插手子公司的经营管理，A公司副董事长对公司的业务经营超过董事会授权范围。年末A公司款项回收、存货保管及担保事项出现重大风险，导致A公司当年年报为计提资产减值损失35亿元。

（2）A公司持有联营公司B公司20%股权，财务报表列报为长期股权投资。A公司对B公司跟踪管理不到位，无法获取联营公司的财务报表和审计报告，无法确认当期损益情况。

（3）在未获董事会和股东大会审议通过的情况下，A公司违规使用募集资金为B公司提供质押担保，导致A公司亏损3亿元。

（4）A公司近年来信息披露不合法、违规担保、债务逾期等事件层出不穷，昔日积累的良好口碑早已不复存在。同时统计数据表明，A公司仅有16.4%的员工接受过高等教育，专业技术人员仅占4%。A公司员工整体教育水平偏低，专业技术人才缺乏。

请思考：

（1）该案例暴露出A公司治理层面内部控制存在什么问题？

（2）如何才能"将权力关进制度的笼子"？

（3）该案例对治理层面内部控制制度的设计有哪些启示呢？

第一节　组织架构控制制度设计

一、组织架构及控制目标

组织，是由一系列交织共存的关系构成的社会系统，是一个分配和安排组织成员之间的工作、权力和资源，以便他们能够达到组织目标的过程。组织架构是指一个企业或组织的内部、外部关系以及职权与职责的分配和协调，是组织机构的基础。《企业内部控制应用指引第1号——组织架构》指出，组织架构是指企业按照国家有关法律法规、股东（大）会决议及企业章程，结合企业实际，明确股东（大）会、董事会、监事会、经理层和企业内部各层级机构设置、职责权限、人员编制、工作程序和相关要求的制度安排。企业应当根据《中华人民共和国公司法》（以下简称《公司法》）《企业内部控制基本规范》及其配套指引设计与实施自身的组织架构控制制度。

（一）组织架构的主要构成

企业组织架构主要包括股东（大）会、董事会、监事会、经理层和企业内部各层级机构设置、职责权限、人员编制、工作程序和相关要求等。组织架构示例如图6-1所示。

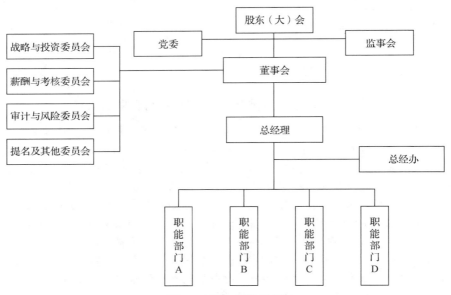

图6-1　组织架构示例

（二）组织架构的控制目标

组织架构和管控模式是企业战略目标落地的桥梁，是企业战略的载体。通常组织架构的控制目标主要包括以下几个。

（1）反映并支持实现企业战略目标。一个合理的组织架构应该反映并支持实现企业战略目标。在制定战略的过程中，企业要考虑自身的资源和能力，要明确自身的使命、愿景和价值观，并在此基础上制定战略目标。基于制定好的战略目标，企业应该结合自身实际情况，评估所需的组织结构和人力资源需求，并设计出具体的组织架构以支持实现这些目标。

（2）积极适应并响应市场竞争需要。一个合理的组织架构应该具有灵活性和适应性，能够适应市场的变化和竞争环境的变化，并以客户为中心，创造价值。为了实现这个目标，企业需要不断优化其组织架构，包括不断调整岗位设置、人员安排、流程设计等，以确保所有人都在实现企业战略目标方面处于最佳位置。

（3）明确的层级关系。分层次的管理架构可以帮助企业实现顶层战略和底层实施的有效衔接。明确的层级关系可以让每位员工在知道自己的权限和责任的前提下积极工作，提高企业的协同效率。

（4）清晰的职责和权限。清晰地界定各个部门、各级岗位职责、权限及关系，有利于消除或减少各类接口矛盾，以及推诿、扯皮、内耗现象。

（5）有效的沟通渠道。企业应该为员工建立良好的沟通渠道，以确保沟通效率和沟通质量。这有助于避免信息不畅通和决策失误。

（6）透明的绩效评估和报告机制。透明的绩效评估和报告机制可以帮助企业衡量员工的工作绩效，并识别和奖励表现出色的员工，这有助于提高员工的工作效率和工作积极性。

（7）高效、精简、适用。一个高效、精简、适用的组织架构可以帮助企业解决工作重复、流程不畅等问题，从而提高工作效率；可以减少多余的管理层次和精简冗杂的结构，降低企业的管理成本；可以更快、更好地响应市场变化，增强企业的竞争力。

二、机构设置及议事流程

企业应通过企业章程、内部控制手册等，明确公司股东（大）会、董事会、监事会、经理层和各层级部门设置、职责分工、人员编制和工作流程的系统性制度安排。

（一）机构设置

1. 股东（大）会

股东（大）会由全体股东组成，是企业的最高权力机构，对企业重大事项进行决策，有权选任和解除董事，并对企业的经营管理有广泛的决定权。董事会、监事会等机构由股东（大）会选举产生并对股东（大）会负责。

2. 董事会

董事会是由董事组成的，对内掌管企业事务、对外代表企业的经营决策和业务执行机构。

3. 监事会

根据《公司法》的规定，监事会是由股东（大）会选举的监事以及由企业职工民主选举的监事组成的，对企业的业务活动进行监督和检查的法定必设和常设机构。

4. 经理层

经理层是企业治理架构中的执行机构，根据董事会的经营发展目标，制订年度经营管理工作计划，落实经营发展责任，负责企业日常管理工作。经理层一般包括总经理（总裁）、副总经理（副总裁）、总会计师（财务总监）以及企业章程规定的其他高级管理人员。根据《公司法》的规定，经理由董事会决定聘任或者解聘，经理对董事会负责。

5. 党委（党组）

国务院国资委在2023年年初发布了《关于做好2023年中央企业内部控制体系建设与监督工作有关事项的通知》（国资厅监督〔2023〕8号）。通知要求各中央企业要切实发挥内控体系在依法依规治企、严肃财经纪律、防范化解风险等方面的重要作用。加强企业党组织对内控管理工作的领导，进一步完善党的领导融入公司治理的运行机制，加强党委（党组）对内控管理工作的全面领导，对企业内控与风险管理工作，以及存在的重大内控缺陷和风险隐患等情况，要定期向党委（党组）报告。

（二）议事流程

1. 股东大会流程

股东大会分为年度股东大会和临时股东大会。年度股东大会每年召开一次，应当于上一会计年度结束后的6个月内举行。临时股东大会不定期召开，出现《公司法》第一百零一条规定的应当召开临时股东大会的情形时，临时股东大会应当在2个月内召开。

（1）股东大会的召集。定期会议应当依照公司章程的规定按时召开。代表十分之一以上表决权的股东，三分之一以上的董事，监事会或者不设监事会的公司的监事提议召开临时会议的，应当召开临时会议。有限责任公司设立董事会的，股东会会议由董事会召集。

（2）提案与通知。单独或者合计持有公司3%以上股份的普通股股东（含表决权恢复的优先股股东），可以在股东大会召开10日前提出临时提案并书面提交召集人。召集人应当在收到提案后2日内发出股东大会补充通知，公告临时提案的内容。召集人应当在年度股东大会召开20日前以公告方式通知各普通股股东（含表决权恢复的优先股股东），临时股东大会应当于会议召开15日前以公告方式通知各普通股股东（含表决权恢复的优先股股东）。

（3）股东大会的召开。股东大会由董事长主持。董事长不能履行职务或不履行职务时，由副董事长主持；副董事长不能履行职务或者不履行职务时，由半数以上董事共同推举的一名董事主持。

2. 董事会规则

（1）董事会构成。有限责任公司设董事会，其成员为三人至十三人。两个以上的国有企业或者两个以上的其他国有投资主体投资设立的有限责任公司，其董事会成员中应当有公司职工代表；其他有限责任公司董事成员中可以有公司职工代表。董事会中的职工代表由公司职工通过职工代表大会、职工大会或者其他形式民主选举产生。

（2）董事任期。董事任期由公司章程规定，但每届任期不得超过三年。董事任期届满，连选可以连任。董事任期届满未及时改选，或者董事在任期内辞职导致董事会成员低于法定人数的，在改选出的董事就任前，原董事仍应当依照法律、行政法规和公司章程的规定，履行董事职务。

（3）董事会召集与表决。董事会会议由董事长召集和主持；董事长不能履行职务或者不履行职务的，由副董事长召集和主持；副董事长不能履行职务或者不履行职务的，由半数以上董事共同推举一名董事召集和主持。董事会的议事方式和表决程序，除《中华人民共和国民法典》有规定的外，由公司章程规定。董事会应当将所议事项的决定作成会议记录，出席会议的董事应当在会议记录上签名。董事会决议的表决，实行一人一票。

3. 监事会规则

（1）监事会构成。有限责任公司设监事会，其成员不得少于三人。股东人数较少或者规模较小的有限责任公司，可以设一名至二名监事，不设监事会。监事会设主席一人，由全体监事过半数选举产生。监事会主席召集和主持监事会会议；监事会主席不能履行职务或者不履行职务的，由半数以上监事共同推举一名监事召集和主持监事会会议。董事、高级管理人员不得兼任监事。

（2）监事任期。监事的任期每届为三年。监事任期届满，连选可以连任。监事任期届满未及时改选，或者监事在任期内辞职导致监事会成员低于法定人数的，在改选出的监事就任前，原监事仍应当依照法律、行政法规和公司章程的规定，履行监事职务。

（3）监事会召集与表决。监事可以列席董事会会议，并对董事会决议事项提出质询或者建议。监事会、不设监事会的公司的监事发现公司经营情况异常，可以进行调查；必要时，可以聘请会计师事务所等协助其工作，费用由公司承担。监事会每年度至少召开一次会议，监事可以提议召开临时监事会会议。监事会的议事方式和表决程序，除《中华人民共和国民法典》有规定的外，由公司章程规定。

三、主要风险及管控措施

应用指引将组织架构风险分为两部分：治理层面风险和内部机构风险。在治理层面，企业要关注治理结构形同虚设，缺乏科学决策和良性运行机制，可能导致企业经营失败，难以实现发展战略方面的风险；在内部机构层面，企业要关注内部机构设计不科学，权责分配不合理，可能导致机构重叠、职能交叉或缺失、推诿扯皮，运行效率低下方面的风险。

（一）主要风险

1. 治理结构形同虚设

治理结构是企业开展经济业务的组织基础，企业需要根据相关法律法规设置不同层次、不同功能的治理结构，治理结构的设置情况直接关系到企业的履职情况。在实践中，治理结构风险主要表现在以下几个方面。

一是股东（大）会、董事会、监事会以及经理层设置不合理，一股独大，董事会独立性不强等情况较为普遍；

二是股东（大）会会议召集人无权、越权召集，召集通知的方式、时间违反法律或章程，股东大会召集通知的内容不明确或不完备；

三是企业与控股股东在资产、财务、人员等方面存在混用，未实现相互独立；

四是董事会无法独立于大股东和经理层；

五是没有按规定设置监事会，监事能力与相关领域不相匹配；

六是经理层缺乏必要的权力监督和约束机制。

2. 缺乏科学决策和良性运行机制

科学决策是企业健康发展的前提，是企业正确执行战略意图的前提，良好的运行机制可以促使企业高效运转，使企业对突发事件可以及时做出反应。在实践中，缺乏科学决策和良性运行机制的主要表现如下。

一是股东无法通过股东（大）会行使自己的权利；

二是董事会独立性不强，受大股东意见影响较重，不能有效发挥作用；

三是监事会无法保持独立性，不能对董事会行使权利构成有效监督；

四是董事会不能有效监督经理层；

五是未建立健全"三重一大"事项决策机制①，集体决策或联签制度执行不到位。

3. 内部机构设计不科学

企业内部职能机构的设计是一项复杂的系统工程，需要企业考虑多种因素，如企业性

---

① "三重一大"，即：重大事项决策、重要干部任免、重大项目投资决策、大额资金使用。 "三重一大"必须经集体讨论做出决定的制度，简称"三重一大"事项决策机制。

质、发展战略、文化理念和管理要求等。企业组织机构的设计主要取决于企业的规模和经营性质，以及是否有助于信息的上传、下达和在各业务活动间的传递。在当前市场环境下，少数企业未充分考虑业务和行业状况，不恰当地选择瘦长型或扁平型组织机构，造成机构运行效率与业务需求脱节。

4. 权责分配不合理

企业的正常运转需要多部门协同合作，如果权责分配不合理，就会出现职能错位现象，致使工作秩序混乱，日常工作推进困难，经营管理失效。在当前经济体制下，部分企业未明确内部组织机构设置，各职能部门职责权限不清晰，组织运行流程不明确、不清晰，关键职能岗位缺失或交叉，不相容职务未分离等情况比较常见。

（二）风险管控措施

1. 完善公司治理结构

企业应当根据国家有关法律法规的规定，按照决策机构、执行机构和监督机构相互独立、权责明确、相互制衡的原则，建立健全各机构设置；明确董事会、监事会和经理层的职责权限、任职条件、议事规则和工作程序，杜绝股东一家独大、股东（大）会召集不合规、董事会缺乏独立性、监事会履职能力欠缺等情况发生。

微课堂

组织架构控制对内部控制设计与运行的影响

上市公司作为公众公司，其治理结构应充分反映其"公众性"。首先，上市公司董事会应当设立独立董事，独立董事应独立于所受聘的公司及其主要股东，认真履行职责，维护公司整体利益，特别是关注中小股东合法权益不受损害；其次，上市公司董事会应当下设专门委员会，在审计委员会、薪酬与考核委员会中，独立董事应当占多数并担任负责人，审计委员会中至少还应有一名独立董事是会计专业人士；最后，上市公司应当设立董事会秘书，董事会秘书为上市公司的高级管理人员，直接对董事会负责，并由董事长提名，董事会负责任免，其负责公司股东（大）会和董事会会议的筹备、文件保管以及公司股东资料的管理，办理信息披露事务等。

国有企业是我国比较独特的企业群体，其治理结构设计也充分反映其特色。一是国有企业不设股东（大）会，由国有资产监督管理机构行使股东（大）会职权；二是国有企业董事会成员中包括公司职工代表，职工代表由公司职工代表大会选举产生；三是国有企业监事会成员由国有资产监督管理机构委派，但是监事会成员中的职工代表由公司职工代表大会选举产生，监事会主席由国有资产监督管理机构从监事会成员中指定产生；四是外部董事由国有资产监督管理机构提名推荐，由任职公司以外的人员担任。

2. 合理分解部门职能

企业应当对各机构的职能进行科学合理的分解，确定具体岗位的名称、职责和工作要求等，明确各个岗位的权限和相互关系。在内部机构设置过程中，应体现不相容岗位相分离原则，尽可能识别出不相容职务，并根据相关的风险评估结果设立内部牵制机制。特别是在涉及重大或高风险业务处理程序时，必须考虑建立各层级、各部门、各岗位之间的分离和牵制机制。在因机构人员较少且业务简单而无法分离处理某些不相容职务时，企业应当制定切实可行的替代控制措施。

3. 明确岗位职责

根据国家有关法律法规的规定，企业应明确董事会、监事会和经理层的职责权限、任职条件、议事规则和工作程序，确保决策、执行和监督相互分离，形成制衡。董事会对股东（大）会负责，依法行使企业的经营决策权；监事会对股东（大）会负责，监督企业董事、高管人员依法履行职责；经理层对董事会负责，组织实施股东（大）会、董事会决议事项，主持企业的生产经营管理工作。

4. 权责分配相协调

企业应按照科学、精简、高效、透明、制衡的原则，综合考虑企业性质、发展战略、文化理念和管理要求等因素，合理设置内部职能机构，明确各机构的职责权限，避免职能交叉、缺失或权责过于集中，形成各司其职、各负其责、相互制约、相互协调的工作机制。

5. 建立集体决策或联签制度

企业对重大决策、重大事项、重要人事任免及大额资金支付业务等，应当按照规定的程序和权限实行集体决策审批或者联签制度。任何个人不得单独进行决策或者擅自改变集体决策意见。重大决策、重大事项、重要人事任免及大额资金支付业务的具体标准由企业综合考虑企业规模、经营效率等因素后自行确定。

6. 不定期改进治理结构

企业应不定期对现有治理结构和内部机构设置进行全面梳理，确保治理结构、内部机构设置和运行机制等符合现代企业制度要求。梳理治理结构时重点关注董事、监事、经理及其他高级管理人员的任职资格和履职情况，以及董事会、监事会和经理层的运行效果。治理结构存在问题的，及时采取措施加以改进。梳理内部机构设置时应当重点关注内部机构设置的合理性和运行的高效性。内部机构设置和运行中存在职能交叉、缺失或运行效率低下的，应当及时解决。

四、组织架构控制制度设计应注意的问题

第一，组织架构控制是企业的顶层设计制度，涉及各个层级的权力与责任划分，因此，组织架构控制制度设计需要企业各股东共同参与讨论，通过充分沟通、确认，形成最终的合适的组织架构。原则上企业组织架构的重大变动都应经过股东（大）会的审批。

第二，组织架构控制制度设计并不只是针对企业高级管理人员，组织架构制度涉及企业所有人员。在制度设计过程中，企业需要全面考虑企业发展战略、整体规划、岗位设置、人员要求等各种因素。这就要求在制度设计过程中应当有全面了解企业运作流程的专业人员参与，从宏观与微观角度来把握该项制度安排，综合考虑企业各个管理与职能流程。

第三，组织架构控制制度设计不是一劳永逸的。经济是发展的，企业的规模和发展战略、外部竞争等内外部情况也在随时变化，企业规模越大，组织架构越复杂，组织架构是否合理对管理有效性和企业运行效率的影响越大。为了适应内外部环境变化，适应企业战略目标要求，企业需要不定期对组织架构进行调整，对人员进行调配或更替。适时的组织架构变动有助于解决效率低下、职能划分不合理等问题。

第二节　发展战略控制制度设计

一、发展战略及控制目标

（一）发展战略

发展战略是对企业各种战略的统称，是指企业在对现实状况和未来趋势进行综合分析和科学预测的基础上，制定并实施的长远发展目标与战略规划。在商业环境中，发展战略通常是指用来指导企业发展的长期计划和策略，包括企业目标、愿景、使命、核心价值观、

市场定位、产品组合、竞争优势和可持续性发展等方面的决策。

根据《企业内部控制应用指引第2号——发展战略》的规定，为了促进企业增强核心竞争力和可持续发展能力，企业应当根据有关法律法规和《企业内部控制基本规范》及其配套指引设计本单位的发展战略控制。

企业的设立需要有具体的定位，具体包括为社会提供什么样的产品或服务、怎样满足客户和市场需求、如何招聘员工、如何利用资源、如何更好地发展等。发展战略要着力解决的正是企业发展过程中所面临的这些全局性、长期性的问题。发展战略既包括竞争战略等公司层整体战略，也包括营销战略、品牌战略及人力资源战略等业务层、职能层战略。

（二）控制目标

发展战略是企业内部的目标纲领，可以引导企业做"正确的事"。企业发展战略控制制度设计就是为了更好地为企业制定与调整发展战略服务，确保企业战略服务于企业目标。发展战略的控制目标主要包括以下几点。

（1）规范企业战略规划的编制与管理。发展战略为企业指明发展方向、目标与实施路径，描绘企业未来经营方向和目标纲领，是企业发展的蓝图。长期稳定的发展战略才能使企业找准方向与节奏，规范的战略规划流程，可以保持战略稳定性，使其不因人为因素频繁变动。

（2）提高战略规划的科学性。只有制定科学合理的发展战略，企业执行层才有行动的指南，其在日常经营管理和决策过程中才不会迷失方向，才能知晓哪些是应着力做的"正确的事"。

（3）保证战略规划的质量。规范科学的战略规划可以使企业不至于盲目决策，避免浪费企业资源、错失形成竞争优势的机会。

（4）确保经营计划与战略目标一致。经营计划是企业战略目标的具体化，是战略目标分解落实的最直接方式。保持经营计划与战略目标的一致，对实现目标尤为重要。

（5）保障战略目标得到分解与落实。通过编制全面预算，将年度预算目标分解为季度、月度预算，实施分期预算控制，落实预算目标，促进年度预算目标的实现，将发展战略落地变为现实。

二、主要风险及管控措施

（一）发展战略主要风险

企业一般以实现盈利为目标，只有实现盈利，企业才能进一步发展下去，要实现盈利就要参与市场竞争，在市场竞争中，风险与机遇并存。如何规避内外部风险，发挥企业自身优势并抓住外部机遇，是企业发展永恒的话题。知晓风险才能规避风险。企业发展战略的主要风险包括以下几点。

（1）市场风险。能源、原材料、配件等物资的供应进展，价格波动会造成企业成本较大波动；主要客户及供应商的信用发生变化，会导致企业资金及财务压力增加。

（2）技术风险。企业的技术研发不能跟上市场发展，产品技术不具有国际竞争力，产品附加值低，难以在市场上占据主导地位。

（3）人才风险。企业缺乏核心人才，或者核心人才流失，企业的核心技术和经验无法得到传承和发展。

（4）政策风险。政策变化或政府管制的加强，导致企业经营不稳定，经营成本增加。

（5）资金风险。商业贷款无法得到批准，或者无法获得有利的融资渠道，导致企业缺乏资金支持，难以开展业务。

（6）自然灾害等外部环境风险。如地震、火灾、水灾等自然灾害或政治经济局势变化等不可抗力因素，导致企业经营不稳定，甚至停办。

（7）运营风险。企业的产品或服务无法满足市场需求，销售不达预期，市场份额逐渐下降。

企业在制定战略和发展规划的过程中，应该对这些风险进行充分预判和判断，消除风险因素，提高对各种风险的应对能力，并实现可持续发展。

（二）风险管控措施

企业发展战略风险是指企业在战略规划实施过程中可能出现的各种内外部风险与困难，如市场风险、技术风险、人才风险、政策风险等。为了应对这些风险，企业应采取以下措施。

（1）建立健全风险管理机构。在董事会下设立战略委员会，或指定相关机构负责发展战略管理工作，履行相应职责。战略委员会成员应当具有较强的综合素质和实践经验。例如，熟悉企业业务经营运作特点，具有市场敏感性和综合判断能力，了解国家宏观政策走向及国内外经济、行业发展趋势等。同时，成员的任职资格和选任程序应符合有关法律法规和企业章程的规定。必要时，战略委员会还可聘请社会专业人士担任顾问，提供专业咨询意见。

（2）分析外部环境，发现机会与威胁。外部环境包括企业所处的宏观环境、行业环境及竞争对手、经营环境等。企业通过分析环境的变化和发展趋势，分析其对企业战略的重要影响，评估有哪些机会可以挖掘，以及企业可能面临哪些威胁。

（3）分析内部环境，识别优势和劣势。内部资源包括企业资源、企业能力、核心竞争力等各种有形和无形资源。企业通过分析其所拥有的有形资源、无形资源等，判断企业在同行业中处于何种地位，与竞争对手相比本企业有什么优势和劣势，了解企业战略是否适应面临的各种机遇和挑战，并能明确形成企业核心能力和竞争优势的战略性资源。

（4）建立风险评估和应对机制。企业应根据不同的风险类型和影响程度，建立科学的风险评估和应对机制，并制定相应的应对策略和措施。同时，应加强对市场、技术、人才、政策等方面的研究和调查，尽早预判潜在风险，减少风险对企业的影响。

（5）多元化发展。企业应在产品、市场、供应链、品牌等方面进行多元化发展，拓宽经营空间，降低单一市场或产品的风险，提高企业的抗风险能力。多元化发展还可以增加企业的竞争优势，有助于企业提高市场地位和增强发展潜力。

（6）技术创新。企业应积极进行技术创新，提高产品和服务质量，增强核心竞争力，减少技术风险和市场风险。同时，在技术创新过程中，企业需要及时跟进市场需求，调整自己的研发方向，避免陷入技术"盲区"。

（7）人才培养和引进。企业应注重人才管理和培养，建立适合企业发展的人才激励机制，提高员工综合素质和技能水平，增强企业的人才竞争力。同时，企业也可以通过引进高端人才和资源，快速提升自身实力，减少人才风险。

（8）公关和品牌建设。企业应重视公关和品牌建设，树立良好的企业形象和品牌形象，通过建立良好的社会关系和公关网，减少舆情风险。同时，通过品牌建设，提高客户忠诚度和企业知名度，增强企业在市场中的影响力。

三、机构（岗位）设置与职责分工

根据《上市公司治理准则》，战略委员会的主要职责是对公司长期发展战略和重大投资决策进行研究并提出建议。由于现行规则对战略委员会的要求比较宽泛，很多公司在战略委员会的工作流程中对其职责进行了细化。例如，在A公司的《董事会战略委员会工作细则》中，战略委员会的主要职责和权限包括以下几点。

（1）对公司长期发展规划、经营目标、发展方针进行研究并提出建议。

（2）对可能影响公司的全球政治、社会、环境风险和机遇进行研究，对公司可持续发展的相关制度、战略，以及包括但不限于环境、社会和公司治理（ESG）等方面的表现进行监督管理，对公司可持续发展的重大事项进行研究并提出建议。

（3）对《公司章程》规定须经董事会批准的重大投资、融资方案进行研究并提出建议。

（4）对《公司章程》规定须经董事会批准的重大资本运作、资产经营项目进行研究并提出建议。

（5）对其他影响公司发展的重大事项进行研究并提出建议。

（6）对以上事项的实施进行检查。

（7）董事会授权的其他事宜。

四、发展战略控制制度设计应注意的问题

企业在发展战略控制制度设计与执行过程中应当注意以下几点。

第一，充分调查研究。企业在制定发展战略前，应当充分分析内外部状况，科学进行市场预测，并广泛征求专业人士意见。在调研过程中，应综合考核宏观环境、产业环境、技术发展趋势、竞争对手状况、内部资源、内部能力等影响因素，综合考虑各项风险后确定企业的发展战略及方向。

第二，设置或指定适当的战略管理机构。企业应当在董事会下设立战略委员会，或指定相关机构负责发展战略管理工作，履行相应职责。同时明确战略委员会的职责和议事规则，对战略委员会会议的召开程序、表决方式、提案审议、保密要求和会议记录等做出规定，确保议事过程规范透明、决策程序科学民主。战略委员会负责组织对发展目标和战略规划进行可行性研究和科学论证，形成发展战略建议方案。

第三，重视发展战略落实与宣传。只规划不实施的战略无异于纸上谈兵，只有具有可操作性且能够落地实施的战略才有可能是好的战略。战略的实施首先需要战略细化与分解，企业应根据发展战略制订年度工作计划，编制全面预算，将年度目标分解、落实，让全员参与到战略实施过程中，确保发展战略有效实施。企业在战略落实过程中还应当重视和加强发展战略的宣传工作，通过内部各层级会议和教育培训等方式，将发展战略及其分解落实情况传达给内部各管理层级和全体员工，让全体员工了解战略目标，重视战略目标实现，努力创造实现战略目标的积极工作氛围。

第四，注重信息系统建设。战略的制定过程必须依赖于充分、及时、正确的信息交流，只有充分、必要的交流才能提高战略质量。因此，进行战略设计与实施工作要同时注重信息系统的建立与管理。信息系统的管理工作必须有利于获取企业外部和内部的各种信息。企业需要从外部获取政治与法律、经济与技术、金融机构与投资者、顾客、竞争者等多方面的情报；也需要从内部获得生产、销售、人事、财务、发展等方面的信息。因此信息系统建设情况也会对战略制定产生深远的影响。

第三节　薪酬与考核控制制度设计

现代企业的竞争主要是科技与知识的竞争，人才对企业发展的推动作用不言而喻，如

何发掘人才、留住人才，对企业的发展起着关键作用。企业的发展需要全体人员的努力，更需要领导层发挥决策、示范作用。企业高管的决策决定着企业的发展方向，并奠定了企业文化的底色。用好高管、留住高管是企业所有者的重要课题。

本节将重点阐述企业董事、监事、高级管理人员、核心技术人员等人员（以下简称"高管人员"）的薪酬与考核控制制度设计。

一、薪酬与考核及控制目标

薪酬是员工因向所在的组织提供劳务而获得的各种形式的酬劳。一般认为薪酬指货币或可以转化为货币的报酬。在现代经济体系下，薪酬，特别是高管人员的薪酬多种多样，既包括基本工资，也包括绩效工资、福利薪酬、股权、期权等。考核通常是指企业对管理层业绩的评价，并以评价结果确定高管人员薪资水平的管理方法。薪酬与考核可以吸引和激励员工，从而增强企业竞争优势，同时可以激励员工在完成考核指标时提升专业素养、发掘个人才能、实现自我价值，因此薪酬与考核制度对激发高管人员积极性、约束高管人员行为具有重大意义。

如何留住人才、用好人才是企业高层管理者面临的难题之一，公平、合理、有效的薪酬激励制度是企业得以长期发展壮大的重要因素之一，也是上至企业高管下至普通员工都非常关心的问题。薪酬与考核控制的目标包括以下几个。

（1）吸引人才。企业薪资待遇只有足够有吸引力才会吸引高水平人才的加入，仅靠传统的固定薪酬模式无法产生足够的吸引力。优秀的激励与考核机制，可以为人才引进及价值创造提供更大的空间。

（2）完善薪酬与考核结构。企业通过设置容易理解、透明、公正的薪酬体系，方便高管人员知晓薪酬计算规则，调动高管人员积极性，提升工作效率。合理的薪酬结构对保持员工稳定具有积极影响。

（3）保持高级管理层稳定性。企业职业经理和核心员工的稳定，有利于企业长期稳定发展，有利于企业推动长期战略的落地与实施。

（4）优化财务结构。对于初创期或成长期企业，资金紧张是经常出现的问题。企业通过股权激励既能吸引适合企业的高管人员，又可以减少短期内的现金支出。

（5）形成激励与考核机制。企业通过制度设计，优化不同层级、不同岗位人员的薪酬体系，形成适合企业实际状况的激励机制及考核体系。

二、主要风险及管控措施

（一）薪酬与考核环节的主要风险

企业在设计薪酬与考核控制制度时，应重点关注以下风险。

（1）不合理的薪酬结构。企业的薪酬结构过于复杂，导致员工的薪酬不透明、不公正，从而影响员工的工作积极性和工作效率。此外，保守的薪酬结构也会导致企业员工的流失。

（2）薪酬与绩效不匹配。企业的绩效评估标准与薪酬不匹配，导致员工努力工作却没有获得应有的回报，从而影响员工的工作积极性和企业的生产效率。

（3）考核标准不合理。企业考核标准偏差较大，导致在评价员工实际业绩时有失公正，员工的工作态度和工作质量受到质疑。

（4）考核和评价机制不透明。企业的考核与评价机制不透明，信息不够透明公开，导

微课堂

如何将激励机制
嵌入薪酬与考核
控制设计

致员工对绩效考核的真实情况产生怀疑，从而影响员工对企业的忠诚和积极性。

（5）盲目追求绩效。企业过度追求绩效，忽视对员工的关心和照顾，导致员工的心理健康受到影响，产生负面情绪，甚至出现心理问题。

（6）退出机制不合理。企业仅考虑激励政策，未充分关注激励条件未完成情况下的退出机制，导致员工与企业为各自利益反目成仇，对企业形象和利益造成损害。

（二）风险管控措施

为了有效解决薪酬与考核环节的主要风险，企业可以采取以下措施。

（1）制定合理透明的薪酬计划和考核标准，确保考核制度公平、公正、公开，不因人为因素产生偏差，从根本上保证员工的薪酬分配公平。

（2）建立绩效管理和员工关怀相结合的管理模式，以绩效为核心，通过质量和效益来衡量绩效，同时也要关注员工的需求和心理健康，真正为员工着想。

（3）鼓励高管人员参与制定绩效考核标准，建立员工参与绩效考核的机制，加强高管人员的参与绩效考核的积极性和自我激励。

（4）建立完善的信息沟通渠道，使高管人员了解企业的决策和考核方式，提高信息透明度。

（5）建立优化激励政策退出机制，在员工知晓绩效激励与考核政策时，同时宣贯退出机制，让员工知晓退出激励机制的情形和退出后的薪酬结构，提升政策透明度。

三、机构设置与职责分工

企业应该设置薪酬委员会。薪酬委员会的主要职责和权限如下。

（1）制定公司董事及高级管理人员的薪酬政策及架构，以及设立公正而具透明度的政策，向董事会提出建议并提交董事会批准。

（2）接受董事会授权从事以下职责，即就全体执行董事及高级管理人员的特定薪酬待遇，包括非金钱、退休金及赔偿金额（包括丧失或终止劳动合同关系或委任的赔偿），及非执行董事的薪酬向董事会提出建议。提出建议时，薪酬委员会应考虑的因素包括同类企业支付薪酬、董事须付出时间及董事职责、企业内其他职位的雇用条件及是否应该按表现确定薪酬等。

（3）通过参照董事会通过的企业目标，审批按表现而确定的管理层薪酬，并向董事会提出建议。

（4）审查及批准向执行董事和高级管理人员支付与丧失或终止劳动合同关系或委任有关的赔偿，以确保该赔偿按有关合约条款确定。

（5）审查及批准因董事行为失当而解雇或更换有关董事所涉及的赔偿安排，以确保该安排符合有关合约条款；倘若未能按有关合约条款确定，有关赔偿也应合理适当。

（6）确保任何董事或其任何关联自然人（包括上市规则定义的联系人）不得自行设定薪酬以及其他董事会认为须由薪酬委员会处理、商议的事项。

四、薪酬与考核控制制度设计应注意的问题

第一，优化人才引进策略。高管人员对实现企业发展战略的重要性不言而喻，其引进与开发应当处于首要位置。企业应当制订高管人员引进计划，提交董事会审议通过后实施。董事会在审议高管人员引进计划时，应当关注高管人员的引进是否符合企业发展战略，是否符合企业当前和长远需要，是否有明确的岗位设定和能力要求，是否设定了公平、公正、公开的引进方式。如果外部引进的高管人员对企业所处行业及其发展定位、优势等没有足够的认知，对企业文化和价值观缺少认同，则从内部提拔人才可能更符合企业长远利益。

选拔人才不一定要局限于外部聘任，从内部提拔的人才有时更具广阔的思路和前瞻性，更有敏锐的洞察力和分析能力。

第二，注重市场调节作用。我国现行的制度中大多数企业的薪酬与激励计划及计划的具体内容包括薪酬结构、支付方法、标准等都是由企业的薪酬委员会来制定的，具有一定的主观性，未有效发挥市场的决定性作用。企业可以通过优化和完善薪酬结构，紧跟市场薪酬标准，适时调整企业薪酬水平，让高管人员薪酬与企业绩效挂钩回归本源，充分调动高管人员的工作积极性和创新创造才能。企业制定高管人员薪酬政策时应避免"一刀切"的做法，进一步细化和完善不同高管人员的差异化薪酬结构及比例。

第四节　社会责任控制制度设计

企业是社会的重要组成部分，企业的发展促进了社会的进步，也带来了一系列问题。作为社会的有机组成部分，企业应当积极承担社会责任。为了促进企业承担社会责任，实现企业与社会的协调发展，《企业内部控制基本规范》要求企业设计与实施自身的社会责任控制制度。

一、社会责任及控制目标

企业作为重要的社会成员，深深嵌入特定的社会结构、社会文化、社会关系网络，企业要实现自身经济效益的最大化，必须承担相应的社会责任。社会责任是指企业在运营过程中承担的社会和环境责任。社会责任具有多种表现形式，主要包括安全生产、产品质量（含服务，下同）、环境保护、资源节约、促进就业、员工权益保护等。企业通过内部控制制度，可以明确承担责任要遵循的内部标准。社会责任控制主要可以实现以下目标。

（1）落实安全生产制度及体系，加强安全生产，强化安全生产责任，提高安全生产意识。

（2）规范产品质量标准，强化服务意识，切实保护消费者权益。

（3）增强企业环保意识，落实绿色发展，加强环保监督。

（4）促进就业，维护员工合法权益，创造平等发展机会，支持慈善事业。

二、主要风险及管控措施

（一）社会责任主要风险

企业社会责任的风险主要包括以下几个。

（1）安全生产风险。安全生产措施不到位，责任不落实，安全生产意识淡薄，可能导致企业发生安全事故。

（2）产品质量风险。企业盲目追求利润，不重视产品质量，导致产品质量低劣，以次充好，侵害消费者利益，可能导致企业巨额赔偿、形象受损，甚至破产。

（3）环境保护风险。企业为了减少成本，私自压缩环境保护投入，导致企业资源消耗大，造成资源枯竭和环境污染，可能导致企业巨额赔偿、缺乏发展后劲，甚至停业。

（4）劳动者关系风险。企业人为减少劳动人员数量，削减薪酬，不注重人员薪酬与产出挂钩，不关心员工心理健康，可能导致员工积极性受挫，影响企业发展和社会稳定。

（二）风险管控措施

企业社会责任风险主要是安全生产、产品质量、环境保护与资源节约等方面的风险，

为什么企业越来越重视社会责任控制

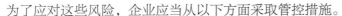

为了应对这些风险，企业应当从以下方面采取管控措施。

1. 安全生产方面

（1）建立健全安全生产管理机构。企业按照国家有关安全生产方面的法律法规，结合企业生产经营的特点，建立健全安全生产方面的规章制度、操作规范和应急预案。建章建制的关键是落实到位。

（2）加大安全生产投入，加强经常性维护管理。企业特别是高危行业的企业，要将安全生产投入列为首位，"磨刀不误砍柴工"，急于求成、急功近利是不可取的。企业要将员工的生命安全视为头等大事，加大安全生产的技术更新力度，保证投入安全生产的资金、人力、财物及时和足额。

（3）开展员工安全生产教育，实行特殊岗位资格认证制度。企业通过培训教育，让员工牢固树立"安全第一、预防为主"的思想，提高他们防范灾害的技能和水平。对于特殊作业人员和有特殊资质要求的生产岗位，因危险性较大，容易发生事故，要依法实行资格认证制度，保证持证上岗。

（4）建立安全生产事故应急预警和报告机制。企业必须建立事故应急处理预案，建立专门的应急指挥部门，配备专业队伍和必要的专业器材等，在发生安全生产事故时做到临危不乱，按照预定程序有条不紊地处理好事故，尽快消除事故产生的影响，同时按照国家有关规定及时报告，不迟报、谎报和瞒报。

2. 产品质量方面

（1）建立健全产品质量标准体系。企业应当根据国家法律法规规定，结合企业产品特点，制定并完善产品质量标准体系，包括生产设备条件、生产技术水平、原料组成、产品规格、售后服务等，向社会提供优质、健康、安全的产品和服务，最大限度地满足消费者的需求，对社会和公众负责。

（2）加强质量检验检测。对于从原材料购入一直到产品销售的各个环节和流程，企业都严格执行质量检验检测标准，严禁检验未合格的产品流入市场。企业把好市场准入关口，严防假冒伪劣产品进入市场，不仅对自身有利，而且能够推动社会进步。

（3）加强产品售后服务。企业通过优质的售后服务，促进与客户、消费者的关系，树立企业形象，提升产品信誉，扩大产品影响范围，提高客户的忠诚度。企业应当把售后服务作为企业采取有效竞争策略、提高产品价值的重要手段。对有缺陷的产品，企业应当及时召回、实行"三包"等，赢得消费者对企业产品的信赖和支持，维护消费者合法权益。

3. 环境保护与资源节约方面

（1）推行清洁生产和循环经济。"绿水青山就是金山银山"。企业在发展中应当转变方式，重视生态保护，积极调整产业结构，发展低碳经济、循环经济和绿色经济。加大对环保工作的人力、物力、财力的投入和技术支持，不断改进工艺流程，加强节能减排，降低能耗和污染物排放水平，实现清洁生产。

（2）依靠技术创新，探索利用可再生资源。企业发展离不开能源和资源，随着我国经济的高速发展，能源、资源对企业经济发展的制约作用也越来越凸显。企业只有不断增强自主创新能力，通过技术进步推动替代技术和发展替代产品、可再生资源，降低资源消耗和污染物排放水平，实现低投入、低消耗、低排放和高效率，才能有效实现资源节约和环境保护。

（3）完善监测考核，强化日常监控。资源节约和环境保护人人有责。企业只有建立环境保护和资源节约监测考核体系，完善激励与约束机制，明确职责，严格监督，落实岗位责任制，才能保证环境保护和资源节约等各项工作落到实处。企业要加强日常监控，定期开展监督检查，发现问题后，及时采取措施予以纠正。

4. 促进就业与员工权益保护方面

（1）建立科学完善的员工培训和晋升机制。培训的目的是让员工尽快得到发展，企业应当保证晋升对每个人的公平、公正。企业只有针对不同员工开展个性化的培训，保证员工及时获得必要的知识，才能通过公平竞争和优越的条件吸引大批有能力的员工为企业真诚服务。

（2）建立科学合理的员工薪酬增长机制。薪酬，无疑是吸引和争夺人才的一个关键性因素。企业应当遵循按劳分配、同工同酬的原则，结合内外部因素和员工自身表现等，建立科学有效的薪酬正常增长机制，最大限度地激发员工工作热情、敬业精神。

（3）保证员工工资等薪酬及时发放。企业应当及时足额缴纳员工各类社会保险，提高员工忠诚度，促进员工权益保护。

（4）维护员工的身心健康。现代社会的激烈竞争和快节奏，导致员工身心高度紧张，承受过大的职业压力，很多员工处于亚健康状态。企业要关心员工身体健康，保障员工充分的休息休假权利，广泛开展娱乐休闲活动。通过加强职工代表大会和工会组织建设，建立企业内部员工热线、信访接待、内部媒体、员工建议箱等渠道，保证员工与企业上层的信息畅通，帮助员工减压，不断提高员工的身体素质。

5. 支持慈善事业方面

中华民族具有深厚的慈善文化，乐善好施、扶贫济困、安老助孤、帮残助医、支教助学等慈善爱心活动，是中华民族传统美德和人类社会文明的重要组成部分。大力推动企业支持社会慈善爱心活动，对组织调动社会资源、调节贫富差距、缓解社会矛盾、促进社会公平、构建和谐社会具有重要而深远的意义。"予人玫瑰，手有余香。"通过捐赠等慈善公益事业，企业既能享受税收优惠，又能提升企业形象和消费者的认可度与赞誉度，提高市场占有率。

三、机构设置与职责分工

社会责任机构设置与职责分工是企业履行社会责任和可持续发展的关键组成部分。一般来说，企业应设立专门的职能部门或机构来协助企业领导和所有员工履行社会责任。这个职能部门或机构通常被称为社会责任管理部门或机构。社会责任管理部门或机构在企业中的职责包括以下几个方面。

（1）制定社会责任方针和战略。制定并修订企业的社会责任方针和战略，帮助企业领导层制定和实施具有长期性和可行性的社会责任计划，将社会责任纳入企业的经营战略规划。

（2）开展社会责任活动。规划和开展各项社会责任活动，包括社区关怀、环境保护、员工福利、慈善捐赠等，以满足各方面的需求。责任部门或机构应该制订具体方案，确保相关活动的顺利开展。

（3）监督执行社会责任计划。监督执行企业的社会责任计划，确保企业在风险管理、合规管理等方面按照法律法规进行操作。

（4）审核评估社会责任工作。制定社会责任工作评估标准和流程，对社会责任政策和实践进行审核和评估，对企业的社会责任工作进行全方位的检查，及时发现和改进不足。

（5）加强内外部沟通。与内部员工、外部合作伙伴、社区居民建立联系，提高企业的公信力和社会形象，保持与外界的良好沟通。

四、社会责任控制制度设计应注意的问题

设计和实施社会责任控制制度需要注意以下几个方面的问题。

（1）根据企业的实际情况制定可行的方案和措施。企业应制定具体的社会责任政策、准则、标准和指南，明确企业应在哪些方面承担社会责任，如环境保护、劳工权益保护、商业道德、反腐败等，避免抽象空泛、无实际行动的社会责任宣传。

（2）与业务战略相结合，将社会责任控制制度融入企业的商业战略和经营决策，形成内在的动力和支持，避免因为社会责任控制制度的设计与业务战略不相契合而导致落地困难。

（3）与不同利益相关方积极沟通并达成共识。企业应针对员工、消费者、供应商、社会、政府等不同利益相关方，开展有效的互动和沟通，建立良好的合作关系，构建可持续的经济生态圈。

（4）设计有效的责任落实机制。企业应确保社会责任控制制度能够真正得到贯彻和落实，建立生动、简单、有效的监督机制，并对实施情况进行评价和检验，形成内部自律机制和外部社会监督。

（5）引入有效的激励机制。企业应为实施社会责任的员工、供应商、市场合作伙伴等搭建一个合理的激励机制，推动社会责任控制制度在企业内部形成良性的氛围，提高员工敬业度和企业的形象。

第五节　企业文化制度设计

根据《企业内部控制应用指引第5号——企业文化》，为了加强企业文化建设，发挥企业文化在企业发展中的重要作用，企业应根据国家有关法律法规和《企业内部控制基本规范》及其配套指引设计与实施自身的企业文化控制。

一、企业文化及控制目标

没有优秀的企业文化，企业就不能统一董事、监事、高管人员和全体员工的思想和意志，就不能激发其潜力和热情，就不能培育其对企业的认同感，就不能形成卓越的团队执行力。企业文化是指企业在生产经营实践中逐步形成的、为整体团队所认同并遵守的价值观、经营理念和企业精神，以及在此基础上形成的行为规范的总称。企业文化控制主要为实现以下目标。

（1）提升员工素质，塑造企业形象。良好的企业文化，可以潜移默化地影响员工的个人行为，员工行为对外代表企业形象，两者相辅相成。

（2）增强企业凝聚力。企业文化是一个企业的核心价值所在，它为企业指明了方向，好的企业文化可以在企业内部营造一种公平、公正的氛围，有利于实现企业内部的和谐竞争。

（3）提高企业竞争力。设备、经济基础的先进代表着企业的硬实力，而企业文化则是企业的软实力。现代经济是人才的竞争，而企业文化对提升员工获得感、归属感，具有最直接的作用，好的企业文化便于留住人才，从而提高企业竞争力。

（4）促进内部控制制度执行。内部控制作为企业管理的重要抓手，表现形式往往是系列规章制度及其落实。为了这些规章制度连同其他管理规范，甚至包括企业的发展目标和战略规划真正落实到位，企业必须努力建设优秀的企业文化。

企业文化在内部控制建设中的作用

二、主要风险及管控措施

（一）主要风险

企业文化方面的主要风险如下。

（1）价值观不符合实际情况。企业文化需要根据企业自身的情况来建设，如果企业的价值观与实际情况不符合，就会出现内部矛盾和冲突。

（2）僵化的文化。如果企业文化被定型并且不可变，就会限制企业的灵活性和创新性。企业应该建立一种灵活的、适应不断变化的商业环境的文化。

（3）忽略员工和客户需求。企业文化应该反映企业员工和客户的需求，否则可能导致企业与外部环境脱节，丧失市场竞争力。

（4）领导者个人主义。如果企业文化倡导领导者个人主义，就可能会忽视团队合作的重要性。企业应该鼓励团队合作，同时注重个人能力的锻炼。

（二）风险管控措施

为了应对企业文化建设中的风险，企业可以采取以下措施。

（1）注重塑造企业核心价值观。核心价值观是企业在经营过程中坚持不懈、努力使全体员工信奉的信条，体现了企业核心团队的精神，往往也是企业家身体力行并坚守的理念。它明确企业提倡什么、反对什么；哪一种行为是企业所崇尚的、鼓励大家去做的，哪一种行为是企业反对的、大家不应该去做的。

（2）关注员工需求。"以人为本"是企业在建设企业文化时应当信守的重要原则。企业在企业文化建设过程中要牢固树立以人为本的思想，坚持全心全意依靠全体员工办企业的方针，尊重劳动、尊重知识、尊重人才、尊重创造；努力为全体员工搭建发展平台，提供发展机会，挖掘创造潜能，增强其主人翁意识和社会责任感，激发其积极性、创造性和团队精神。

（3）打造核心品牌。品牌通常能够给企业带来溢价、产生价值增值，其载体是用以和其他竞争者的产品或劳务相区分的名称、术语、象征、记号或者设计及其组合。企业产品或劳务的品牌与企业的整体形象联系在一起，是企业的"脸面"或"标识"。企业可以通过重点打造核心品牌，提高客户满意度。

（4）强化领导责任。俗话说，一头狮子带领一群绵羊，久而久之，这群绵羊就会变成"狮子"。在企业文化建设过程中，领导是关键。要建设好企业文化，领导必须高度重视、认真规划、狠抓落实，这样才能取得实效。

（5）鼓励团队精神。企业文化应该倡导团队合作和创新精神，注重员工个人能力的锻炼，以实现企业的长期发展。

（6）优化企业文化。企业应该不断调整和优化企业文化，努力建立一种灵活的、适应不断变化的商业环境和员工特点的文化，保持企业的竞争力和活力。

（7）强化文化建设的过程管理。企业应该强化企业文化建设的过程管理，确保指导思想贯穿始终，监督每个工作环节，确保企业文化的正确落实。涉及人力资源、组织架构、绩效考核等方面的操作都需明确流程。

三、机构设置与职责分工

企业文化建设的组织机构设置可以根据企业的规模和企业文化建设的需要进行调整。一般来说，大型企业可以设立专门的企业文化部门，中小型企业可以设置企业文化建设小组，由人力资源部门、营销部门、宣传部门等多个部门的代表组成，负责制订企业文化建设方案、推进企业文化建设计划、开展企业文化建设活动等。

企业文化建设机构的职责包括以下几个方面。

（1）制定企业文化方针和战略，包括价值观、使命、愿景等方面的内容。帮助企业领导层制订和实施具有长期性和可行性的企业文化建设计划，将企业文化理念融入企业的经营战略。

（2）实施企业文化建设。规划和开展各项企业文化建设活动，包括培训、文化沙龙、文化演讲、文化体验、文化创新等，以传递企业的文化理念，提高员工的文化素养和整体素质。

（3）检测和评价企业文化建设成果。制定企业文化建设的评价标准和流程，对企业的文化建设进行检测、评估和反馈，为制定企业文化规划提供参考，并及时发现和改进不足之处。

（4）管理和维护企业文化品牌。负责管理和维护企业的文化品牌，宣传企业文化，提高企业的市场影响力和品牌知名度，同时也可以提高员工的满意度。

（5）推动企业文化变革和创新。积极推动企业文化变革和创新，以适应外部环境和内部需求的变化，加强与时俱进的意识和行动，增强企业的竞争力。

四、企业文化制度设计应注意的问题

一是要重视并购重组中的文化整合。每个企业的文化都不尽相同。当并购重组发生，特别是跨国并购发生时，企业文化的融合可能是最棘手的问题之一。对于并购引起的国家文化和企业文化的差异问题，一般通过三种方式解决：以并购方的文化进行整合；以并购方的文化为主体、吸收被并购方文化中优秀的一面进行整合；以并购双方的文化为基础创建全新的、优秀的文化。无论采用哪种方式，其过程相对都会较长。只有处理好企业文化的融合，并购重组后的企业才能充满活力。

二是要构建企业文化评估体系。企业应当定期对企业文化建设工作以及取得的进展和实际效果进行检查和评估，并关注董事、监事、经理和其他高级管理人员在企业文化建设中的责任履行情况，全体员工对企业核心价值观的认同感，企业经营管理行为与企业文化的一致性，企业品牌的社会影响力，参与企业并购重组各方文化的融合度，员工对企业未来发展的信心，等等。只有根据评估结果适时调整企业文化建设方向和重点，才能充分发挥企业文化的引领作用。

【案例延伸思考】

在案例引入中，我们提到的这起退市案件是众多退市案例中的其中之一，对于社会舆论影响不大，但却是典型的治理层面内控失效的反面教材。

1. 问题

该案例暴露出公司治理层面内部控制存在以下问题。

（1）董事长越权经营和副董事长超越职权：该情况显示公司在权力分配和监督机制方面存在问题。董事长和副董事长未遵守董事会授权范围，在未经授权的情况下插手子公司

经营，导致管理混乱和风险暴露。

（2）内部控制制度设计不完善导致重大风险：公司款项回收、存货保管及担保事项的重大风险显示内部控制存在缺陷。公司应建立健全内部控制程序和制度，确保相关事项受到适当的授权和监督。

（3）对联营公司B公司的监管不到位：公司对持有的联营公司B公司的管理不到位，无法获取关键财务信息，导致无法确认当期损益情况，这揭示了公司在监管合资企业方面存在薄弱之处。

（4）募集资金违规使用：公司未按照规定程序，未经董事会和股东大会审议通过，就将募集资金违规用于为B公司提供质押担保，显示了公司在资金运用方面的违规行为和缺乏适当的审慎性。

（5）信息披露存在问题：公司信息披露不合法、违规担保和债务逾期等事件暴露了公司在信息披露和合规性方面的问题。公司应建立透明、合规的信息披露制度，并加强对违规行为的监督和防范。

（6）员工教育水平和人才缺乏：公司员工整体受教育水平偏低，专业技术人才缺乏，这可能导致管理和控制能力的不足，影响内部控制的有效性。

2. 措施

要将"权力关进制度的笼子"，可以采取以下措施。

（1）健全治理结构：明确权力分配和监督机制，确保各级管理者在其权限范围内行使权力，防止权力滥用和超越职权。建立有效的董事会和监管委员会，加强对管理层的监督和约束。

（2）建立健全有效的内部控制制度：制定明确的内部控制政策和程序，确保公司业务运作符合法规要求，减少风险和漏洞。内部控制制度应包括明确的授权程序、审批要求、风险评估和监督机制等。

（3）加强内部审计和风险管理：建立内部审计机构，对公司各项业务进行定期审计和风险评估，及时发现问题和风险。确保内部审计的独立性和专业性，并将审计结果报告给董事会和相关方。

（4）加强员工培训和教育：提高员工教育水平，加强内部培训，培养员工的内部控制意识和能力。建立持续教育和培训计划，提供专业知识和技能的培训，以弥补技术人才缺乏的不足。

（5）强化信息披露和合规性：建立透明、及时、准确的信息披露机制，确保公司对外提供真实和完整的信息。制定合规性规定和流程，培养员工的合规意识，防范违规行为。

3. 启示

该案例对治理层面内部控制的设计有以下启示。

要想提高治理层面内部控制的有效性，公司必须做到以下几点。

（1）严格遵守公司治理原则和法规要求，确保公司决策和运作的合法性和合规性。

（2）建立健全的董事会和内部控制机构，明确企业治理结构并设立适当的权力制衡机制。

（3）加强与关联方的合作和监管，确保对关联方的业务和财务情况进行有效的跟踪和监控。

（4）加强内部审计和风险管理，及时发现和解决潜在的风险和问题，确保内部控制的有效性。

（5）建立透明、合规的信息披露机制，为投资者和其他利益相关方提供准确和及时的信息。

（6）加强员工教育和培训，提高员工的内控意识和能力，确保他们理解和遵守企业内控制度。

（7）建立诚信文化，倡导诚信、透明和合规的价值观。培养员工的道德和职业操守，建立良好的企业声誉和信誉。

【知识回顾与拓展】

即测即评

【思考与探索】

1. 如何理解治理层面的内部控制？
2. 发展战略控制制度设计应关注哪些要点？
3. 薪酬与考核控制制度设计应注意哪些问题？
4. 什么是企业社会责任？为什么要设计和实施企业社会责任控制制度？
5. 请思考企业文化建设对内部控制制度建设的意义。

【实训项目】

实训项目：退市案例引发的思考。

实训项目

第七章
核心业务流程内部控制制度设计

 学习目标

通过对本章的学习，读者应该：

1. 理解核心业务流程的含义；
2. 掌握核心业务逻辑分析的相关内容；
3. 了解三大核心业务的基本流程及控制目标；
4. 了解三大核心业务的主要风险及管控措施；
5. 掌握三大核心业务的岗位设置及职责分工的基本要点。

 教学引导案例

新买的计算机为何常死机

某公司巡视组在巡察过程中，听到公司业务办公室人员抱怨上个月领用的新计算机经常死机，质量太差。巡视组人员询问公司采购流程。公司采购部负责人说，本次计算机采购由行政部提出申请，行政部根据员工需求指定采购部采购某品牌计算机，由于本批次采购物资仅为20台计算机，金额不大，未达到公司招标采购要求，因此，采购部与行政部提供的供应商联系采购。供应商送货到采购部，采购部通知行政部，行政部通知员工领用。根据员工反映情况，巡视组人员打开经常死机的6台计算机机箱抽检，发现其中5台计算机并非原装，而是翻新机。采购部负责人解释说，本次采购的计算机因行政部催收较急，没有安排专人检验。最后的巡察结果表明，本次采购系行政部经办人与供应商勾结，以次充好。

请思考：为什么会出现这样的结果？请从内部控制制度设计与执行的角度指出问题存在的可能原因。

第一节　核心业务流程概述

一、核心业务的特点

核心业务是企业为了实现经营战略目标，按照市场需求为顾客生产制造并提供产品（服务）的活动及直接为企业创造价值的活动。

显然，核心业务的主要特点如下。

第一，核心业务是为了实现企业经营战略目标的活动。企业的价值观、使命、愿景和目标汇聚成企业的经营战略。这些经营战略需要通过相应的计划与过程来实现。这些主要的实现过程，就是企业的核心业务。

第二，核心业务以存在市场需求和发现市场需求为前提。市场需求（包括潜在需求）是核心业务存在的前提，只有相应的市场需求存在并被企业用于实现企业经营战略，核心业务才有实际意义。

第三，核心业务是主要的价值创造活动。企业配置资源和定位竞争形势，通过业务活动创造价值；核心业务是企业经营中主要的价值创造活动。

第四，核心业务提供的产品（服务）需要通过市场交易实现价值转换。

从战略来看，企业经营活动以价值创造为核心，价值创造贯穿了企业业务运作的各个过程，形成了企业内部业务运作体系。业务活动之间是相互关联并相互影响的；如果某项业务活动运作不畅，将会导致企业整体业务运作体系遭受相应影响。从企业战略实现来看，企业从发现顾客需求到满足顾客需求，业务活动的各过程所创造的价值，最终都需要在市场上通过交换得到体现。

因此，企业的核心业务就是以发现客户需求为起点，以满足客户需求为终点的企业经营活动的横向一体化价值创造过程。

虽然各类企业的经营活动的具体形态不同，但通常来说，企业的价值活动就是发现客户需求、满足客户需求的活动。企业的核心业务流程始于客户需求，终于客户满意，是一个不断循环的运作体系。具体来说，企业的"核心业务活动"，一般都由客户开发（发现客户需求）、产品设计、材料采购、产品制造、产品储运、销售服务（满足客户需求）等过程构成（见图7-1）。

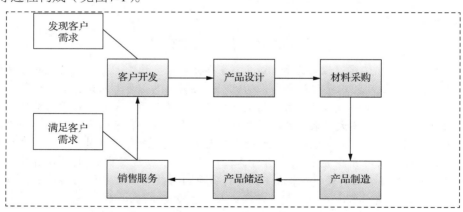

图7-1　企业的核心业务活动

二、核心业务逻辑分析

逻辑分析是在对企业价值链分析的基础上，针对企业价值链中所涉及的每一项活动进行细化分析，分析每项活动对企业的价值贡献，以便帮助企业识别增值与非增值业务单元，为企业重新规划流程体系提供依据。

企业核心业务逻辑分析可按照以下几个步骤展开。

第一步，根据企业价值链模型对每项核心业务活动进行分解。如可以将快餐店的外卖业务分解为接收网上订单、快餐准备、发送快递取件

微课堂

核心业务与价值链的关系

信息、预约取件、快餐打包等；也可以将房屋装修公司的装修业务分解为装修派单、办理装修手续、协调装修材料购买、现场装修方案设计、工程现场增减、工程预算与支付、地面装修、电路安装、地面防水防潮工程验收、项目款项结算等。

第二步，结合每项业务活动的绩效表现分析其价值。企业可以运用个别访谈、问卷调查、现场观察、专家会议等方法对每项活动进行分析，明确关键活动及增值活动，并识别需要加强、削弱、增加、删除的业务活动。例如，某公司物料采购业务现有8项业务活动，通过调查发现：（1）物料存量结构不尽合理，存货周转率偏低；（2）供应商交货稳定性和交付能力提升不够，原料的质量稳定性需持续提升；（3）物料性价比管理没有形成体系。最后提出应重点加强以下业务活动：商品目录管理、采购价格管理、原材料质量异常处理、招标管理等。

第三步，立足系统化的观念进行逻辑分析。系统就是相互作用和相互依赖的若干要素（组成部分）结合成的具有特定功能的有机整体，而且这个系统本身又是它所从属的更大系统的组成部分。企业应根据对现有核心业务的系统分析，找出其逻辑关系，确定这些业务活动存在的必要性及先后顺序。以制造业为例，设备维护是生产服务活动中的一个重要过程。这一过程包含了技术、频次、操作等要求。同时，设备维护又与生产作业、产品检测等过程，构成了更为复杂的企业价值链实现过程——价值实现系统（见图7-2）。

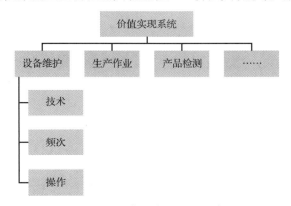

图7-2　制造业价值实现系统

三、核心业务规划

怎样规划核心业务

企业在策划经营战略以及经营战略转型时，应识别自己的核心业务（过程）。因为无论怎样的经营战略都需要切实可行的路径来实现，即通过与经营战略匹配的核心业务的运营，来实现价值创造。

企业进行核心业务规划应注意以下几个方面。

一是识别关键过程。在企业的核心业务过程中，各个过程对资源的匹配是存在差异的，那些在价值链上消耗资源较多、运营相对复杂、创造价值较大的（核心业务）过程，即可被认定为关键过程。以空调生产企业为例，核心业务过程按生产工序先后分为：材料（部件）采购、压缩机生产、组装、测试、入库。其中，压缩机生产就是一个关键过程，其资源消耗、在空调价值中的分量相比其他几个过程都更大，管理控制也更复杂。

二是匹配企业战略。从核心业务规划立足于不断完善这个层面上，在企业核心业务效率低下、价值创造不高等情形下，企业都可能重新对核心业务进行规划，如常说的流程再造等。这些都与企业经营战略的评估有关，无论怎样规划，核心业务始终与企业经营战略、市场需求等密切相关。

三是不断改进完善。核心业务的规划不能局限于业务本身，除了跟随企业经营战略的完善而不断改进完善外，不能脱离社会环境状况、企业社会责任，以及适用法律法规的要求；同时在很大程度上，也体现了与所处社会文明程度的匹配度。

四是建立控制方法。企业在进行核心业务运营的同时应建立制衡与监督机制，并配置必要资源和信息，以保障对这些核心业务运营的支撑和监督。

通常，企业的核心业务有市场开发、设计、采购（与付款）、生产、仓储、销售（与收款）、交付以及售后服务等。从核心业务过程识别上来说，采购业务、生产业务、销售业务一般都是企业核心业务活动中的关键过程。下面将从采购、生产、销售这三个关键过程，对核心业务内部控制制度设计进行阐述。

第二节　采购业务内部控制制度设计

一、业务流程与控制目标

采购业务的流程主要涉及编制采购计划、选择供应商、签订采购合同、商品验收、入库管理、采购付款、会计记录等环节。

通用的采购业务流程如图7-3所示。

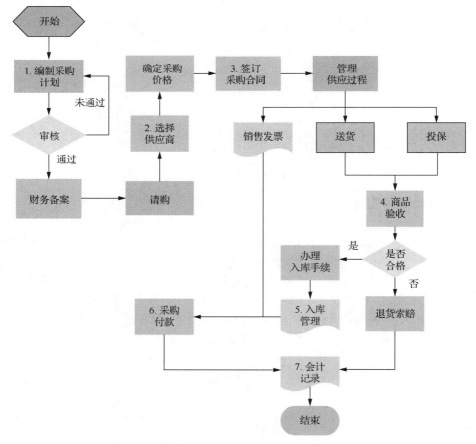

图7-3　通用的采购业务流程

（一）编制采购计划环节控制目标

编制采购计划环节的控制目标主要包括以下几个。

微课堂

采购环节舞弊

（1）合规性。采购计划的编制应符合法律法规要求，符合企业的采购政策、采购规则等。同时也需要防范采购计划中可能存在的虚假、重复、严重失实、错误、欺诈等风险，以避免可能的违规行为和不当行为。

（2）可控性。采购计划应根据核心业务运营阶段的客观需求来编制，同时保证采购计划的信息准确、完整、及时、可靠、安全，以便顺利开展后续采购流程。

（3）优化性。采购计划应结合资源状况与需求来编制，并从效率、质量、成本等角度出发，优化采购方式，从而提高采购流程的效率和质量，降低采购成本，为企业带来更大的经济效益。

（4）明晰性。在采购计划的编制过程中，企业需要明确责任和权限，并落实相应的监控措施，监督和审查制订的采购计划，确保采购计划按照制定的标准和要求执行。

（二）选择供应商环节控制目标

选择供应商环节的控制目标主要包括以下几个。

（1）合规性。确保招标流程（如有需要）符合法律法规和企业内部规定，遵循公正、公开、透明等原则，避免存在行贿、受贿行为和其他不合规行为。

（2）可控性。确保采购部门能够有效监控供应商的现状，包括供应商的商誉、财务实力、生产能力、交货能力等方面，规避供应商的潜在风险。

（3）优化性。确保招标和选择供应商的过程合理有效，最大化地实现采购成本的控制，同时保证产品的质量和供货的稳定性。

（4）明晰性。确保对招标和选择供应商过程的相关资料进行充分的记录、归档和跟踪，明确责任人和审核人，建立规范完备的采购文件和档案管理制度，以便后续的监督和审计。

（三）签订采购合同环节控制目标

签订采购合同环节的控制目标主要包括以下几个。

（1）合规性。确保采购合同符合法律法规和企业内部规定，包括合同签署程序、合同内容的合法性，合同承诺的可履行性等方面，避免存在违规签约和违规操作的情况。

（2）合理性。确保合同标的（品名、数量）与采购计划相符，双方约定的价格合理，防止采购环节中采购物资质次价高，出现舞弊或遭受欺诈。

（3）权利与义务。确保合同中约定的权利和义务明确，如违约责任条款、索赔条款和技术支持等，以便在合同执行的过程中能够及时处理各种问题和纠纷，确保采购进程按时、顺利进行。

（四）商品验收环节控制目标

商品验收环节的控制目标主要包括以下几个。

（1）合规性。确保商品的验收程序和标准符合法律法规和企业内部规定，遵循公正、公开、透明等原则，避免存在贿赂、违规操作等情况。

（2）有效性。确保商品验收的检测设备、人员和工作环境符合要求，对商品的型号、规格、数量、质量等进行有效的检测、测量和抽样。

（3）准确性。确保商品验收人员在检测和抽样过程中能够严格按照采购合同、商品描述、验收标准等要求进行操作，防止操作失误和不准确引起的问题。

（4）及时性。确保商品的验收工作能够及时进行，避免因等待验收而造成生产中断、交付延误等问题。

（五）入库管理环节控制目标

入库管理环节的控制目标主要包括以下几个。

（1）合规性。确保入库管理环节各项操作符合法律法规和企业内部规定，如保管员需要依据内部规定正确操作，进行商品的分类、标识、储存、出入库等操作，同时需要注意保密性和保护客户信息。

（2）安全性。保证商品的安全性，如安装监控设备，制订防火防盗计划，保持仓库干净整洁，对危险品、易燃品进行分类，加强出入库管理，等等。

（3）准确性。保证商品储存、出入库和库存调整等操作的准确性，如及时进行库存盘点和核对，保证库存数量的真实可靠、保证出入库记录准确无误以及及时处理库存异常情况。

（六）采购付款环节控制目标

采购付款环节的控制目标主要包括以下几个。

（1）合规性。确保各项采购付款操作符合内部规定、法律法规和合约条款，如严格执行审批和授权流程，确保付款的合法性和合规性。

（2）准确性。正确确认收款方的信息，防止账户信息不真实或者被篡改，导致付款错误或者损失风险增加；对所有的付款金额进行审批和确认，防止未经过审核的付款操作和错误的付款金额发生。

（七）会计记录环节控制目标

会计记录环节的控制目标主要包括以下几个。

（1）审核采购订单与供应商发票的一致性。确保采购订单与供应商发票之间的一致性，以验证所收到的发票与实际采购的物品或服务相符合。这有助于预防误收虚假发票或重复支付的情况发生。

（2）保证记录的准确性。确保会计记录准确反映了经济交易和事件的实质，如包括正确计量、分类和记录交易，以及准确核对总账与明细账的账目余额的一致性。

（3）保证记录的完整性。确保所有与采购付款相关的交易均得到恰当的记录，相关原始凭证是完整的，如采购订单、发票、付款申请和付款凭证等。

（4）定期审查会计记录的准确性和完整性，发现并及时纠正错误、遗漏或不一致之处，并确保会计政策和准则的合规性。

二、主要风险及管控措施

（一）编制采购计划环节的主要风险及管控措施

通常，需求部门根据生产、销售需要向采购部门提出物资需求计划，采购部门根据该需求计划归类汇总平衡现有库存物资后，统筹安排采购计划，并按规定的权限和程序审批后执行。

1. 主要风险

该环节的主要风险如下。

（1）采购需求或采购计划不合理。不按实际需求安排采购或随意超计划采购，甚至与企业生产、销售计划不协调等。

（2）采购信息不准确。采购计划往往需要依赖各部门的需求信息和采购预算，如果这些信息因为种种原因不准确，就会导致采购计划的执行出现偏差。

（3）采购预算不充分。采购预算不充足会导致采购计划无法按时完成，也会给企业带来一定的经济损失。

（4）采购时间安排不合理。采购计划需要根据实际情况确定合理的时间节点，否则就会出现采购进度滞后或提前完成但影响后续工作等问题。

2. 管控措施

为了有效应对编制采购计划环节的风险，企业可以采取以下措施。

（1）合理编制需求计划。需求单位应当根据生产、销售等实际需求准确、及时编制需求计划。需求部门提出需求计划时，不能指定或变相指定供应商。有特定需求的，注明所需物资的名称、规格、数量、技术质量标准与要求等，经单位、部门领导审核后，报具备相应审批权限的部门或人员审批。在制订年度生产经营计划过程中，企业应当根据发展目标实际需要，结合库存和在途物资情况，科学安排采购计划，防止采购过多或过少。

（2）完善信息收集和分析。收集和分析各部门的需求信息和采购预算，尽可能地获取准确的信息，并进行合理的分析和预测。

（3）制订合理的预算方案。根据实际情况制订合理且充足的采购预算，并适时进行调整。

（4）制定适当的时间表和安排。根据采购计划确定采购进度及时间节点，适时进行调整，以确保采购计划能够按时完成。

（5）建立有效的监督机制。建立采购活动的监督机制，对采购计划的执行情况进行跟踪和监督，及时发现和解决问题。

（二）选择供应商环节的主要风险及管控措施

1. 主要风险

选择供应商环节存在的主要风险如下。

（1）不公正。招标过程中可能存在内外勾结、人情关系、潜规则等问题，导致最终选择的供应商不具备合法性和公正性。

（2）不合适。选择的供应商未能满足企业的实际需求和供应商的能力，可能会导致采购的产品或服务质量不佳或无法按时交付。

（3）不合规。未对招标和选择供应商过程进行规范的管理，可能会导致采购合同缺乏法律效力，或者引发违规风险。

（4）泄密。如果在招标和选择供应商的过程中信息泄露，则可能会导致企业商业机密外泄，从而给企业带来不可估量的损失。

2. 管控措施

选择供应商环节的风险管控措施如下。

（1）建立科学的供应商评估和准入制度。企业应对供应商资质、供货质量、信誉等情况的真实性和合法性进行审查，确定合格的供应商名录，健全企业统一的供应商网络。企业新增供应商的市场准入、供应商新增服务关系以及调整供应商物资目录，都要由采购部门根据需要提出申请，并按规定的权限和程序审核批准后，纳入供应商网络。除因专利或独有技术等原因外，同类商品的合格供应商不少于三家。

（2）建立严格的采购管理制度。企业需要建立合理的招标标准和采购流程，明确各个环节的职责和权限，规范采购活动。采购部门应当按照公平、公正和竞争的原则，择优确定供应商，在切实防范舞弊风险的基础上，与供应商签订质量保证协议。同时，企业还需要建立全面的招标评审制度和完善的商业保密机制，确保招标过程的透明度和保密性。

（3）加强风险评估。对合格供应商名录中的供应商，企业应定期进行风险评估。参与评估者，除了采购部门、使用部门的人员外，还应有质量验收部门以及财务审计部门等的人员，以确保选择的供应商具备良好的信誉和能够满足企业的实际需求。

（4）建立与完善内部监督机制。企业需要建立健全监督机制，及时发现和排除可能存在的风险。管理层需要对招标和选择供应商的过程进行有效监督和管理，确保采购过程的合法合规和相关方的公平利益。

（5）建立供应商管理信息系统和供应商淘汰制度。企业应对供应商提供物资或劳务的质量、价格、交货及时性、供货条件及其资信、经营状况等进行实时管理和考核评价，根据考核评价结果，提出供应商淘汰和更换名单，经审批后对供应商进行合理选择和调整，并在供应商管理系统中进行相应记录。

（三）签订采购合同环节的主要风险及管控措施

1. 主要风险

签订采购合同环节的主要风险如下。

（1）合同对方主体资格、履约能力等未达到要求。

（2）合同内容存在重大疏漏和欺诈，可能导致企业合法权益受到侵害。

（3）合同条款不清晰。签订采购合同时，若双方对合同条款的解释存在歧义或不清晰，可能会引发后续的合同纠纷和法律风险。

（4）合同履约问题。签订采购合同后，供应商可能会存在交货延迟、产品质量差等问题，导致合同无法按时履约，甚至可能会对企业的生产和经营造成影响。

（5）合同变更问题。企业在采购过程中，存在合同变更的可能，如果双方对合同变更事项缺乏有效的沟通和协商，容易引发后续的纠纷。

2. 管控措施

针对签订采购合同环节的主要风险，企业可采取以下管控措施。

（1）对拟签订合同的供应商的主体资格、信用状况等进行风险评估，确保供应商具备履约能力。

（2）加强对合同条款的审核。根据确定的供应商、采购方式、采购价格等情况，拟订采购合同，准确描述合同条款，明确双方权利、义务和违约责任，按照规定权限签署采购合同。对于影响重大、涉及较高专业技术或法律关系复杂的合同，应当组织法律、技术、财会等专业人员参与谈判，必要时可聘请外部专家参与相关工作，避免合同条款存在漏洞。

（3）合同履约监督。企业需要建立合理有效的采购合同履约监督机制，对供应商的履约情况进行跟踪和监督。如果存在延迟交货、产品质量有问题等情况，及时与供应商沟通，采取有效措施以保障企业的合法权益。

（4）合同变更处理。如果需要变更合同，企业应该与供应商进行有效的协商和沟通，确保双方对合同变更事项的理解和认可，并重新完善合同条款。同时，企业还应在合同中明确变更条款和流程，以最大限度地降低合同变更可能引发的风险。

（四）商品验收环节的主要风险及管控措施

1. 主要风险

商品验收环节的主要风险如下。

（1）商品与订单不符。例如商品型号、数量、质量等与订单要求不符，容易导致库存错乱，影响供应链的正常运转。

（2）商品质量问题。例如商品表面或包装破损、商品损坏或商品存在质量问题等，这些问题会直接影响商品的销售和客户满意度。

（3）假货问题。例如商品存在假冒伪劣的问题，这些商品存在安全隐患，不仅会降低客户信任度，也容易导致经济损失。

2. 管控措施

为了应对上述商品验收环节的风险，企业可以采取以下措施。

（1）建立健全检验验收制度。制定标准化的验收流程和规范，对商品的质量、数量、型号等多个方面进行严格的检查和审核，确保商品与订单的一致性；规定验收人员职责、权限与如何处置不同状态的验收结果，明确验收流程和验收记录、报告的审核、存档要求。

（2）加强供应商管理。建立供应商审核制度，对供应商的资质背景、产品质量、产品价格等进行全面评估，建立评估体系，从源头控制商品质量风险。

（3）强化人员培训。对负责验收工作的人员进行相关知识的培训，提高人员的专业素质和验收水平，避免人为因素导致的验收不合格等问题。

（4）使用科技手段。采用自动化的检测设备和信息化系统辅助验收，提高验收的效率和准确性，降低漏检率和误检率。

（五）入库管理环节的主要风险及管控措施

1. 主要风险

入库管理环节的主要风险如下。

（1）商品丢失或被盗。例如在进货、存储、搬运、出库等环节中，存在商品丢失或者被盗的风险，会直接导致经济损失。

（2）商品过期或失效。针对一些具有时效性的商品，如食品、药品、化妆品等，如果商品过期或者失效，会直接影响商品的销售和客户的满意度。

（3）商品损坏。在商品存储过程中，由于环境、温度、湿度等因素的影响，一些商品可能会发生变质、腐烂、霉变等问题，进而导致商品质量下降或直接损坏。

2. 管控措施

为了应对上述风险，企业可以采取以下措施。

（1）建立严格的入库管理制度，包括进货、储存、保管、调配、出库等各个环节的规范流程和标准。同时，引入信息化管理系统，通过对商品流转的数据实时记录、跟踪和监控，提高对商品流向的可视性和管理效率。

（2）加强商品安全管理。保管人员要密切关注商品的保质期和生产日期，并按照相应的规定严格执行过期商品的淘汰程序，避免过期商品带来的安全隐患。

（3）加强检测和监管措施。定期检测商品的整体状况，采取科学、有效的管理方法对商品进行安全储存和管理。

（4）提高管理员素质。对负责商品保管、储存、出库等环节的商品管理员进行专业的培训和知识普及，以便其能够更好地进行监管和管理。

（5）建立保险和保护措施。为企业的商品购买货物保险，遇到商品受损、丢失等情况时及时申请理赔，并采取必要的防范措施，保证商品的安全保管。

（6）使用尖端的科技。例如应用物联网技术，通过实时环境检测和跟踪商品物流全过程，对商品进行智能监管和保管，有效减少商品遗失和损毁的风险。

（六）采购付款环节的主要风险及管控措施

1．主要风险

采购付款环节的主要风险如下。

（1）内部欺诈风险。企业内部员工可能会通过虚构供应商、伪造发票、虚构合同等手段骗取企业资金，造成企业经济损失。

（2）采购价格被高估。采购人员可能与供应商合谋，将物品的价格高估，以获取不合理的利益。

（3）采购付款流程不规范。采购付款流程中可能存在授权不清、单据审核不严谨等情况，导致企业支付无效的费用或者支付不合理的费用。

（4）非法付款风险。企业付款时可能被骗取银行账号，或者由于欺诈者伪造了付款流程，导致企业付款至非法账户，产生经济损失。

2．管控措施

针对采购付款环节的主要风险，企业可以采取以下措施进行有效的应对和控制。

（1）建立健全采购付款流程和制度。制定清晰的采购付款流程和规章制度，并建立有效的内部控制机制，确保采购付款流程的透明、规范和公正。

（2）建立供应商台账。对供应商进行定期评估和筛选，加强采购人员与供应商的沟通和协作，防止采购人员与供应商等勾结。

（3）加强内部审计和风险管理。对采购付款流程进行定期审核，发现问题后及时进行整改和管理，并加强对内部员工的监管，避免内部欺诈的发生。

（4）应用科技手段进行风险控制。采用现代化的信息技术手段，如自动化审核、电子发票、网络支付等技术，提高采购付款流程的精度和安全性，并且实现采购和付款全流程电子化。

（5）强化员工培训和意识教育。加强对采购付款相关法律法规知识和内部控制政策的培训和宣传，提高员工的风险识别能力，让员工树立严谨审慎的工作态度和风险意识，减少欺诈、失误等人为因素导致的风险。

（七）会计记录环节的主要风险及管控措施

1．主要风险

会计记账环节的主要风险如下。

（1）发票真假不明。在采购业务中，存在虚开发票、伪造发票等情况，这些不正当行为会对企业的财务造成重大损害。

（2）账务处理不当。账务处理包括对发票的及时处理、凭证的及时登记、应付账款的正确核算等。如果账务处理不当，如账期过长、账龄过大、账款挂账等，就可能造成企业资金流失、财务数据不准确、财务风险和成本增加等问题。

（3）凭证管理不规范。凭证管理不规范，会造成企业账务信息出错，或造成企业财务报表与实际经营不符。

2．管控措施

为了有效控制会计记账环节的风险，企业可以采取以下措施。

（1）建立完备的采购凭证管理制度，对采购凭证进行统一管理和处理，确保凭证真实、准确、完整、合规。

（2）加强跟踪检查和审核，发现问题及时进行处理，防止企业财务报表与实际经营不符、账龄过大、账期过长等问题的产生。

（3）强化内部审计和风险管理，并建立相应管理机制。针对采购业务中各种可能的风险情况，制定管控措施，防范风险。

（4）加强财务人员培训。提高员工的风险意识，让员工树立严谨审慎的工作态度和风险意识，减少失误等人为因素导致的风险。

（5）应用现代化信息技术手段。如应用财务软件和信息系统，加快采购物资的账务处理速度，提高采购业务的效率和精度。

三、岗位设置与职责分工

（一）基本的控制制度

1. 适当的职责分离

采购业务的不相容岗位至少包括如下几种。

（1）生产和销售对原材料等物资的需要必须由生产或销售部门提出，采购部门采购。

（2）付款审批人和付款执行人不能同时办理寻求供应商和索价业务。

（3）商品的采购人不能同时负责商品的验收工作。

（4）商品的采购、存储和使用人不能同时负责账务的记录工作。

（5）审核付款的人员应同付款的人员分离。

（6）记录应付账款的人员不能同时办理付款业务。

2. 合理的授权审批

采购业务中应予关注的控制审批要点如下。

（1）单位应对采购业务建立严格的授权批准制度，明确审批人对采购业务的授权批准方式、权限、程序、责任和相关控制措施，规定经办人办理采购业务的职责范围和工作要求。

（2）审批人应根据采购业务授权批准制度的规定，在授权范围内进行审批，不得超越审批权限。

（3）经办人应在职责范围内，按照审批的批准意见办理采购业务。对于审批人超越授权范围审批的采购业务，经办人有权拒绝办理，并及时向审批人的上级授权部门报告。

（4）单位应根据具体情况对办理采购业务的人员进行岗位轮换。企业可以根据具体情况对办理采购业务的人员定期进行岗位轮换，防范采购人员利用职权和工作便利收受商业贿赂、损害企业利益的风险。

3. 请购与审批控制

请购与审批控制是采购控制的重要组成部分，其主要目的是确保企业的采购活动符合企业的需求和利益，防止采购活动中的滥用和欺诈行为。控制要点如下。

（1）采购申请制度。企业应建立采购申请制度，依据购置商品或劳务的类型，确定归口管理部门，授予相应的请购权，并明确相关部门或人员的职责、权限及相应的请购程序。

（2）预算管理。企业应加强采购业务的预算管理。对于预算内采购项目，具有请购权的部门应当严格按照预算执行进度办理请购手续；对于超预算和预算外采购项目，具有请购权的部门应当对需求部门提出的申请进行审核后再行办理请购手续。

（3）请购审批制度。企业应建立严格的请购审批制度。对于超预算和预算外采购项目，应明确审批权限，由审批人根据其职责、权限以及企业实际需要对请购申请进行审批。

4．采购与验收控制

企业应建立采购与验收环节的管理制度，对采购方式确定、供应商选择、验收程序及计量方法等做出明确规定，确保采购过程的透明化。

（1）企业应建立供应商评价制度。可由企业的采购部门、请购部门、生产部门、财务部门、仓储部门等相关部门共同对供应商进行评价，包括对所购商品的质量、价格、交货及时性、付款条件及供应商的资质、经营状况等进行综合评价，并根据评价结果对供应商进行调整。

（2）企业应根据商品或劳务等的性质及其供应情况确定采购方式。一般物品或劳务等的采购可以采用订单采购或合同订货等方式，小额零星物品或劳务等的采购可以采用直接购买等方式。

（3）合理选择供应商。企业应充分了解和掌握有关供应商信誉、供货能力等方面的信息，由采购、使用等部门共同参与比质比价，并按规定的授权批准程序确定供应商。小额零星采购也应由经授权的部门事先对采购价格等有关内容进行审核。对单价高、数量多的物资采购，企业应制定严格的比质比价采购制度。

（4）企业应建立严格的验收制度。企业应根据规定的验收制度和经批准的订单、合同等采购文件，由独立的验收部门或指定专人对所购物品或劳务等的品种、规格、数量、质量和其他相关内容进行验收，出具检验报告、计量报告和验收证明。对验收过程中发现的异常情况，负责验收的部门或人员应立即向有关部门报告；有关部门应查明原因，及时处理。

5．付款控制与管理

（1）付款控制制度。企业应按照《现金管理暂行条例》《支付结算办法》等相关规定办理采购付款业务，并按照国家统一规定进行核算和报告。财务部门在办理付款业务时，应对采购合同约定的付款条件以及采购发票、结算凭证、检验报告、计量报告和验收证明等相关凭证的真实性、完整性、合法性及合规性进行严格审核。财务部门应参与商定对供应商付款的条件。

（2）预付账款和定金的管理。企业应建立预付账款和定金的授权批准制度，加强对预付账款和定金的管理，加强对大额预付账款的监控，定期对其进行追踪核查。对预付账款的期限、占用款项的合理性、不可收回风险等进行综合判断；对有疑问的预付账款及时采取措施，尽量降低发生预付账款资金损失风险的可能性。

（3）应付账款和应付票据的管理。企业应加强对应付账款和应付票据的管理，由专人按照约定的付款日期、折扣条件等管理应付款项。

（4）退货控制。企业应建立退货管理制度，对退货条件、退货手续、货物出库、退货货款回收等做出明确规定，及时收回退货货款。

6．记录控制

（1）充分的记录。企业应建立完善的采购登记与会计记录制度，对请购、审批、采购、验收、付款等各环节进行记录。

（2）严格的票据验证。企业应仔细审查供应商发票和相关文件（如采购订单、采购合同、验收证明、入库凭证等），并进行相互比对，确保采购物品、支付金额、会计记录的准确性和合规性。

（3）定期核对制度。企业应定期与供应商核对应付账款、应付票据、预付账款等往来款项。如有不符，应当查明原因，及时处理。

7. 监督检查

（1）监督检查主体。

① 监事会：依据企业章程对企业采购与付款管理进行检查监督。

② 审计部门：依据企业授权和部门职能描述，对企业采购管理进行审计监督。

③ 财务部门：依据企业授权，对企业采购管理进行财务监督。

④ 上级对下级进行日常工作监督检查。

（2）监督检查内容。

① 采购业务相关岗位及人员的设置情况。重点检查是否存在采购业务不相容职务混岗的现象。

② 采购业务授权批准制度的执行情况。重点检查授权批准手续是否健全，是否存在越权审批行为。

③ 采购的管理情况。重点检查采购政策的执行是否符合规定。

④ 付款的管理情况。重点检查预付账款和定金等是否及时入账，应付账款、应付票据、预付账款等的管理是否符合规定。

⑤ 采购退回的管理情况。重点检查采购退货手续是否齐全、退回款项是否及时入账。

⑥ 账实、账账相符情况。企业应定期抽查、核对采购业务记录、会计记录、材料入库记录和库存商品实物记录，及时发现并处理采购与付款中存在的问题；还应定期对库存商品进行盘点。同时应定期与往来客户通过函证等方式，核对应付账款、应付票据、预付账款等往来款项；如有不符，应查明原因，及时处理。

（3）监督检查结果处理。对监督检查过程中发现的销售与收款内部控制中的薄弱环节，企业有关责任部门和责任人应当采取措施，及时加以纠正与完善。

（二）职责与岗位

采购业务涉及采购部、财务部、销售部、生产部、法务部、质量技术部、审计部等多部门。但采购业务主要由采购部门负责，因此这里只重点阐述采购部门的职责及岗位。

1. 采购部门的职责

采购是企业运营中一个非常重要的环节，采购部门的主要职责包括以下几个方面。

（1）制订采购计划，包括物料的种类、数量、采购时间、采购价格、供应商的选择等，以保证企业的正常生产和运转。

（2）寻找并评估潜在供应商，签订合同并开展供应商管理，确保供应商具有稳定的物资质量和准时交货。

（3）通过与供应商谈判、招标、比价等方式订立采购合同，确保采购成本的最小化和采购效益的最大化。

（4）根据生产计划、客户需求预测等要素制订企业库存管理方案，包括物资的库存量、配置管理、库龄控制、库存周转等。

（5）管理外购物品的入库、出库、存放、保管、发货、记录、整理等，维护企业物料清单和物流信息，以保障物流的正常运行和企业的供需合理与平衡。

2. 岗位

通常，采购部门内部设置采购计划岗、采购岗、仓库管理岗，以及采购档案岗。

（1）采购计划岗的主要职责如下。

① 与财务部门在采购计划和进货成本控制方面形成主要工作接口。

② 负责物资采购流程与进度的全面计划和控制，监督本部门预算指标的执行并汇总分析和报告预算完成情况。

③ 制定和调整采购业务的操作标准以及特殊采购行为的管理模式。

④ 实施材料市场行情调研和主要供应商调研。

⑤ 制定进货成本控制目标和控制方法。

⑥ 组织对采购业务执行过程、执行结果和供应商交易、供应商合作的考评，提交供应商调整和新供应商引进的建议。

⑦ 对采购作业、进货渠道选择、进货价格确定和其他采购费用进行规范性指导、监督，并负责采集、汇总、加工和提供采购业务相关的基础数据资料，包括供应商资料、材料市场行情、采购业务历史数据等，向供应部经理提出改进采购业务的建议。

⑧ 按有关责任部门设定的技术型号标准组织招标采购。

（2）采购岗的主要职责如下。

① 分解采购计划，按相关规程、指标要求及授权范围执行具体采购业务，包括业务洽谈、比价、下单、催单、查单、退货补货执行、差异记录等，形成自我监督和接受外部监督。

② 具体协调与供应商的合作关系，落实供应部与供应商的交易合作策略，收集供应商和材料市场的基础信息，向档案资讯组汇总，直接参与供应商交易考核。

（3）仓库管理岗的主要职责如下。

① 库区、仓位和运输配送的具体调度。

② 仓库物料的收料、发料、退料、转调、存储、清查、盘核、外验、销毁等实物管理，在库物资仓储保管。

③ 实施物料编码、仓储货位编码、物料仓储标准参数、仓库基础账务记录冲销、制单和单据传递、定期库存分析、相关账表汇总和报告等信息监管，在账务管理和库存信息分析管理上与财务管理部形成工作接口。

（4）采购档案岗的主要职责如下。

① 汇总、归集、建档、维护、更新所有采购业务的相关信息及文档，包括供应商档案、合同订单档案、材料市场价格信息库、招标采购工作档案等。

② 按权限级别控制档案资料的调用。

③ 定期对原始信息数据进行分类汇总和其他形式的加工，充实基本数据库，提交相应报表，为部门内和其他管理部门提供多层次的决策信息支持。

四、制度设计应注意的问题

第一，重视采购流程的规范性和合规性，特别加强采购计划制订、需求审批、招标、评估及采购合同签订等方面的流程管理。

第二，重视采购信息的保密性和完整性。为防止内部员工或外部供应商泄露采购信息或损害采购信息的真实性和完整性，企业需要建立保密机制和信息管理制度，对存储和传输采购信息的设备、网络等进行安全管理和控制。

第三，实现采购合同管理的标准化和规范化。企业要制订并实施采购合同的标准化或规范化管理流程，将合同内容与招标规则、采购目录、验收标准等做比较，确保合同内容的符合性、合法性。

第四，重视采购申请和采购单价审批管理。为避免采购计划、申请和单价等环节存在制度漏洞或管理失误，企业应该对采购审批层级做出明确规定，限制高额采购审批权限，并设立相应的审批程序和岗位职责。

第五，优化采购部门的人员配备和考核。企业应为采购部门配备专业的采购员和完整的采购团队，确保采购部门业务的高效运作，同时采购员和采购团队也应该接受规范化的考核和评估，以保持较高的绩效水平和工作质量。

第三节 生产业务内部控制制度设计

一、业务流程与控制目标

生产业务的主要流程包括生产计划、生产作业、产成品检验、产成品入库等环节。

（一）生产计划环节控制目标

生产计划环节的控制目标包括以下几个。

（1）基础数据信息的真实可靠性。保证拟订的产品计划所依据的各类基础数据信息的真实性和可靠性，减少计划误差，保证生产计划的精准性。

（2）生产计划的准确性和有效性。确保生产计划是科学合理的，能够满足市场需求和企业目标实现要求。同时考虑到人力、物力、时间等资源的利用效率，从而避免生产计划的盲目性和浪费性。

（3）生产计划安排的合理可行性。企业需要确定生产计划，确保生产计划在时间、人力、生产能力等方面具有合理可行性。

（4）产品质量的可控性。确保生产计划所涉及的产品质量具有可控性和稳定性，包括原材料的质量控制、加工工序的掌控和过程检验的严格执行等。

（5）职能部门之间的协同性。生产计划所涉及的采购、工程、设备、生产、质检、销售等部门之间的协同配合需要企业建立有效的沟通机制、协作流程和信息共享平台。同时，企业管理层应强调团队合作和共同目标，鼓励部门间的合作和相互支持，营造良好的协同工作氛围。企业通过加强各职能部门之间的协同性，可以提高生产计划的准确性、执行效率，以及产品质量，优化整体生产流程。

（二）生产作业环节控制目标

生产作业环节的控制目标包括以下几个。

（1）原材料准备的保障性。生产过程中需要大量原材料，企业要确保原材料能够及时到位，并切实做好合理储存，对选用的原材料质量、数量和供应周期进行控制，确保原材料的来源可靠、质量稳定，减少生产过程中因原材料问题产生的损失和延误。

（2）设备性能的稳定性。企业需要确保生产所需的设备处于良好的工作状态，以确保生产过程的准确性和稳定性。为避免生产过程中设备突发故障，企业应对设备及时进行维修和保养。

（3）人员素质的适当性。生产工人和技术人员在生产计划的执行中扮演着重要角色。因此，企业应该按照生产计划做好员工培训，提高员工的技能，以保证生产顺利进行，并确保生产过程中的质量控制能够达到预期目标。

（4）产品质量的保证性。企业需要制定严格的产品质量控制标准，建立质量控制点、质量跟踪点、质量检查点等，减少生产作业环节的不合格品数量。

（三）产成品检验环节控制目标

产成品检验环节的控制目标主要有以下几个。

（1）检验方法和规范的合理性。制定科学合理的检验方法和规范，确保产品检测结果准确、可靠，避免检验过程中出现错误。

（2）检验设备和仪器的可靠性。保证检验设备和仪器的可靠性和稳定性，确保检验数据和结果具有可比性、可重复性和可验证性。

（3）检验记录和报告的可审查性。建立健全的检测记录和报告系统，保证检测数据和结果的真实性、完整性、可审查性和可追溯性。

（4）残次品处理的及时性。及时对生产中出现的残次品、废品进行检测和处理，防止残次品进入下一道工序或流入市场，影响企业产品的质量和声誉。

（5）日常维护保养的规范性。统一维护保养标准，确保员工按照操作规范使用和保养检验设备和仪器，避免因员工操作不当或保养不当引起的检验误差。

（6）质量管理的有效性。对检验结果和检测数据进行分析和反馈，持续改进检验方法和规范，提高质量管理的有效性和实效性。

（四）产成品入库环节控制目标

产成品入库环节的控制目标主要包括以下几个。

（1）保证产成品数量的真实性。仓储部门需要对收到的产品数量进行核查，并记录于相应的入库单据中。确保所记录的数量与实际收到的数量一致，以避免因数量差错导致的库存盘点不平衡的问题。

（2）确保产品存储的安全性。仓储部门需要对产品进行分类、标识、储存。对于易坏、易碎、易燃等特殊属性的产品需进行特殊的处理，保证其存储安全。

（3）确保出入库档案的准确性。仓储部门需要建立相应的档案记录，包括产品名称、数量、生产日期等信息，并保证其记录的准确性，以便管理人员对库存情况进行实时掌握。

二、主要风险及管控措施

（一）生产计划环节的主要风险及管控措施

1. 主要风险

生产计划环节的主要风险包括以下几个。

（1）计划制订得不合理。生产计划制订得不合理，将会导致生产量不足或过剩，从而造成订单交货延误或库存积压等问题。

（2）任务分配不恰当。生产任务分配不当，将会导致产品生产线的不平衡，从而引发资源浪费、生产效率下降等问题。

（3）生产资源准备不足。如机器设备、人力资源等不足，将影响计划的执行，无法满足生产需要。

（4）原材料短缺。生产所需的原材料不足或无法及时供应，将会影响生产进度，从而引发生产计划延误的风险。

（5）生产计划变更。生产计划变更可能会导致原计划的失效，如在中途新增任务或修改任务。

2. 管控措施

针对以上风险，企业可以采取以下管控措施。

（1）制订合理的生产计划，根据生产能力、生产周期、市场需求等因素进行综合考虑。

（2）合理安排生产任务，根据生产设备能力、人力资源、材料供应等因素进行科学分配，确保生产线的平衡和效率。

（3）配备充足的生产资源，包括机器设备、人力资源、原材料等。

（4）建立完善的供应链管理体系，确保原材料供应及时，避免短缺风险。

（5）建立计划变更管理流程，确保生产过程中的变更具有可控性，避免对生产计划造成影响。

（二）生产作业环节的主要风险及管控措施

1. 主要风险

生产作业环节的主要风险如下。

（1）设备故障或停机造成生产无法正常进行。

（2）人为失误或操作不规范造成产品质量问题。

（3）生产过程中的物料浪费、仓储及物流问题导致成本增加。

（4）关键工序质量不稳定或存在偏差。

（5）员工消极怠工，导致生产效率低下。

（6）工艺参数调整不当或控制不精确导致产品品质不稳定。

（7）环保法规和安全生产标准的不合规问题。

2. 管控措施

针对这些风险，企业可以采取以下措施。

（1）进行设备定期维护和预防性检查，早发现、早解决设备问题。

（2）定期进行员工培训和加强操作规范管理，确保员工操作符合规程。

（3）优化生产流程，减少资源浪费和成本。

（4）对关键工序建立专门的管理制度和质量控制体系。

（5）优化生产环境，重视员工意见和反馈，采用适当的激励机制，提高员工生产积极性，提高生产效率。

（6）定期检查参数设定和控制系统以确保产品质量稳定。

（7）严格遵守环境法规和安全生产标准。

（三）产成品检验环节的主要风险及管控措施

1. 主要风险

微课堂

产品质量控制的
关键控制点

产成品检验环节的主要风险如下。

（1）检验不准确或者漏检导致产品质量问题。

（2）对于重要的检验指标未覆盖或者检验频率不高导致的问题。

（3）检验过程稽核不到位，可能会因为复查等事项耗费大量时间。

（4）检验依赖人力操作，可能会因为人员流动、人员缺乏相关技能等问题而造成检验精度降低。

2. 管控措施

针对这些风险，企业可以采取以下措施。

（1）建立科学合理的检验标准，完善检验流程和检验方法，确保检验准确性和高效性。

（2）对于关键指标和重要规格的产品，要重点关注，加强检查和重复检查。

（3）加强检验设备和检验方法的质量监管和控制，确保及时发现和纠正差错。

（4）加强检验员技能和知识培训，提高检验员素质和工作能力。

（5）利用先进的检验技术和自动化检验设备，提高检验效率和准确性。

（6）建立健全的人员流动制度，确保人员培养和交替，减少人员流失和缺乏技能等问题。

（四）产成品入库环节的主要风险及管控措施

1. 主要风险

产成品入库环节的主要风险包括以下几个。

（1）产成品存储环境不适当，造成产成品变质或丢失，导致企业损失，影响企业信誉。

（2）产成品未能按规定存放，导致物品交错或者混淆，或者很难对物品进行监测。

（3）产成品未能准确计量，影响生产计划并可能导致部分产成品无法满足质量要求。

（4）产成品出入库记录不及时、不准确，可能导致部门之间不协调、信息传递不及时从而导致错误与舞弊。

2. 管控措施

（1）建立适宜的存储环境。企业应根据不同的产品类型，对存放环境进行科学规划，保持恰当的温度、湿度、通风等条件，避免产成品受到污染或损坏。

（2）对不同种类的产成品要进行分类存储，确保分类明确，存放有序，防止产品之间交叉或混淆。

（3）制定严格的计量标准和流程。制定全过程监控和验收制度，对计量设备进行定期检查和校准，确保计量准确。

（4）加强员工培训。员工应该在入库管理流程、容器标识、移动货物、检测程序等方面得到明确的培训，加强对入库管理重要性的认识，并掌握正确的操作方法和质量控制技术。

（5）建立完善的入库管理制度。入库管理制度应包括对入库品种、数量、质量等进行登记核查的程序。要求登记人签名确认，并且设立专人负责入库管理，以确保入库工作的准确性和可靠性。

三、岗位设置与职责分工

（一）基本的控制制度

1. 适当的职责分离

为保证生产业务内部控制的有效性，企业应将各种不相容职务进行适当分离。

（1）生产计划的编制者应同其复核和审批人员适当分离；

（2）产成品的验收部门应同产品制造部门相互独立；

（3）负责产成品储存保管职责的人不能同时负责产成品账户的会计记录；

（4）存货的盘点不能只由负责保管、使用或负责记账职能的职员来进行，应由负责保管、使用、记账职能的职员以及独立于这些职能的其他人员共同进行。

2. 合理的授权审批

生产业务的授权审批是企业内部控制的重要环节之一。企业通过规范化的授权审批流程，有效地控制和管理生产过程中的各项风险和问题，保障企业生产的安全、可靠和高效。

3. 原材料领用与使用控制

原材料领用和使用控制是确保生产环节质量和成本控制的重要措施。主要控制如下。

（1）制定详细的原材料领用和使用标准和流程，明确领用人员和使用人员的职责和权限，并确保生产人员和管理人员都能熟练掌握。

（2）建立相应的领用单和使用记录，记录领用和使用的数量、时间和领用、使用人员，用于追溯和管理。

（3）建立原材料使用记录，追溯每个产品的材料成分、生产时间、生产工艺等，避免生产出有质量问题的产品，并便于生产过程的溯源管理。

（4）设立验收制度，对每批原材料进行检验，确保原材料的质量符合要求。

（5）对原材料采购和使用实行相应的审批和监管制度，确保各环节符合企业制定的流程及标准，减少不必要的浪费与风险。

4．生产用工与工时控制

生产用工和工时控制是确保生产过程高效和质量稳定的重要措施。主要控制如下。

（1）制订详细的生产计划和生产工艺流程，合理安排生产岗位和工作内容，保证生产有条不紊地进行。

（2）设定合理的产能和产量目标，对每个岗位的生产工时、生产效率等进行量化控制。可以采用生产数据监控系统进行实时监控，及时掌握产能、进度等生产情况。

（3）对于人力资源的调配，企业需要结合企业的生产计划和产能规划，合理安排员工的工作岗位、工作内容及工作时间，确保人员配置合理。

（4）建立考核标准制度，对生产效率、质量控制、岗位素质等方面进行考核，激励员工努力提高工作质量和工作效率。

（5）建立工时管理制度，统计员工的加班、迟到、早退等工时情况，确保各种工时制度合法合规、公平公正，避免员工在生产中发生超时、过劳工作等情况。

（6）建立员工文化激励制度，鼓励员工协同配合，营造良好的工作氛围和企业文化。

（7）对生产用工情况进行统计分析，不断优化生产布局和生产方式，提高生产效率和质量。

（8）对生产过程中的隐患进行管理，建立预警机制，及时掌握和处理生产中的问题，并严格执行安全生产制度，确保生产过程的安全。

5．产品验收与入库控制

产品验收与入库控制是确保生产环节质量合格的重要措施。主要控制如下。

（1）企业需要制定详细的产品验收标准和检验规程，明确每道工序的验收标准和验收方法，并确保生产人员和检验人员都能熟练掌握。

（2）进行验收时，应在相应的检验记录中记录下样品的特征和检验结果。

（3）应建立检验记录和检验报告，追溯每批产品的生产和出厂情况。

（4）应建立产品流程跟踪制度，跟踪每批产品的生产情况、产品成分、生产材料来源等。

（5）对关键材料的供应商进行评估，评估其产品质量、供货能力、售后服务等情况，并确保供应商符合相关质量管理和认证标准。

（6）建立进货验收和放行制度，确保只有合格的产品进入仓库和销售渠道。在入库过程中，要做好记录，并对每批产品做标记和分类处理，方便后续调取和跟踪。

（7）对产品入库后的储存和保管进行监控和管理，确保库存及时更新，并避免过期、破损的产品流入市场。

（8）对进行验收与入库的员工进行培训和考核，确保其验收与入库能力和水平符合要求。

（二）职责与岗位

生产业务涉及生产部、财务部、销售部、采购部、人力资源部、质量技术部、审计部等多部门。但生产业务主要由生产部门负责，因此这里只重点阐述生产部门的职责及岗位。

1. 生产部门的职责

生产部门是企业的核心部门之一，其主要职责是规划、组织、指导和控制企业生产流程，确保产品的生产量、质量和交付时间目标的达成。具体来说，生产部门的主要职责包括以下几个。

（1）负责根据市场需求及企业销售计划，制订生产计划和生产任务单，组织生产调度。

（2）负责整个生产流程的管理和控制，包括原材料采购、仓储管理、生产装配、生产流程控制等。

（3）负责产品的质量控制，制定产品检验标准，检验生产过程和产品质量合格率，保证产品质量达到标准要求。

（4）负责生产成本的控制和分析，制定生产成本预算和分析生产成本构成，提出降低生产成本的具体措施。

（5）负责企业安全生产管理工作，对生产过程及设备进行安全监管和维护，保障员工的安全。

2. 岗位

企业的生产业务主要涉及以下岗位。

（1）生产计划岗。主要负责制订生产计划，掌控生产进度和供应链，进行产能分析和调整，确保生产计划的质量和可行性。

（2）生产主管/组长。主要负责各生产环节的安排和协调、过程管理和异常处理，保证生产效率与质量的平衡。

（3）质量控制岗。主要负责产品质量控制，建立和实行产品质量控制系统和检验标准，进行产品的抽检和现场监控等。在实务中，质量控制部门有两种设置方式，分别如图7-4、图7-5所示。

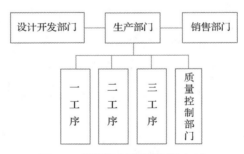

图7-4　质量控制部门设置（1）

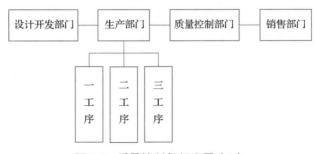

图7-5　质量控制部门设置（2）

在图7-4中，质量控制部门设置在生产部门下面，其作用因生产部门受制于生产周期等压力而难以充分发挥。

在图7-5中，质量控制部门与生产部门因不相容职务而分离，形成制衡效果，更利于其发挥应有作用。

（4）工程技术岗。工程技术岗人员来自多个专业领域，如制造工程、电气工程、机械工程等，他们参与生产过程中的机器运行维护和设置，保障设备的正常运行和故障排除；同时也负责技术改进和工艺优化，提高生产效率和降低成本。

（5）现场操作岗。主要负责生产线的具体操作和现场管理，根据生产计划和指令完成产品生产过程中的具体细节操作，严格遵守安全规范，保障生产安全和产品质量。

这些岗位都是企业生产过程中的重要一环，相互协作完成生产目标。企业应根据自身生产需求和流程情况，合理设置相关岗位，以确保生产流程的高效运作和产品质量的稳定。

四、制度设计应注意的问题

在生产业务内部控制制度设计中，企业应该重点考虑以下几个方面的问题。

（1）生产工艺流程的规范性和合规性。生产工艺流程是生产过程中最关键的环节，企业应该建立符合相关生产标准、法律法规等要求的工艺流程，明确各生产环节的岗位职责和审批程序，并确保每个环节的规范性和合规性。

（2）生产计划制订和执行的管理。企业应制订合理的生产计划，包括生产数量、生产任务划分和生产进度计划等，同时要对生产设备、原材料和人员进行合理安排，确保生产计划的实效性和精准性。

（3）生产用料和产品质量监控。在生产过程中，企业应该加强对原材料采购、货品样品检测和成品检测等环节的监控和管理，确保产品的质量符合相关法律法规的标准，以及符合市场和客户的要求。

（4）生产运行数据的监控和分析。企业应重视生产过程中的数据采集和分析，利用信息技术手段，对生产数据进行记录和分析，并及时给出反馈信息，识别生产过程中存在的问题，及时进行纠正和改进。

（5）员工培训和参与。员工是生产过程中不可或缺的因素，企业需要通过定期的培训和教育，提高员工的专业素质和安全意识，并让他们参与生产计划制订和工艺流程的优化，共同推进生产工作的改进和创新。

第四节 销售业务内部控制制度设计

一、业务流程与控制目标

销售业务的一般流程主要包括客户开发与洽谈、批准赊销、接受订单、备货与发货、销售记录、催收货款、售后服务等（见图7-6）。整个销售流程需要各个环节协同工作，确保销售过程的高效和顺畅。

（一）客户开发与洽谈环节控制目标

在客户开发与洽谈环节，企业需要确保以下控制目标的达成。

（1）客户开发的全面性与针对性。企业需要建立客户库，收集和维护客户信息，对潜在客户进行分析和筛选，制订客户开发计划，确保客户开发的全面性和针对性。

（2）客户信息的准确性和及时性。企业需要建立健全的客户信息管理体系，完善客户信息采集、保存、更新和维护的流程，确保客户信息的准确性和及时性。

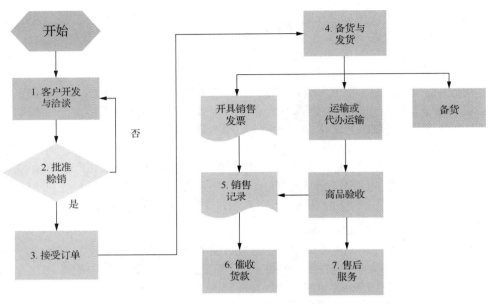

图7-6　销售业务的一般流程

（3）建立良好的客户关系。企业需要通过各种渠道与客户建立、维护和发展长期良好的合作关系，提升企业形象和客户满意度。

（4）客户开发成功率。企业需要设计和实施有效的客户开发方案，及时跟进客户开发进度，发现潜在客户的需求，提供优质的销售服务和产品解决方案，有效地促进销售成交，提高客户开发的成功率。

（5）信息的保密性。一方面企业要确保洽谈过程中的信息准确性和保密性，在销售活动中保护企业的商业机密和客户数据。另一方面企业需要加强对客户信息的保护和管理，建立科学的信息安全管理制度，避免客户信息的泄露和滥用，确保客户信息的保密性。

（二）批准赊销环节控制目标

批准赊销是指企业允许客户在一定期限内延迟付款。该环节主要的控制目标如下。

（1）信用与额度。针对不同的客户进行信用评估，按照信用评定等级设立信用额度，避免信用风险；建立信用额度控制流程，确保合规性，并留有足够的空间以应对风险。

（2）可跟踪性。建立长期和短期的付款延期规则，并确保规则的顺利执行，及时催款，并对付款延期的情况进行跟踪，以确保账务准确性和针对逾期未还账款的追讨。

（3）业绩监控。建立合理的业绩监控指标和客户反馈机制，及时发现业绩和客户关系问题并及时调整，保证正常的客户关系和业绩。

（三）接受订单环节控制目标

接受订单环节的主要控制目标如下。

（1）符合性。客户提出订货要求是整个销售业务的起点，客户订单只有在符合企业管理层的授权标准时才能被接受。订单管理部门在决定是否同意接受某客户的订单时，需要核查该客户是否在符合企业标准的名录之内。

（2）准确性和完整性。确保订单的准确性和完整性，包括订单的信息是否完整、是否符合客户需求等。

（3）规范性。规范订单受理的程序，防止盲目受理订单和误操作给企业造成损失。

（四）备货与发货环节控制目标

备货与发货环节是企业的供应链管理中至关重要的环节之一。该环节主要的控制目标如下。

（1）库存的适当性。建立准确的库存账面记录，及时更新、监控库存情况，既要防止出现存货短缺，也要防止出现超储积压。

（2）准确性。确保发货日期准确，并应对物流运送环节潜在的延误风险。

（3）安全性。确保货物安全、完整、准时配送至规定地点。

（五）销售记录环节控制目标

销售记录环节的控制目标可以概括为以下几个。

（1）准确性和可靠性。确保销售记录的准确性和可靠性，避免销售数据的虚假和错误记录。

（2）保密性。保障销售数据的保密性，避免销售数据泄露造成企业商业机密的泄露。

（3）及时性和完整性。确保销售数据的及时性和完整性，确保管理层能够准确地追踪销售业绩和制定决策。

（六）催收货款环节控制目标

催收货款环节的控制目标通常包括以下几个。

（1）准确性和完整性。确保收款记录的准确性和完整性，避免收款信息的遗漏或虚假记录。

（2）保密性。保障收款信息的保密性，避免收款数据泄露造成企业商业机密的泄露。

（3）及时性。确保收款的及时性，保障企业的现金流畅和资金安全。

（4）足额性。加强货款催收，减少坏账损失。

（七）售后服务环节控制目标

售后服务包括商品的维修和保养、解答咨询、客户培训、退换货、投诉处理等。售后服务目的在于确保客户在产品使用或服务过程中的顺畅体验。售后服务环节的控制目标通常包括以下几个。

（1）确保售后服务的高效、高质量。

（2）提升客户的售后服务满意度和忠诚度。

（3）减少售后服务成本，提高企业的盈利能力。

（4）防范售后服务风险，避免因售后服务不当而引起的问题。

二、主要风险及管控措施

（一）客户开发与洽谈环节的主要风险及管控措施

1. 主要风险

客户开发与洽谈环节的主要风险如下。

（1）客户需求理解不清。在开发客户的过程中，企业可能会存在对客户需求理解不清或者不准确的情况。这有可能会导致企业开发出来的产品或服务与客户的实际需要不符，从而增加了企业的业务成本。

（2）业务谈判风险。在谈判过程中，可能会发生没有谈成的风险或者客户变卦。为了避免这种情况的出现，企业可以建立合理的谈判流程和严格的谈判纪律，同时在合同条款中规定相应的风险防范措施。

（3）销售误导风险。销售人员在销售过程中误导客户，使客户购买不必要的产品和服务，或者以不合适的价格销售产品和服务，从而损害企业的声誉和客户关系。

（4）合同签订不合理。企业需要确保所签订的合同条款合理明晰，不存在不公平条款，而且对风险做出合理的规避安排。为了避免不合理的合同签订，企业可以依据相关法律法规要求签订有关合同，或者根据以往经验建立专业合同增加保障和降低风险。

（5）承诺落实不到位。在客户开发、洽谈和签单之后，企业还需要及时、主动地履行对客户的承诺，及时了解客户的需求和反馈，避免误解和疑虑导致的信任危机。为了保障客户的满意度和消费体验，企业应在合理的规则内开展相关活动，建立客户关系管理机制，及时跟进客户服务，提高企业的服务质量。

2. 管控措施

对于客户开发与洽谈环节的风险，企业可以采取以下管控措施。

（1）加强市场调查和客户了解。企业需要了解客户的实际需求，以便开发符合客户实际需求的产品和服务。市场调研、客户调研、需求分析等手段都可以用来收集客户信息和反馈。在开发客户时，企业要确保与客户的交流渠道畅通，并建立明确的沟通机制。

微课堂

如何建立有效的
销售信用评估体系

（2）建立合理的商务谈判流程。企业应建立合理的商务谈判流程，并对其实施严格的管理，使各环节都要有具体的目标、指标和工作标准，以确保整个谈判过程的高效和公正。在谈判过程中要鼓励诚信和合作，避免一些不实情况的出现。

（3）加强销售人员职业培训。销售人员是企业与客户之间沟通的桥梁，他们的言行举止直接影响客户对企业的印象和信任度。加强对销售人员的职业道德培训，不仅可以提高销售人员的道德水平，而且可以增强企业的公信力和品牌形象，降低企业的风险。

（4）签订合理的合同条款。企业在签订合同时，应考虑客户或合作伙伴的实际情况和利益，建立合理的合同条款。合同内容要翔实明确，防止重复和矛盾条款的出现，以规避风险。

（5）建立完善的客户关系管理机制。企业在开展客户开发工作的同时，要建立完善的客户关系管理机制，及时跟进客户服务需求的变化，收集客户反馈，解决埋下的问题和不确定因素，改进和优化售前和售后服务。实行以客户为中心的运营策略，根据客户需求和需求变动规划企业的销售战略和方向，不断提高重要客户的黏性和忠诚度，使企业获得长期和稳定的客户。

（二）批准赊销环节的主要风险及管控措施

1. 主要风险

批准赊销环节的主要风险如下。

（1）合同条款缺失或不清晰。由于赊销涉及合同签署和付款等复杂流程，如果相关条款不具体、明确，则可能导致赊销到期收款面临风险。

（2）赊销客户违约。如果赊销客户无法按时偿还欠款、无法提供信用担保或不符合其他满足赊销客户资质的要求，则可能引发到期收款难题。

（3）市场变化导致风险。由于宏观经济环境变化、市场竞争格局变化等，赊销客户可能面临资金链断裂、经营不善导致违约等风险。

2. 管控措施

批准赊销环节的管控措施如下。

（1）制定赊销政策。通过制定清晰的赊销政策，明确哪些客户有资格申请赊销服务，以及申请条件是什么。

（2）建立赊销客户名单制度。通过开展客户的前期调查，建立客户档案，记录客户的营业执照、经营范围、注册资本、信用记录等信息。

（3）开展赊销客户信用评级。明确其资质、信誉、偿还能力，同时要求信用担保及保证金或者要求第三方担保等以管理风险。

（4）建立涵盖赊销合同条款、收款及贷款等环节的完备制度，确保赊销风险得到有效控制。

（5）建立完备的信用保险机制或担保机制，对发生赊销违约所导致的财务损失进行合理规避。

（6）及时跟进赊销客户的经营情况，预警可能的风险。企业要具备遏制风险末端的能力，如对于那些资质欠缺的、前景不明朗的客户应考虑由相应财务部门根据客户的资产抵押价值进行评估，为企业未来业务发展以及对这些客户的业务赊销是否有必要提供"警戒线"。

（7）将赊销业务纳入整体财务管理范畴，并规范赊销的上下游流程，加强流程监控及反馈。

（三）接受订单环节的主要风险及管控措施

1. 主要风险

接受订单环节的主要风险如下。

（1）客户的身份和资质风险。如某些客户可能使用虚假身份或伪造的证件来进行交易，从而可能会导致合同的无效性或法律纠纷；某些客户可能具有不良的信用状况，包括欠债、违约记录等，这可能会导致无法按时支付订单款项或付款问题。

（2）错误的订单信息。如果在接受订单的过程中发生订单信息的错误或误解，可能会导致产品规格、数量、交货时间等方面的不一致，进而影响整个生产过程。

（3）不合理的交货时间要求。有时客户可能提出紧急或过高的交货时间要求，而在实际生产环境下无法满足。若无法明确地与客户沟通和协商，可能会面临交货延迟或无法按时完成订单的风险。

（4）接受过多的订单可能会导致资源的不足。资源包括人力、原材料、生产设备等方面。如果无法在有效的时间内调配和安排资源，可能会导致生产延误或产品质量降低等风险。

（5）收款渠道或客户付款风险。可能存在不安全的收款渠道或付款方式；或者客户可能因财务困难或不稳定的财务状况，出现付款问题，给企业的现金流和经济状况带来风险。

（6）法律合规风险。在接受订单的过程中，必须遵守相关的法律法规和合规要求。如果未能遵守法律法规要求或合同的实际履行与客户之间的合同约定不符，可能会面临法律纠纷和经济损失。

2. 管控措施

为了应对接受订单环节的风险，企业可以采取以下措施。

（1）确认客户的身份和资质。企业需要了解客户的信用记录、注册信息等，确保客户的身份和资质合法有效。

（2）确认订单信息的准确性和完整性。企业需要与客户进行沟通和确认，确保订单的交货数量、质量、要求、价格等信息准确无误。

（3）建立完善的订单管理流程。企业需要建立完整的订单管理流程，明确负责人和流程，及时记录和跟进订单。

（4）制定合理的合同条款。企业需要制定合理的合同条款，明确订单的交付时间、双方权利和义务等，确保订单的合法性和权益受到保障。

（5）选择安全的收款渠道和付款方式。企业需要选择安全可靠的收款渠道和付款方式，避免出现付款纠纷和收款风险。

（6）加强客户关系管理。企业需要与客户建立良好的关系，加强交流沟通，了解客户需求和反馈，提高客户的满意度和忠诚度。

（四）备货与发货环节的主要风险及管控措施

1. 主要风险

备货与发货环节是企业销售流程中非常重要的环节，如果处理不当，可能会导致以下风险。

（1）库存安全风险。出现订单过量或仓库货物遭到盗窃等情况会导致库存安全风险，下单时需要考虑库存量的风险。

（2）供应链风险。供应商所供货物质量不达标、交货过慢或供应链中断等风险会导致企业缺货甚至下单失误。

（3）费用风险。下单过量或订单冲突可能会导致成本增加；物流配送环节出现失误，容易导致物流费用增加等情况。

（4）误发和漏发风险。订单信息解读失误或接收人员疏忽漏记抬头等情况，会导致订单错发、漏发，影响企业运营效率。

2. 管控措施

企业需要在备货与发货环节采取有效的控制措施，避免上述风险。

（1）制订详细的备货和发货计划，确保库存安全和供应链的畅通，避免库存浪费和滞销的风险，并且提高库存周转率。

（2）与供应商建立长期稳定的合作关系，选择信誉好、货物质量稳定、交货准确的供应商，并定期检查供应商的生产能力和质量管理，确保供应商的供货稳定可靠。

（3）建立明确的进货和验货标准，要求供应商严格按照标准生产并提供符合标准的产品。

（4）对订单信息准确性进行验证和确认，管理并规范订单管理流程，确保订单准确无误。

（5）建立库存管理制度，进行合理的库存管理，包括分类存储、定期盘点、及时调整库存、避免废品等。

（6）建立多渠道发货机制，利用多种物流配送、分批次配送、多地点发货等方式，降低物流成本，同时避免单一环节的风险影响。

（7）建立良好的内部协调机制，确保各个环节之间的联系紧密、接轨流畅。

（五）销售记录环节的主要风险及管控措施

1. 主要风险

销售记录环节的主要风险如下。

（1）销售记录不准确或不完整。销售记录不准确或不完整可能导致产品和服务信息的错误，从而影响企业的销售额、毛利和净利润等财务数据的准确性，甚至可能违反相关法律法规。

（2）销售记录不及时。没有及时记录和核对销售收入，可能会导致该笔收入被遗漏，从而影响企业的现金流和财务状况。

（3）销售记录造假。如销售人员虚构销售额、盗刷销售记录等，从而获取未经授权的佣金。

（4）数据安全风险。如销售记录的泄露、丢失等，可能导致企业重要数据泄露，对企业造成财务损失和商业损害。

2. 管控措施

为降低销售记录环节的风险，企业需要采取以下措施。

（1）建立严格的销售记录管理制度，明确业务人员职责、权限等内容。

（2）实行双重审核制度。销售人员在完成销售记录后，需要提交给上级进行审核，审核通过后才能正式提交系统，确保销售记录的真实性、完整性和准确性。

（3）强化销售记录审核机制，定期对销售记录进行检查和内部审核，避免销售记录造假问题。

（4）重视建立数据安全体系，加密敏感信息，并为员工提供数据安全培训。

（六）催收货款环节的主要风险及管控措施

1. 主要风险

催收货款环节的主要风险如下。

（1）催款手段不当。如果企业在催收货款时采取不当手段，如威胁、恐吓或其他违法手段，将会引发客户的不满和投诉，并有可能被追究法律责任。

（2）缺乏沟通技能。如果催收人员缺乏沟通技能，不仅难以有效地与客户沟通协商，还可能导致在催收过程中出现矛盾和纷争，影响企业的声誉和客户满意度。

（3）催收流程不严谨。如果企业没有建立完善的催收流程，导致在催收过程中出现遗漏或漏洞，将会给企业带来潜在的财务风险。

2. 管控措施

针对催收货款环节的风险，企业可以采取以下措施来应对。

（1）建立完善的催收流程。企业应建立完善的催收流程，包括预警机制、催收方式、催收进度等，以确保催收工作有条不紊地进行，减少漏洞和遗漏等问题的发生。

（2）提升催收人员职业素质。企业应对催收人员进行素质培训，提高催收人员的沟通能力和协商能力，引导他们在催收过程中采取更加合适和有效的方式与客户沟通，更加专业地完成催收工作。

（3）提高催收人员合法意识。企业应注重法律和道德要求，避免使用威胁、恐吓等违法手段催收。在催收时，尽可能通过电话、邮件等方式与客户沟通并寻求解决方案，以避免因不当手段引起的法律责任。

（4）不断优化催收策略。在实际催收操作中，企业应根据不同情况和客户反馈及时调整催收策略，以最大限度地优化催收效果。

（5）引进外包催收服务。如果企业本身无法有效应对催收工作，可以考虑外包催收服务，由专业的催收机构或公司来负责催收工作，减少催收风险。

（七）售后服务环节的主要风险及管控措施

1. 主要风险

售后服务环节的主要风险如下。

（1）售后服务质量风险。如果售后服务人员的技能、服务态度等方面存在问题，将会导致客户投诉或不满意，甚至产生质量纠纷。

（2）售后服务成本风险。在售后服务环节，企业需要消耗一定的成本，包括人力、物力等方面的成本，如果管理不当，可能导致成本增加、利润下降等问题。

（3）售后服务时间风险。如果企业在提供售后服务时，不能及时响应客户的需求，或者售后服务时间过长，会影响客户的体验和对企业的信任度。

（4）售后服务数据安全风险。在售后服务的过程中，业务系统、数据来源等方面的问题可能导致客户的个人信息泄露等安全问题。

2. 管控措施

企业可以采取以下措施进行风险管理。

（1）建立专业的售后服务团队，提高售后服务人员的技能水平，确保售后服务质量。

（2）建立售后服务质量评估机制，对售后服务进行评级和考核，以优化售后服务质量。

（3）加强售后服务成本管理，通过合理的成本控制，实现良性循环。

（4）设计并实施完善的售后服务流程，确保及时响应客户需求，提高售后服务效率和成效。

（5）加强企业信息安全管理，建立完善的售后服务信息保护机制，确保客户数据安全。

三、岗位设置与职责分工

（一）基本的控制制度

1. 明确的销售政策和程序

企业应该制定明确的销售政策和程序，包括销售目标、销售流程、客户开发和维护、销售合同管理、价格和折扣政策等。这些政策和程序应该被广泛沟通和贯彻，并定期进行评估和更新。

2. 适当的职责分离

为保证销售业务内部控制的有效性，企业应将各种不相容职务进行适当分离。

（1）客户信用调查评估与销售合同的审批签订分离。接受客户订单的人员不能同时是负责最后核准付款条件的人员；付款条件必须同时获得销售部门和专门追踪与分析客户信用情况的信贷部门（或会计部门下的信贷小组）的批准。

（2）销售合同的审批、签订与办理发货分离。

（3）销售货款的确认、回收与相关会计记录分离。

（4）销售退回货品的验收、处置与相关会计记录分离。

（5）销售业务经办与发票开具、管理分离。发货通知单的编制人员不能同时负责货款的收取、产品的包装和托运工作；填制发票人员不能同时担任发票的复核工作。

（6）坏账准备的计提与审批、坏账的核销与审批分离。

（7）应收账款的记账人员不能同时成为应收账款的核实人员。

3. 合理的授权审批

在销售业务中，合理的授权审批制度可以确保销售活动符合企业政策和法律法规，并降低潜在风险。以下是一些常见的销售业务授权审批的原则和程序。

（1）明确的授权层级。建立明确的授权层级体系，规定不同层级负责不同金额或风险级别的销售业务审批。根据销售金额、合同条款复杂性、客户类型等因素确定适当的审批层级。

（2）审批权限的控制。确保只有经过适当授权的人员才能进行销售业务的审批。明确和限制每个授权层级的审批权限，以避免滥用权限或潜在的违规行为。

（3）审批流程的规范。建立明确的审批流程和程序，规定销售业务的审批申请、审批流转、审批决策和记录等环节。确保审批流程规范和透明，有助于监督和追溯审批决策过程。

（4）适当的审批文件和信息。要求销售人员提交完整和准确的销售业务审批文件和相关信息，以支持审批决策的依据。审批人员应当对这些文件进行仔细审核，并确保充分了解相关信息。

（5）异常情况和特殊审批。对于超出正常业务范围或涉及特殊情况的销售业务，建立相应的特殊审批流程和程序。特殊审批应经过更高层级的授权，确保风险评估和决策的充分性。

（6）审批记录和审计追踪。建立审批记录和审计追踪机制，记录销售业务的审批决策和相关信息。这些记录可以作为内部审计和合规检查的依据，以确保审批过程的透明性和可追溯性。

4. 基本的客户资质审查

企业在与新客户建立业务关系之前，进行客户资质审查，核实客户的身份、信用状况和背景，以减少与不良客户的交易风险。

5. 完善的客户合同管理

企业建立完善的客户合同管理制度，确保合同的审批、签订和履行过程规范和有效。这包括合同的条款、变更和解释、履约管理等方面的控制。

6. 销售数据和报告监测

企业建立销售数据和报告监测机制，跟踪销售业绩和趋势。监测和分析销售数据，发现异常情况和隐患，及时采取纠正措施。

7. 销售人员培训和授权

企业为销售人员提供必要的培训和授权，确保他们了解和遵守企业的销售政策和程序。培养合规意识，提升销售团队的专业素养和业务能力。

（二）职责与岗位

1. 销售部门的职责

销售部门是企业的一个非常关键的部门，主要职责如下。

（1）制订销售计划和策略，确保企业在市场中的竞争地位。

（2）不断发掘和开发新客户，维护现有客户关系，建立良好的销售渠道和客户网络。

（3）对销售业绩进行核算和分析，及时调整销售策略和计划，以提高企业的销售业绩。

（4）制定产品或服务推广策略，增加产品或服务的市场份额。

（5）收集和分析市场情报，把握市场动态和趋势，及时调整销售战略。

（6）了解客户需求，收集客户反馈信息，推动企业的服务和产品升级，满足客户需求。

（7）建立一个高效的销售团队，包括销售人员的招聘、培训、考核及绩效管理等。

2. 岗位

销售业务岗位一般可以分为以下几个基本层次。

（1）销售代表/客户代表。负责开拓客户，维护客户关系，制订销售计划，与客户进行洽谈，签订合同，完成销售任务。

（2）销售主管。负责对下属销售代表/客户代表的业绩进行管理和指导，控制销售成本和风险，监督销售目标的实现情况，并对销售代表/客户代表进行考核和培训。

（3）区域销售经理/渠道经理。负责所辖渠道或销售区域的销售规划和组织实施，管理销售代表/客户代表，指导销售团队实现销售业绩目标，提高销售效率和质量。

（4）销售总监/销售经理。负责企业销售策略和规划，建立销售体系，领导和管理销售团队，协调和推进销售工作，在市场竞争中提升企业的销售优势和竞争力。

（5）收款员。负责与客户进行结算和收款，在销售完成后确保及时收回款项，并及时更新客户账户余额，对客户违约或欠款进行跟踪和催收。

四、制度设计应注意的问题

在销售业务内部控制制度设计中，企业应该重点考虑以下几个方面的问题。

（1）销售流程的规范化和合规化。建立符合相关销售法规规定的销售流程，确保销售过程的规范化和合规化，包括销售计划制订、询价、报价、合同签订及发货等方面的管理。

（2）价值链管理。对销售业务进行全面管理，包括销售计划、市场营销、销售预测、客户管理、渠道管理和售后服务等环节，确保产品的高品质，同时实现营销和销售的战略目标。

（3）订单管理和风险控制。建立优秀的订单管理系统，涵盖订单的确认、处理、交货和报价等环节，同时加强订单风险管理，控制订单中可能出现的财务或合规性风险。

（4）信用管理。对客户进行信用评估和管理，加强对客户资信的认真核实，确保客户交易的风险可控。

（5）营销与品牌管理。加强市场营销和品牌建设，提高产品知名度，促进销售业务的成功发展，同时在品牌管理中加强质量控制和价值链优化，降低售后服务成本，促进企业的良性循环。

【案例延伸思考】

在"教学引导案例"中，实际采购的部分计算机并非原装机，而是翻新机，这一问题出现的原因可能是内部控制制度设计存在缺陷，但更可能因为内部控制制度执行不到位。

从内部控制制度设计的角度来看，采购流程不相容职务未能有效分离。采购部门依据采购申请人指定的供应商进行采购，既未判别可能导致的风险，也未进行独立验收。

从内部控制制度执行的角度来看，采购部门未理解招标采购的实质。采购部门未按规定履职，从采购申请，到采购执行、验收，实际上都是由行政部门经办人在操作，采购部门没有履行必要的牵制职责，从而导致行政部门经办人与供应商勾结，以次充好，损害公司利益。

【知识回顾与拓展】

即测即评

【思考与探索】

1. 什么是核心业务？核心业务与价值链有何关系？
2. 同一行业中规模相当的企业的核心业务是一样的吗？怎样规划核心业务？
3. 有人说，采购业务的关键控制在于招投标环节。你是否同意此看法？
4. 有人说，销售业务的关键控制在于客户信用审核环节。你是否同意此看法？
5. 如何确保企业的采购决策和采购行为符合法律法规的要求？
6. 生产成本控制是生产管理的关键。如何在生产过程中有效控制成本？
7. 在生产过程中如何做好风险管理，避免质量问题和安全事故？
8. 如何通过生产过程有效控制产品质量？
9. 如何建立有效的销售信用评估体系，保障企业的信用风险控制？
10. 在销售业务内部控制中，规范销售人员的行为是非常关键的，应该如何做？
11. 如何保障企业的客户隐私和个人信息安全？
12. 如何建立良好的销售售后服务体系以提高客户满意度和口碑？

【实训项目】

实训项目一：采购业务内部控制缺陷识别及改进措施。

实训项目二：销售业务内部控制缺陷识别及改进措施。

实训项目一

实训项目二

第八章
管理支持内部控制制度设计

 学习目标

通过对本章的学习，读者应该：
1. 理解管理支持内部控制制度在整个企业内部控制制度设计与实施中的作用；
2. 掌握资金管理控制、资产管理控制、内部信息传递控制等制度设计的要点；
3. 了解人力资源管理控制、合同管理控制、信息系统控制等制度设计的内容；
4. 掌握内部控制自我评价的含义和实施流程。

 教学引导案例

系统缺陷引发的"乌龙指"事件

2013年，某证券公司聘请专业人士，花重金打造了一套套利交易系统。该系统在测试期间并未发生问题，但未进行极端情况下的风险测试。该套利交易系统运行后，某次该证券公司在做上证180套利时，因系统故障导致其中24只股票未成交，在"重下"该24只股票补单时，没想到这个功能没实盘验证过，系统把买入24个成分股，写成了买入24组ETF[①]一篮子成分股指令而非仅仅只是24只股票，系统在缺乏监控系统防止异常大笔交易的情况下，2秒钟内瞬间生成2万多笔委托订单（累计金额约234亿元）。其中，6413笔委托直接发送到交易所，实际成交72.7亿元，造成了当日盯市损失上亿元的"乌龙指"事件。

经查，发现该证券公司发生"乌龙指"事件的直接原因是系统缺陷导致的操作风险，但更深层次的主要原因是缺乏有效的风险管理，即该证券公司多级风控体系的无效与缺失，以及注重交易盈亏而缺乏合规意识叠加导致了此次风险事件。具体失控情况如下。

（1）该套利交易系统完全独立于公司其他系统，甚至未置于公司风险控制系统监控下，公司多级风险控制体系均未发生作用。

（2）该套利交易系统包含订单生成系统和订单执行系统两个部分，在程序设计上存在程序调用错误、额度控制失效等设计缺陷，并被连锁触发，导致生成巨量市价委托订单，直接发送至证券交易所。

---

① ETF是 Exchange Traded Fund的英文缩写，中译为"交易型开放式指数基金"，又称交易所交易基金。它是一种在交易所上市交易的开放式证券投资基金产品，交易手续与股票完全相同。

（3）未有效进行系统测试。该交易系统自上线运行到"乌龙指"事件事发运行仅15个交易日，其系统的订单"重下"功能从未被实盘测试过，当日正是因为运用该"重下"功能直接造成了"乌龙指"事件。

（4）在交易员层级：虽然公司对于交易品种、开盘限额、止损限额有三种风控制度，但后两种都没发挥作用。

（5）在部门层级：虽然公司有部门实盘限额2亿元、当日操作限额8000万元的规定，但都没发挥作用。

（6）在公司层级：公司监控系统没有发现234亿元巨额订单，同时，或者动用了公司其他部门的资金来补充所需头寸来完成订单生成和执行，或者根本没有头寸控制机制。

（7）在交易所层级：上交所对股市异常波动没有自动反应机制，对券商资金越过权限的使用没有风控，对个股的瞬间波动没有熔断机制（上交所通常只能对卖出证券进行前端控制）。

传统证券交易中的风控系统交易响应最快以秒计，但也远远不能适应高频套利交易的要求，如本事件中每个下单指令生成为4.6毫秒，传统信息技术开发的风控系统将带来巨大延迟，严重影响下单速度，这也是各环节风控全部"被失效"的真实原因。

请思考：该案例暴露该证券公司在管理支持内部控制方面存在什么问题？精密操作系统是否可以取代传统管理支持内部控制制度？管理支持内部控制制度又该如何设计才能真正发挥作用防止"乌龙"？该案例对企业内部控制制度的设计有什么启示呢？

第一节　资金管理控制制度设计

一、管理流程与控制目标

本节所说的资金，主要是指货币资金。货币资金是单位内部流动性最强的资产，包括现金、银行存款及其他货币资金。加强对货币资金的内部控制和管理，保证货币资金的安全，对一个单位是至关重要的，从大的方面来讲，可以减少或杜绝腐败的发生；从小的方面来讲，有利于资金的合理使用，减少业务成本，避免浪费。

（一）管理流程

不同企业的资金管理流程可能略有不同。企业可以根据自身实际情况，结合规范性的财务管理标准和手册，进行有针对性的流程制定和实施。资金管理流程通常包含以下环节。

（1）预算编制。通过对企业业务情况、行业形势、市场变化等因素进行预估测算，制订财务预算计划。

（2）收付款管理。通过收款、付款、预付等业务，规范资金的流转，确保收款和付款的安全和准确性。

（3）筹资管理。提出筹资方案，论证筹资方案，执行筹资方案，评价筹资方案。

（4）投资管理。投资是筹资的延续，也是筹资的重要目的之一。投资管理作为企业的一种营利活动，对筹资成本补偿和企业利润创造具有举足轻重的意义。企业应该根据自身发展战略和规划，结合企业资金状况以及筹资可能性，拟定投资目标，制订投资计划，合理安排资金投放的数量、结构、方向与时机，慎选投资项目，突出主业，谨慎从事股票或衍生金融工具等高风险投资。

（5）成本控制。通过收集、统计和分析企业各项成本支出，对成本进行合理配置，确保企业可控、可持续发展。

（6）资金运营管理。资金运营是指资金在企业中流动，以实现企业完成生产运营活动的过程。会计部门以实际业务进行资金收付；业务部门不同责任人应在权限范围内，进行业务审核、资金审批，严格监督资金支付；会计部门应该对审批签字业务内容进行复核；风险管理部门应该加强对企业内部和外部风险的评估、规避和控制，确保企业在发展过程中不会遭受经济损失。

（7）监督与考核。对各资金管理环节进行监督和考核，对流程不合规的问题进行及时纠正和处理。

（二）控制目标

大多数贪污、诈骗、挪用公款等违法乱纪行为都与资金有关，因此，每一个企业都必须加强对资金的管理和控制，建立健全资金内部控制，确保经营管理活动合法而有效。资金管理的控制目标主要包括以下几个。

（1）确保企业资金安全。企业资金的流动具有很高的风险性，为了避免资金被盗、丢失和损坏，企业应该对资金采取完善的安全保障措施。

（2）避免资金闲置和浪费。高昂的资金成本要求企业对资金进行有效利用，避免资金长时间闲置。

（3）提高资金使用效益。企业应该通过优化资金配置，做好投资规划，挖掘潜在的资金价值，使其最大限度地发挥作用，提高资金使用效益。

（4）提高资金运作效率。企业应该通过优化企业的收付款管理流程，提高资金使用效率和运作效率，降低企业成本。

（5）防范财务风险。企业应该通过制订风险管理策略与控制措施，对企业资金活动进行风险评估、规避和控制，尽量减少和避免经济损失。

（6）符合法规、规章和市场要求。企业资金管理应符合法规和规章制度的要求，保持与市场要求的同步并持续推进规范的财务管理体系建设。

二、主要风险及管控措施

在资金管理业务流程中，筹资、投资、资金运营三个环节是最为核心且易产生管控风险的环节。下面将从筹资、投资、资金运营三个环节阐述资金管理的主要风险及管控措施。

微课堂

资金管理控制的
关键控制点

（一）筹资环节主要风险及管控措施

企业筹资业务可能面临的重要风险类型较多，企业在相应的内部控制活动中应注意识别关键风险，设计相关的内部控制制度，有效地进行风险控制。

1. 主要风险

（1）缺乏完整的筹资战略规划导致的风险。筹资战略是一个用于筹集资金、管理资本和投资的综合规划。缺乏完整的筹资战略规划可能导致企业出现资金短缺，甚至会让投资者无法理解企业的投资方向和目标，企业无法获取运作效果，将错失真正关键、适合和高质量的投资机会。

（2）缺乏对企业资金现状的全面认识导致的风险。如果资金预算和资金管控工作不到位，企业就无法全面了解资金现状，无法正确评估资金的实际需要以及期限等，很容易导致筹资过度或者筹资不足。特别是大型企业集团，如果没有对全集团的资金现状进行深入、完整的了解，很有可能出现一部分企业资金结余，而其他企业仍然对外筹资现象，使集团的资金利用效率低下，增加了不必要的财务成本。

（3）缺乏完善的授权审批制度导致的风险。授权审批制度的程序涉及企业整体部门，如果某一部门忽略授权审批制度，则有可能忽视筹资方案中的潜在风险，使筹资方案草率决策、仓促上马，给企业带来严重的潜在风险。

（4）因无法保证支付筹资成本导致的风险。任何筹资活动均需要支付相应成本，债权类筹资活动的筹资成本表现为固定的利息费用，股权类筹资活动的成本是投资者的股利。如果利息、股利支付不足，或者对股权投资者的回报不足，将会导致下轮债权筹资参与人数骤减、股东抛售股票等情况，给企业的经营带来重大不利影响。

2. 管控措施

（1）全面了解企业的资金现状。企业在筹资之前，应首先对企业的资金现状有一个全面、正确的了解，并在此基础上结合企业战略和宏观、微观形势等提出筹资方案。

（2）以资金战略规划为指导，统筹协调投资方案。企业在筹资活动中，应以企业在资金方面的战略规划为指导，具体包括资本结构、资金来源、筹资成本等。企业在具体的筹资活动中，应贯彻既定的资金战略，以目标资本结构为指导，协调企业的资金来源、期限结构、利率结构等。

（3）保证审批授权流程的严格、完整性。保证筹资方案必须经过完整的授权审批流程方可正式实施，这一流程既是企业上下沟通的一个过程，同时也是各个部门、各个管理层次对筹资方案进行审核的重要风险控制程序。在审批流程中，每一个审批环节的相应人员都应对筹资方案的风险控制等问题进行评估，并认真履行审批职责。

（4）足额支付资金提供者的利息、股利。债权类筹资活动的筹资成本表现为固定的利息费用，是企业的刚性成本，企业必须按期足额支付，用以作为资金提供者的报酬。对于股权类筹资活动来说，虽然没有固定的利息费用而且没有还本的压力，但是保证股权投资者的报酬一样不可忽视，企业应认真制订股利支付方案，包括股利金额、支付时间、支付方式等。

（二）投资环节主要风险及管控措施

1. 主要风险

（1）投资活动与企业发展战略不符导致的风险。在企业没有明确发展战略时，企业投资极易出现盲目投资，或者贪大贪快、乱铺摊子，以及投资无所不及、无所不能的现象，极大地增加了企业运营风险。

（2）投资与筹资在资金数量、期限、成本与收益上不匹配导致的风险。不同的筹资方式，可筹集资金的数量、偿还期限、筹资成本不一样。若企业超过企业资金实力和筹资能力进行投资，或投资的现金流量在数量和时间方面未与筹资现金流量保持一致，则可能导致财务危机。

（3）投资活动忽略资产结构与资产流动性导致的风险。企业的投资活动会形成特定资产，并由此影响企业的资产结构与资产流动性。若企业忽略资产结构与资产流动性，则可能导致企业资产不均衡并引发财务危机。

（4）缺乏严密的授权审批制度和不相容职务分离制度导致的风险。授权审批制度和不相容职务分离制度是防范投资风险的重要手段。没有严格的授权审批制度和不相容职务分离制度，企业投资就会呈现随意、无序、无效的状况，导致投资失误和企业生产经营失败。

（5）缺乏严密的投资资产保管与会计记录导致的风险。投资是直接使用资金的行为，也是形成企业资产的过程，容易发生各种舞弊行为。若无严密投资资产保管与会计记录行为，则可能导致投资失败。

2．管控措施

（1）以企业发展战略为导向，制订投资计划。企业发展战略是企业投资活动、生产经营活动的指南和方向。企业进行投资活动应该以企业发展战略为导向，正确选择投资项目，合理确定投资规模，恰当权衡收益与风险。要突出主业，妥善选择并购目标，控制并购风险。

（2）结合企业资金实力和筹资能力，切实制定投资目标。投资活动的资金需求，需要通过筹资活动予以满足。不同的筹资方式，可筹集资金的数量、偿还期限、筹资成本不一样，这就要求投资应量力而为，不可贪大求全；投资的现金流量在数量和时间上要与筹资现金流量保持一致，以避免财务危机发生；投资收益要与筹资成本相匹配，以保证筹资成本的足额补偿和投资的警惕性。

（3）恰当处理资产流动性和盈利性的关系，保持合理的资产结构。企业的投资活动会形成特定资产，并由此影响企业的资产结构与资产流动性。对企业而言，资产流动性和盈利性是一对矛盾，这就要求企业在投资中要恰当处理资产流动性和盈利性的关系，通过投资保持合理的资产结构，在保证企业资产适度流动性的前提下追求最大盈利性，这也就是投资风险与收益均衡问题。

（4）制定严格的授权审批制度。授权审批制度是保证投资活动合法性和有效性的重要手段；不相容职务分离制度则通过相互监督与牵制，保证投资活动在严格控制下进行，这是堵塞漏洞、防止舞弊的重要手段。同时，为与投资责任制度相适应，企业还应建立严密的责任追究制度，使责、权、利得到统一。

（5）制定严格的投资资产保管制度和会计控制制度。在严密的授权审批制度和不相容职务分离制度以外，是否有严密的投资资产保管制度和会计控制制度，也是控制投资风险、影响投资成败的重要因素。企业应建立严密的投资资产保管制度，明确保管责任，建立健全账簿体系，严格账簿记录，通过账簿记录对投资资产进行详细、动态的反映和控制。

（三）资金运营环节主要风险及管控措施

1．主要风险

（1）审批权限不明晰，未经授权或越权授权造成资金流出不合规，甚至造成资金损失。

（2）对会计部门疏于内控管理，忽略复核的操作环节，岗位签章不齐全，造成错弊或舞弊。

（3）出纳岗位对资金管理内部控制不够重视，仅对款项进行收付讫操作，未能及时登记日记账，造成账实不符或错弊。

（4）对下属单位或部门开设银行账户疏于管理，致使出现小金库现象，造成公有资产损失。

（5）对银行账户存取款管理不力，造成库存现金过大，可能产生资金被挪用的风险。

（6）票据和印章未实施分离管理，可能出现单个岗位人员私自提现的可能，存在货币资金损失的风险。

（7）出纳人员兼任岗位（审核记账、登记账簿等），致使重要岗位没有实现分离，存在严重舞弊的风险。

2．管控措施

（1）审批控制点。把收付审批活动作为关键控制点，是为了控制资金的流入和流出，审批权限的合理划分是资金运营活动顺利开展的前提条件。审批关键控制点包括：制定资金的限制接近措施，经办人员进行业务活动时应该得到授权，未经授权的人员不得办理资金收付业务；使用资金的部门应提出用款申请，记载用途、金额、时间等事项；经办人员在原始凭证上签章；经办部门负责人、主管总经理和财务部门负责人审批并签章。

（2）复核控制点。复核控制点是减少错误和舞弊的重要措施。复核根据企业内部层级的隶属关系可以划分为纵向复核和横向复核这两种类型。前者是指上级主管对下级活动的复核；后者是指平级或无上下级关系人员的相互核对，如财务系统内部的核对。复核关键控制点包括：资金运营活动会计主管审查原始凭证反映的收付业务是否真实合法，经审核通过并签字盖章后才能填制原始凭证；凭证上的主管、审核、出纳和制单等印章是否齐全。

（3）收付控制点。资金的收付导致资金的流入和流出，反映着资金的来龙去脉。收付关键控制点包括：出纳人员按照审核后的原始凭证收付款，并对已完成收付的凭证加盖戳记，登记日记账；主管会计人员及时准确地将资金的收付记录在相关账簿中，定期与出纳人员的日记账核对。

（4）记账控制点。资金的凭证和账簿是反映企业资金流入和流出的信息源，如果记账环节出现管理漏洞，则很容易导致整个会计信息处理结果失真。记账关键控制点包括：出纳人员根据资金收付凭证登记日记账，会计人员根据相关凭证登记有关明细分类账，总账会计登记总分类账。

（5）对账控制点。对账是账簿记录系统的最后一个环节，也是报表生成的前一个环节，对保证会计信息的真实性具有重要作用。对账关键控制点包括：账证核对、账账核对、账表核对、账实核对等。

（6）银行账户管理控制点。企业应当严格按照《支付结算办法》等国家有关规定，加强银行账户管理，严格按规定开立账户，办理存款、取款和结算。银行账户管理关键控制点包括：银行账户的开立、使用和撤销是否有授权，下属企业或单位是否有账外账。

（7）票据与印章管理控制点。印章是明确责任、表明业务执行及完成情况的标记。企业对印章的保管要贯彻不相容职务分离的原则，严禁将办理资金收付业务的相关印章和票据集中由一人保管；印章要与空白票据分管，财务专用章要与企业法人章分管。

资金运营活动内部控制的核心是建立资金的职务分离制度、控制程序、稽核制度和与其有关的岗位责任制度。其最基本的要求就是负责资金收付业务的人员应与记账人员和负责审批的人员相分离。

总之，强化企业资金管理，控制资金风险，保障资金安全，发挥资金规模效益，有利于企业宏观掌握和控制资金筹措、运用及综合平衡，促进企业可持续健康发展。

三、岗位设置与职责分工

（一）筹资业务岗位设置与职责分工

筹资包括债务融资、股权融资、贷款等多种方式。企业一般设置以下岗位来负责筹资业务。

（1）董事长/总裁：作为企业的最高领导者，需要对企业的筹资计划和策略进行管理和决策。

（2）财务总监/财务经理：作为企业的财务负责人，需要负责制订筹资计划，协调各项投融资业务，并掌握企业筹资的具体进程。

（3）筹资业务经理：负责具体的筹资活动，包括编制借贷申请书、参与债券等融资工具的发行等。

（4）财务分析师：负责对借贷项目进行评估并提出意见，参与债券等融资工具的制定以及项目风险评估等。

（5）法律顾问/律师：负责协助企业起草融资协议、介绍相关法规等，并在企业与出资方之间的议案中提供法律意见。

企业需要根据自身的规模和特点，实际设置筹资业务岗位以及具体岗位的职责。重要的是在筹资过程中形成良好的协作机制，保持沟通交流，加强控制和监督，确保筹资活动在安全、高效和合规的框架内开展。

（二）投资业务岗位设置与职责分工

投资包括对标的的价值评估、投资项目的管理或投后的监控等方面。企业一般设置以下岗位来负责投资业务。

（1）董事长/总裁：作为企业的最高领导者，需要对投资计划和策略进行管理和决策。

（2）投资总监/财务经理：作为企业的投资负责人，需根据企业的财务计划和业务发展战略，负责制订投资计划和投资策略，协调各项投资业务。

（3）投资经理/项目经理：负责具体的投资活动，包括对标的的调查研究、对投资项目的分析和评估、投资决策的制订和执行等。

（4）风险管理专员/分析师：负责对投资项目进行风险评估并提出意见，参与投资决策等。

（5）行业分析师：从行业角度提供数据分析，挖掘行业发展趋势和潜力，并为投资决策提供数据支撑。

（6）法律顾问/律师：负责协助企业起草投资协议、介绍相关法规等，并在企业与受资方之间的议案中提供法律意见。

企业需要根据自身的特点和需求，安排相应的投资岗位和职责。重要的是加强沟通，保持交流，加强风险控制和监督，确保投资活动的合规性和稳健性。同时，企业还应不断完善和优化投资流程，提高投资决策和管理水平，为企业的发展提供有力的支撑。

（三）资金运营业务岗位设置与职责分工

资金运营包括资金调配、资金结构优化和资金监管等方面。企业一般设置以下岗位来负责资金运营业务。

（1）财务总监/财务经理：作为企业的财务主管，需要制定企业的资金运营策略，协调企业的资金运营业务，包括现金管理、汇率风险管理、利率风险管理等方面。

（2）资金管理专员/分析师：负责现金管理、汇率风险管理、利率风险管理等工作，保障企业流动资金安全，避免资金闲置和浪费，提高资金使用效益和资金运作效率。

（3）贷款和融资专员/分析师：负责贷款、融资和发债等业务，通过借贷融资等手段，优化企业的资金结构。

（4）财务会计：负责企业会计工作，保障资金账务的准确性和及时性。

（5）出纳：出纳人员复核收支记账凭证及所附原始凭证，按照凭证所列数额收支现金，并在凭证上加盖"收讫"或"付讫"戳记及私章。为了加强资金收支控制，企业必须建立严格的出纳责任制，对不相容职务进行分离，主要是：出纳人员必须根据经过审签的记账凭证收支现金，而不能直接根据原始凭证办理现金结算；出纳人员不能编制收支记账凭证，不能兼管收入、费用、债权、债务账簿的登记工作及稽核工作和会计档案保管工作；现金支票、印鉴不能全部由出纳人员保管；非出纳人员不能兼职现金管理工作；等等。加强现金收支控制，是保证现金实物安全完整的主要环节，对明确现金收支责任，防止贪污、挪用、私存现金，以及重付、漏收现金等具有重要作用。

（6）风险管理专员/分析师：负责对市场、信用、流动性等风险进行评估和控制，提高企业的风险防范能力。

企业需根据自身的规模和特点，实际设置资金运营业务岗位以及具体岗位的职责。务实、高效和合规的资金运营，有助于企业的长期稳定发展，减少经营风险，增强企业的核心竞争力。

四、资金管理控制制度设计应注意的问题

资金管理控制是企业内控管理的一个重要方面，设计良好的资金管理控制制度可以有效地规避潜在的风险和损失，并提高企业运转的效率和安全性。资金管理控制制度设计的关键在于制度和流程的规范、人员培训的加强、内部及外部监管的结合，以实现资金的科学管理和风险的有效控制。企业在进行资金管理控制制度设计时应特别注意以下问题。

第一，要结合企业风险特点。不同企业在资金运作中面临的风险特点各有不同，企业应结合自身的风险特点，有针对性地设计资金管理控制。

第二，在资金管理中，企业应设立相应的内部控制管理责任人，加强内部审计和风险监控，保证资金运作的合规性和有效性。

第三，要强调风险意识。企业进行资金管理控制制度设计不仅要强调制度和流程，还应加强员工的风险意识培养，增强员工的安全意识和责任感。

第四，要严格授权审批。在资金运作中，企业应建立严格的授权流程和审批机制，避免越权操作和不当使用资金。

第五，要拓展监管渠道。除了内部控制和审计监控，企业进行资金管理控制制度设计还应结合外部监管机构和规定，构建监管渠道，保持与监管部门的沟通和配合。

第六，要加强信息化建设。企业进行资金管理控制制度设计应注重信息化建设，建立完善的信息系统，提高资金管理的效率和精度。

第二节　人力资源管理控制制度设计

一、管理流程与控制目标

（一）人力资源的特征

人力资源是指企业组织生产经营活动而录（任）用的各种人员，包括高管人员（董事、监事、高级管理人员）和一般员工。

人力资源本质上是企业中各类人员的脑力和体力的总和。作为一种特殊的资源形式，它同样具有量和质的规定性，其具有能动性、时效性、增值性、社会性、可变性等特征。

（1）能动性。人力资源具有灵活性、创造性和适应性，可以随着企业的需要而调整和变化。

（2）时效性。人力资源具有一定的时效性，需要不断进行培养和更新，以适应企业的需求和社会的变化。

（3）增值性。人力资源能够通过培训和技能提升获得更高的价值，为企业带来更大的贡献和利益。

（4）社会性。人力资源不仅影响着企业的内部运行，还有着广泛的社会影响。

（5）可变性。人力资源具有一定的变动性，如员工流动等，需要企业进行有效的管理和控制。

这些特征为企业的人力资源管理带来了一系列的挑战，同时也提供了机遇。企业需要对人力资源进行充分的认识和规划，以实现人力资源的最大价值和企业的长期发展。

（二）人力资源管理流程

不同企业的人力资源管理流程可能有所不同，但一般包括以下几个方面。

（1）招聘和选用。确定岗位需求，编写招聘广告，筛选简历，面试，并按照岗位要求选择合适的人才。

（2）员工培训。在员工入职后对其进行培训，包括入职培训、岗位培训和职业素养等方面的培训。

（3）绩效管理。制定并执行评估和考核机制，对员工的绩效进行评估和管理。

（4）薪酬管理。根据员工的岗位和工作表现，制订合理的薪酬激励方案。

（5）员工关系管理。帮助员工解决工作和生活中的问题，维护员工的权益，提高员工的满意度和忠诚度。

（6）离职管理。当员工离职时，企业需要处理好离职申请、工资结算、工作交接等方面的工作。

（三）人力资源管理控制目标

人力资源管理是指运用现代化的科学方法，对员工进行合理的培训、组织和调配，使人力与物力经常保持最佳比例，同时充分发挥人的主观能动性，使人事相宜，实现组织目标的过程。人力资源管理控制制度的核心是建立一套科学的人力资源制度和机制，不断优化人力资源结构，实现人力资源的合理配置和布局。

通常，人力资源管理控制目标包括以下几个。

（1）保证企业的人力资源需求得到最大限度的满足。

（2）最大限度地开发和管理企业内外的人力资源。

（3）维护与激励企业内部的人力资源，使其潜能得到最大限度地发挥。

（4）通过员工招聘和选择，为企业选择符合要求的员工。

（5）确保企业遵守政府有关人力资源管理方面的政策。

二、主要风险及管控措施

（一）主要风险

人力资源管理涉及人才引进、开发、使用、退出等环节。企业在人力资源管理方面至少应当关注三个方面的重要风险。

（1）人力资源缺乏或过剩、结构不合理、开发机制不健全，可能导致企业发展战略目标难以实现。

（2）人力资源激励约束制度不合理、关键岗位人员管理不完善，可能导致人才流失、经营效率低下，或关键技术、商业秘密和国家机密泄露。

（3）人力资源退出机制不当，可能导致法律诉讼或企业声誉受损。这一风险通常表现为企业辞退员工、解除劳动关系等引发的劳动纠纷。

（二）管控措施

企业通过加强对人力资源的引进、开发、使用、退出等环节的管理和控制，实现人力资源的合理配置，充分发挥人力资源对实现企业发展战略目标的重要作用，全面提升企业核心竞争力。

1．人力资源引进的管控措施

企业要依据年度人力资源需求计划，引进符合相关能力框架、知识结构要求和具备良好综合素质的人才。引进与开发的对象是高管人员、专业技术人员和一般员工。

企业在招聘与甄选员工的过程中，必须根据企业人力资源规划的用人需要和工作分析得出的任职资格要求，运用科学的招聘方法和程序开展招聘工作，重点是选用程序的控制，通过营造企业内外部的竞争氛围，确保用人质量。对应聘者不要求全责备，要坚持人事匹配原则，做到人尽其才、用人之长、职得其人，使整个组织的人员结构合理，防止盲目追求高学历、高职称。

（1）高管人员的引进。高管人员对实现企业发展战略目标有重要意义，其引进应当处于首要位置。企业高管人员主要通过公开选拔、竞争上岗和组织选拔以及综合上述方式的推荐、测评、票决等方式引进。

公开选拔、竞争上岗这两种方式由于引入竞争机制，体现了"公开、平等、竞争、择优"的原则，有利于优秀人才脱颖而出，是目前最主要的两种引进方式。其中，公开选拔主要面向社会进行，竞争上岗适用于本单位或本系统内的人才选拔。

（2）专业技术人员的引进。专业技术人员特别是核心专业技术人员是企业发展的动力。专业技术人员引进主要采取外部招聘方式进行。

外部招聘的主要形式有发布广告、借助中介机构、上门招聘、熟人推荐以及网络招聘等方式。企业的发展离不开专业技术人员的创新和研发。专业技术人员的引进，既要满足企业当前实际生产经营需要，同时又要有一定的前瞻性，适量储备人才，以备急需。

（3）一般员工的引进。一般员工通常具有流动性强的特点，因此往往成为企业年度人力资源引进工作的重要内容。企业通常根据年度人力资源计划和生产经营的实际需要，以公开招聘方式引进一般员工。

2．人力资源开发的管控措施

人力资源开发的内容主要包括开发职业技能、开发职业品质和发掘员工潜能、促使其自我实现三个方面。现代企业人力资源开发的重点是开发员工的职业技能，即员工的专业知识技能。对员工进行培训是人力资源开发的重点，企业通过继续教育的方式对员工进行培养，并通过一定的考核办法，对培养结果进行考查。培训是提高员工素质的重要方式，企业通过培训让员工明确自己的岗位职责与任务，使员工能力与职位相匹配，从而最终实现企业的总体目标。培训的主要形式有岗前开发培训、在岗开发培训、离岗开发培训、员工业余自学等。

（1）对高管人员的开发，应注重概念技能和人际技能的挖掘与提升，使其建立全局性的思维，并具备对全局性、决定全局的重大事项进行谋划的能力。

（2）对专业技术人员的开发，要注重知识持续更新、紧密结合企业技术攻关及新技术、新工艺和新产品开发来开展各种专题培训等，帮助专业技术人员不断补充、拓宽、深化和更新知识。

（3）对一般员工的开发，应注重对岗位知识和技能、执行力、人际沟通能力的提升。不断拓展一般员工的知识和技能，加强岗位培训，提升一般员工的技能和水平，从而促进企业高效运行。

3．人力资源使用的管控措施

人力资源的使用是人力资源管理的重要组成部分。良好的人力资源使用机制，可以使企业员工队伍充满活力，保证员工连续的职业生涯，并有利于企业人力资源符合企业发展目标，实现企业和员工的双赢。同时，为了确保人力资源的有效利用，使员工队伍持续保持优化状态，企业应当建立和完善人力资源激励约束机制，从战略层面和管理层面理性地对待人力资源退出，促进企业人力资源系统良性循环。

（1）设置科学的业绩考核指标体系。对各级管理人员和全体员工进行严格考核与评价，以此作为确定员工薪酬、职级调整和解除劳动关系等的重要依据。以业绩为主、以绩效为原则导向，建立层级少、幅度宽的薪酬等级形式。

（2）薪酬制度和人才优待程序规范。合理的薪酬制度能保持和吸引优秀人才，制定科学合理的人力资源考核制度，能够引导员工实现企业目标，并留住核心人才。同时企业要有容纳人才共同创造价值的企业文化和环境，对于掌握或涉及产品技术、市场、管理等方面关键技术、知识产权、商业秘密或国家机密的员工，要按照国家有关法律法规并结合企业实际情况，加强管理，建立健全相关规章制度，防止因企业的核心技术、商业秘密和国家机密的泄露，给企业带来严重后果。

（3）善用人才使用策略。通过对人才压担子、给路子、搭梯子，促进人才的快速成长。落实岗位责任制，通过实施员工训练计划，改善工作分配，提高关键岗位上的人员能力；通过优化上下级的沟通，使企业员工更清楚地知道和理解自己的作用，将自己的工作与企业中其他群体的工作很好地加以协调；通过建立具有内在凝聚力和高效协作的工作团队，促成同事间的互相配合。同时还应注重内在激励。企业要建立基于人本理念的薪酬模式，积极探讨薪酬的多种实现形式，营造激励创新和人尽其才的文化氛围，增强对优秀人才的凝聚力和吸引力。

4. 人力资源退出的管控措施

建立企业人力资源退出机制是实现企业发展战略目标的必然要求。人力资源退出是指企业为在生产经营中持续实现人员与岗位的匹配、能力与绩效的匹配、绩效与薪酬的匹配，以定期的绩效考核结果为依据，对那些达不到要求的人员，依据程度的不同，采取降职、调岗、离职培训、解雇和退休等人力资源管理方式。

实施人力资源退出，可以保证企业人力资源团队的精干、高效和富有活力。企业通过自愿离职、再次创业、提前退休、离岗转岗等途径，可以使那些不适合企业战略或流程的员工直接或间接地退出，让更优秀的人员充实相应的岗位，真正做到"能上能下、能进能出"，实现人力资源的优化配置和战略目标。人力资源退出的方式主要有终止劳动关系、退休、离岗等。

人力资源的退出必须以科学的绩效考核机制为前提，同时还需要相关的环境支撑。企业应在遵循国家有关法律法规的基础上，建立健全良好的人力资源退出机制，采取渐进措施执行退出计划。在具体执行过程中，要充分体现人性化和柔性化，具体如下。

（1）要在观念上将人员退出机制纳入人力资源管理系统和企业文化，使人力资源退出从计划到操作成为可能，同时获得员工的理解与支持。

（2）要建立科学合理的人力资源退出标准，使人力资源退出机制程序化、公开化，有效消除人力资源退出可能造成的不良影响。

（3）人力资源退出一定要建立在遵守法律法规的基础上，严格按照法律规定进行操作。一方面，退出方法要根据相关法律的规定制定，要有书面材料记录员工相关行为，使员工退出具有充分证据；另一方面，在实施退出时，要注意与劳动部门做好沟通工作，并按《中华人民共和国劳动法》的规定，给予退出员工相应补偿金额。

三、岗位设置与职责分工

人力资源部门通过计划、组织、协调、激励等管理职能对企业部门之间的关系进行协调，实现企业的发展目标和个人职业规划，满足企业对人力资源方面的需求，协助各部门优化组织结构。

人力资源部门通常由人力资源部经理、招聘主管、培训与发展主管、绩效考核主管、薪酬主管、员工关系主管组成。人力资源部门主要职责如下。

（1）根据企业发展现状制订人力资源计划，满足企业人力资源需求；负责制订企业人力资本预算并监督实施，合理控制人力成本。

（2）制定、审核、修正人力资源制度。有效维护员工，在一定程度上实现激励目的。

（3）加强员工团队精神，营造积极向上的企业文化氛围。

（4）根据企业发展现状，结合市场需求，制订、优化企业的薪酬体系。

（5）负责企业人才的招聘、选拔与人力资源配置。

（6）负责新员工的入职培训以及员工的日常培训工作。

（7）对各部门培训工作进行监督、指导及评估。

（8）建立并完善绩效管理体系，在一定程度上正确引导员工个人职业发展。

（9）负责企业对外劳动、人事业务管理，负责内部劳资关系的协调与处理。

（10）完善人力资源信息档案，建立企业人才信息库。

四、人力资源管理控制制度设计应注意的问题

企业需要从制度、流程、文化、技术等多方面进行人力资源管理控制制度设计，强调标准化、规范化和科学化，通过内部控制、考核管理、保密意识等手段防范风险，达到保护企业员工安全和发展、推进企业可持续发展的目的。企业在进行控制制度设计时应特别注意以下问题。

第一，要健全招聘和培训管理制度。企业应该建立详细而完整的招聘和培训制度，规范招聘和培训的全过程，确保招聘和培训的程序合规、内容科学、质量高效。

第二，要充分发挥内部控制职能。企业应该明确人力资源内部控制的职责和权限，建立日常监督和检查体系，及时发现和纠正人力资源管理中的问题和缺陷，防范人力资源管理风险。

第三，要完善人事记录和档案管理。企业应该建立完善的人事记录和档案管理系统，将员工信息及时入库，记录员工工作、培训、考核等情况，方便管理和查询。

第四，要强化人员保密意识。企业对重要岗位人员和企业机密信息应进行保密，建立健全的保密制度，提高员工保密意识和能力，避免因人员泄密而导致的损失。

第五，要建立员工考核制度。企业应根据企业的实际情况和发展需要，建立健全的员工考核制度，督促员工落实工作责任，提高员工的工作绩效，有效地识别和解决员工的问题和风险。

第三节　资产管理控制制度设计

一、管理流程与控制目标

本节所说的资产主要包括企业的存货、固定资产和无形资产。资产作为企业重要的经济资源，是企业从事生产经营活动并实现发展战略的物质基础。

（一）管理流程

资产管理贯穿于企业生产经营全过程，也就是通常所说的"实物流"

资产管理控制的
关键控制点

管控。资产管理流程通常包括以下几个步骤。

（1）资产登记。将所有的企业资产进行清点，并依据不同的资产分类进行登记，并记录资产的基本信息，如品牌、型号、数量、条件等。

（2）资产分配。将资产分配给特定的使用者，并记录哪个员工使用了哪些资产和使用时间。

（3）安全管理。制定和落实相关资产安全控制措施，避免资产被盗窃、损坏和丢失等不利情况的发生。

（4）维护保养。定期对资产进行检查和维护，确保资产的正常运行和延长使用寿命。

（5）资产盘点。定期进行资产清点，并核对登记资产与实际资产的差异，确保资产管理的准确性和实时性。

（6）报废处理。当资产不再使用时，需要进行报废处理，包括销售、捐赠、报废等方式，严格按照企业的相关制度进行处理。

（7）绩效评估。根据资产的使用情况和维修成本等指标，对资产所创造的价值进行评估，并根据评估结果做出相应的管理决策。

（二）控制目标

资产管理的控制目标是确保企业资产安全、有效、高效地运营，最大限度地优化管理效果和传达企业理念。具体目标主要如下。

（1）资产安全性。确保资产安全，避免资产被盗窃、损坏、滥用或丢失。

（2）资产完整性。保障资产的完整性，确保资产的信息、数据和物理属性保持不变。

（3）资产可用性。保证资产能够被获得授权的人员在需要的时候使用，以满足业务需求。

（4）资产可靠性。保障资产的质量和可靠性，确保资产符合制定的标准、要求和规范。

（5）资产合规性。确保资产的管理符合相关的法律法规，包括数据保护、隐私保护、劳动保护等方面。

（6）资产可控性。监管资产的使用和维护过程，确保资产得到适当的管理和操作，保障资产的长期价值。

二、主要风险及管控措施

（一）存货管理主要风险及管控措施

存货主要包括原材料、在产品、产成品、半成品、商品及周转材料等。企业代销、代管、代修、受托加工的存货，虽不归企业所有，也应纳入企业存货管理范畴。

生产企业存货管理的流程一般可分为取得、验收、仓储保管、生产作业、盘点处置等阶段，历经取得存货（原材料、零部件）、验收入库、仓储保管、原料领用与加工、存货（产品、在制品）验收入库、存货（产品、在制品）装配包装、存货销售发出等主要环节，如图8-1所示。

商品流通企业的存货，通常经过取得、验收入库、仓储保管和销售发出等主要环节；零售商从生产企业或批发商那里取得商品，经验收、配货后入库保管，或者直接放置在零售商的营业场所对外销售。商品流通企业存货管理的一般流程如图8-2所示。

总之，不管是商品生产企业，还是商品流通企业，存货管理主要包括取得（采购或生产）、验收入库、仓储保管、盘点清查、领用发出等环节。

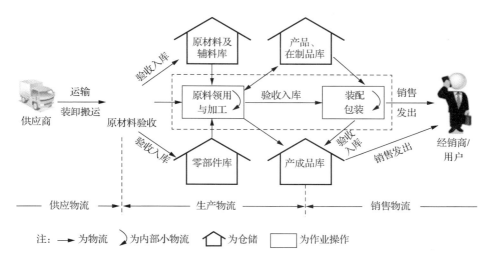

图8-1　生产企业存货管理的一般流程

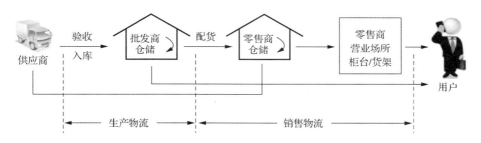

图8-2　商品流通企业存货管理的一般流程

1. 主要风险

（1）若存货取得违反国家法律法规，企业可能遭受外部处罚、经济损失和信誉损失。

（2）存货采购未经适当审批或超越授权审批，可能因重大差错、舞弊、欺诈而导致企业资产损失。

（3）存货请购依据不充分，采购批量、采购时点不合理，相关审批程序不规范、不正确，可能导致企业资产损失、资源浪费或发生舞弊。

（4）存货验收不规范，可能导致资产账实不符。

（5）存货保管不善，可能导致存货损坏、变质、浪费、被盗和流失等。

（6）存货盘点工作不规范，可能导致企业由于未能及时查清资产状况并做出处理而使财务信息不准确，资产和利润虚增。

2. 管控措施

（1）存货取得环节主要管控措施。企业应当根据各种存货采购间隔期和当前库存，综合考虑企业生产经营计划、市场供求等因素，充分利用信息系统，合理确定存货采购日期和数量，确保存货处于最佳库存状态。

（2）验收入库环节主要管控措施。企业应当重视存货验收工作，规范存货验收程序和方法。仓储部门对入库的存货进行详细检查，确保入库记录真实、完整，定期与财会等相关部门核对，不得擅自修改。

（3）仓储保管环节主要管控措施。企业需按照仓储物资所要求的储存条件妥善储存存货，并且做好不同仓库之间存货流动的出入库手续，以及非本企业存货的单独存放和记录工作。企业还需对库存物料和产品进行每日巡查和定期抽检，详细记录库存情况。

（4）盘点清查环节主要管控措施。企业应当建立存货盘点清查工作规程，结合本企业实际情况确定盘点周期、盘点流程、盘点方法等相关内容，将定期盘点和不定期抽查相结合。盘点清查时，应拟订详细的盘点计划，并针对盘点清查结果及时编制盘点表，形成书面报告。

（5）领用发出环节主要管控措施。企业应当根据自身的业务特点，确定适用的存货发出管理模式，制定严格的存货准出制度，明确存货发出和领用的审批权限，健全存货出库手续，加强存货领用记录。

（二）固定资产管理主要风险及管控措施

固定资产是指企业为生产产品、提供劳务、出租或者经营管理而持有的，使用时间超过12个月的，价值达到一定标准的非货币性资产，包括房屋、建筑物、机器、机械、运输工具以及其他与生产经营活动有关的设备、器具、工具等。进行合理的资产分类是对资产进行有效控制的基本前提。企业应当根据固定资产的特点，分析、归纳、设计合理的业务流程，查找管理的薄弱环节，健全风险管控措施，保证固定资产安全、完整、高效运行。固定资产管理的一般流程通常可以分为资产取得、登记、日常维护、更新改造、清查盘点和处置等环节，如图8-3所示。

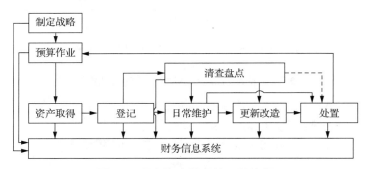

图8-3　固定资产管理的一般流程

1. 主要风险

（1）固定资产的取得。主要风险：新增固定资产验收程序不规范，可能导致资产质量不符合要求，进而影响资产运行效果；固定资产投保制度不健全，可能导致应投保资产未投保，索赔不力，不能有效防范资产损失风险。

（2）固定资产登记。主要风险：固定资产登记内容不完整，可能导致资产流失、资产信息失真、账实不符。

（3）固定资产日常维护。主要风险：固定资产操作不当、失修或维护过剩，可能造成资产使用效率低下，产品残次率高，甚至发生生产事故或资源浪费。

（4）固定资产更新改造。主要风险：固定资产更新改造不够，可能造成企业产品线老化，缺乏市场竞争力。

（5）固定资产清查盘点。主要风险：固定资产丢失、毁损等造成账实不符或资产重报、误报或估值错误。

（6）固定资产的处置。主要风险：固定资产处置程序不规范，处置价值低估，在处置过程中未能履行法定义务（例如未按照适用法规办理备案、处置行为未经审批等），可能造成企业经济损失或合规风险。

2．管控措施

（1）企业应当建立固定资产业务的岗位责任制，明确相关部门和岗位的职责、权限，确保办理固定资产业务的不相容岗位相互分离、制约和监督。同一部门或个人不得负责固定资产业务的全过程。

（2）企业应当配备合格的人员办理固定资产业务，办理固定资产业务的人员应当具备良好的业务素质和职业道德。

（3）企业应当对固定资产业务建立严格的授权批准制度，明确授权批准的方式、权限、程序、责任和相关控制措施，规定经办人的职责范围和工作要求。严禁未经授权的机构或人员办理固定资产业务。审批人应当根据固定资产业务授权批准制度的规定，在授权范围内进行审批，不得超越审批权限。

（4）经办人在职责范围内，按照审批人的批准意见办理固定资产业务。对于审批人超越授权范围审批的固定资产业务，经办人有权拒绝办理，并及时向上级部门报告。

（5）企业应当制定固定资产业务流程，明确固定资产投资预算编制、取得与验收、使用与维护、处置等环节的控制要求，并设置相应的记录或凭证，如实记载各环节业务开展情况，及时传递相关信息，确保固定资产业务全过程得到有效控制。

（三）无形资产管理主要风险及管控措施

企业内部控制的核心是企业的资产管理和保护，而无形资产是企业最重要的资产之一，也是企业最大的资产。但由于无形资产价值的不确定性和风险的高度集中性，对企业来说，无形资产的管理和保护比有形资产更为困难。无形资产是企业拥有或控制的没有实物形态的可辨认非货币性资产，通常包括专利权、非专利技术、商标权、著作权、特许权、土地使用权等。

无形资产管理的一般流程包括取得无形资产、组织验收并落实权属关系、使用与保全、定期评估、技术升级与更新换代、处置与转移等环节，具体如图8-4所示。

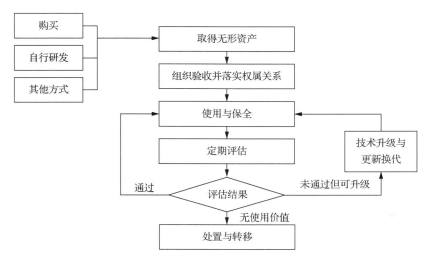

图8-4　无形资产管理的一般流程

1. 主要风险

企业应当在对无形资产取得、验收、使用、保全、评估、技术升级、处置等环节进行全面梳理的基础上，明确无形资产业务流程中的主要风险，并采用适当的控制措施实施无形资产内部控制。

（1）无形资产取得。主要风险：取得的无形资产不符合企业的实际需求或业务目标，使企业无法获得预期的经济效益；权属不清，如未获得完整的知识产权或未与原始知识产权持有人达成合法的转让协议等，能导致企业引发法律诉讼。

（2）无形资产验收。主要风险：验收标准不明确或者不符合实际情况，可能会导致无形资产的实际价值被高估或低估；信息不对称，卖方可能会隐藏一些关于无形资产的重要信息，如技术缺陷、市场前景不佳等，从而给买方带来风险；验收流程不规范，可能会导致验收结果的不公正和不透明，给企业带来风险。

（3）无形资产使用与保全。主要风险：无形资产使用效率低下，效能发挥不到位，缺乏严格保密制度，致使无形资产中的商业机密泄露；由于商标等无形资产疏于管理，导致其他企业侵权，严重损害企业利益。

（4）无形资产定期评估。主要风险：无形资产评估过程中可能存在评估方法选择不当、数据不准确或主观偏差等问题，导致资产价值评估结果不准确。

（5）无形资产技术升级与更新换代。主要风险：无形资产内含的技术未能及时升级换代，导致技术落后或存在重大技术安全隐患。

（6）无形资产处置与转移。主要风险：缺乏明确的处置程序和流程，导致处置决策不合规或程序不规范；评估价值不准确，导致企业资产的流失或收益的不合理估计；未遵守相关的法律法规（如知识产权法）而引发法律纠纷或合规问题；无形资产中可能包含商业秘密，不当的处置或转移可能会导致这些秘密泄露，从而损害企业的竞争优势，等等。

2. 管控措施

（1）针对取得与验收环节的主要风险：企业应进行充分的尽职调查，确保取得资产的合法性和权属清晰，确保无形资产与企业战略和业务需求相契合。

（2）针对使用与保全环节的主要风险：企业应确保在使用无形资产前获得合法的授权或许可，并建立相应的授权管理程序和安全控制措施，保障资产的保密性。

（3）针对定期评估环节的主要风险：企业应委托专业评估机构进行评估，并确保评估过程透明、客观和符合相关准则。

（4）针对技术升级与更新换代环节的主要风险：企业应定期进行技术研发和市场调研，把握技术发展趋势，并制订适宜的技术升级计划。

（5）针对处置环节的主要风险：企业应建立合规的处置政策和程序，并确保充分的审批和记录，遵循相关法律法规的要求。

三、岗位设置与职责分工

资产管理部门根据企业发展战略和经营目标，建立健全企业产权管理和资产管理体系，为企业产权完整、资产保值增值提供监督和支持服务。资产管理部门的岗位设置与职责分工可以根据不同企业的规模、行业和特点进行调整，一般包括以下岗位和职责。

（1）资产管理部经理：负责资产管理部门的整体规划和管理，制定资产管理政策和目标，制订和执行资产管理的预算和计划，协调各职能部门之间的工作，对外沟通和协调。

（2）固定资产管理员：负责固定资产的日常管理和维护，对固定资产进行分类、编号、登记，跟踪资产变化情况和资产处置情况，定期进行资产盘点和折旧损耗计算。

（3）资产报废处理员：负责资产报废的操作和处理，根据资产管理政策和规定，审批报废申请，制订报废方案并实施，负责资产处置的筹备和实施。

（4）资产运行与维护管理专员：协调资产维修，确保及时处理资产故障；定期对资产设施实施巡检，排查安全隐患并制订改进计划等。

（5）资产数据管理员：负责资产数据的收集、整理、更新和维护，建立资产管理数据库和信息系统，协助其他部门开展相关分析和决策。

四、资产管理控制制度设计应注意的问题

企业在进行资产管理控制制度设计时需要考虑制度、流程、保密、技术、文化和人员等多方面的问题，推动规范化和科学化管理，保障资产管理的安全和效益。企业在进行控制制度设计时应特别注意以下问题。

第一，要加强资产保管与使用管理。资产的保管和使用是资产管理的核心内容，企业应设置专人或专门机构来管理和监控资产的保管和使用，采取防盗、防损等保护措施，确保资产的安全和合理利用。

第二，要建立资产盘点和清查制度。资产盘点和清查是资产管理过程中的重要环节，企业应定期组织资产盘点和清查，记录资产信息，发现和纠正资产清查中的问题和不足。

第三，要建立资产处置制度。对于闲置和报废的资产，企业应建立完善的资产处置制度和程序，科学合理地变卖和处置资产，避免资产闲置和浪费。

第四，要严格授权审批流程。在资产采购、调配和处置等过程中，企业应设立严格的授权和审批流程，避免越权操作和不当使用资产，提高资产管理效率和精度。

第五，要加强内部控制与外部监管。企业应加强对资产管理的内部控制，规范管理流程并建立监督和检查机制，同时定期接受外部审计，确保资产管理的合规性和效益性。

第六，要强化资产管理意识。企业应加强员工对资产管理重要性的认识和意识，强化员工的责任感和保密意识，通过培训和考核等方式增强员工的资产管理技能和意识。

第四节　合同管理控制制度设计

一、管理流程与控制目标

（一）管理流程

合同管理包括的业务流程和活动主要如下。

（1）委托授权。确定合同管理员，并授权其执行合同管理任务。

（2）合同洽谈。有关人员与合同签约方交流并协商项目和组件合同的条款和条件。

（3）合同审核。对合同的条款和条件进行审核并确保它们符合企业政策和法规。

（4）合同签订。根据合同双方协商的条款和条件撰写正式的合同文本。

（5）合同履行。跟踪和管理合同的执行情况，并确保履行合同条款。

（6）合同变更。当需要时，更新合同的条款和条件，并确保它们符合企业政策和法规。

（7）合同存档。对所有合同进行存档归档，以便日后管理查阅和审计。存档需要按照企业的合规要求进行，以确保合同保密性和安全性。

（二）控制目标

合同管理的控制目标主要包括以下几个。

（1）合法性。要确保合同符合法律法规、民法典及其他相关法规的要求，并且不存在违法行为和违规操作。

（2）有效性。要确保合同的订立和执行是合理、合法、公正、公平、可行的，符合企业利益并能够实现预期目标或效果。

（3）安全性。要确保合同管理过程的安全性，包括保护合同及相关信息的机密性、完整性和可用性，防止信息被泄露、篡改或误用。

（4）控制性。要确保合同管理过程可控，包括明确合同的责任与义务，建立和实施合同风险控制措施、监控合同执行情况，及时发现并处理风险和问题。

二、主要风险及管控措施

（一）委托授权阶段的主要风险及管控措施

1. 主要风险

（1）没有明确定义合同管理员的职责和授权，导致决策上的混乱和重复工作。

微课堂

合同管理控制的
关键控制点

（2）授权流程不透明，可能会导致权力被授予不当的人员或发生意外的变更。

（3）没有对被委托人进行充分的背景调查和审核，可能会导致被委托人遗漏重要信息或不适量地管理委托。

（4）授权委托过程中决策制定不当，可能会导致合同管理程序失去控制，从而影响企业运营和商誉。

2. 管控措施

（1）建立分级授权管理制度。企业应当根据经济业务性质、组织机构设置和管理层级安排，建立合同分级管理制度。属于上级管理权限的合同，下级单位不得签署。对于重大投资类、融资类、担保类、知识产权类、不动产类合同，上级部门应加强管理。下级单位认为确有需要签署涉及上级管理权限的合同，应当提出申请，并经上级合同管理机构批准后办理。上级单位应当加强对下级单位合同订立、履行情况的监督检查。

（2）实行统一归口管理。企业可以根据实际情况指定法律部门等作为合同归口管理部门，对合同实施统一规范管理，具体负责制定合同管理制度，审核合同条款的权利义务对等性，管理合同标准文本，管理合同专用章，定期检查和评价合同管理中的薄弱环节，采取相应控制措施，促进合同的有效履行等。

（3）明确职责分工。企业各业务部门作为合同的承办部门负责在职责范围内承办相关合同，并履行合同调查、谈判、订立、履行和终结责任。企业财会部门侧重于履行对合同的财务监督职责。

（4）健全考核与责任追究制度。企业应当健全合同管理考核与责任追究制度，开展合同后评估，对合同订立、履行过程中出现的违法违规行为，应当追究有关机构或人员的责任。在合同履行中或履行后，如发现合同内容或签署程序不合法，应追究当事人的责任。合同内容或签署程序是否合法，根据合同履行情况评估报告确定。其中审批人对合同负全面责任，签署人负相应责任。有关部门对其负责的相关条款的合法性、合理性承担相应责任，如已提出异议而未能获得签署人的认同，异议部门就其异议条款内容不承担责任。未按程序和权限签订合同的，追究越权人相应责任。管理部门的当事人未能按程序进行管理的，应承担相应责任。业务部门的当事人应对其上报的情况与事实不符、执行合同中越权承担相应责任。

（5）建立合同管理的岗位责任制。企业应当建立合同管理的岗位责任制，明确相关部门和岗位的职责、权限，确保合同管理的不相容岗位相互分离、制约和监督。合同管理的不相容岗位包括：合同的拟订与审批、合同的审批与执行。

（二）合同洽谈阶段的主要风险及管控措施

1. 主要风险

（1）对合同签约对象调查了解不足，导致合同无法履行或导致企业利益受损。

（2）忽略合同重大问题或在重大问题上做出不恰当让步。

（3）谈判经验不足，缺乏技术、法律和财务知识的支撑，导致企业利益受损。

（4）泄露本企业谈判策略或其他敏感信息，导致企业在谈判中处于不利地位，或造成严重的商业损失和声誉损害。

2. 管控措施

（1）加强对签约对象的调查了解。合同谈判人员应当对拟签约对象的民事主体资格、注册资本、资金运营、技术和质量指标保证能力、市场信誉、产品质量等方面进行深入了解，以确定其是否具有对合同的履约能力和独立承担民事责任的能力，并查证对方签约人的合法身份和法律资格。对于影响重大、涉及较高专业技术或法律关系复杂的合同，应当组织法律、技术、财务等方面的专业人员参与谈判，必要时可聘请外部专家参与相关工作。

（2）对调查了解的结果进行内部研判，确定合同谈判事项、谈判目标、谈判策略，编制合同谈判方案，报经法律顾问审核，并由总经理审批。

（3）在合同谈判过程中，应重点关注合同核心内容、条款和关键细节。具体包括合同标的的数量、质量或技术标准，合同价格的确定方式与支付方式，履约期限和方式，违约责任和争议的解决方法、合同变更或解除条件等。

（4）签订保密协议，保证交流的信息不会泄露；采取加密和保密措施，确保信息只有在必要的人员和条件下才可被访问。

（三）合同审核阶段的主要风险及管控措施

1. 主要风险

（1）错误判断对方的资质、质量或信用状况。

（2）合同未经审核或未经恰当审核，未发现合同条款的漏洞。

（3）越权签署合同，导致企业合法权益的丧失、商业利益的损失或信誉受损。

2. 管控措施

合同文本起草完成后，承办部门根据合同关键条款涉及的部门，明确需进行合同审查的部门，并及时通知相关部门，组织进行合同会审。对影响重大或法律关系复杂的合同文本，应组织财会部门、内部审计部门、法律部门和其他业务相关部门进行审核。合同会审的重点是关注合同文本的合法性、合同文本的经济性、合同文本的可行性、合同文本的严密性。

（四）合同签订阶段的主要风险及管控措施

1. 主要风险

（1）合同内容和条款不完整，表述不严谨、不准确，或存在重大疏漏和欺诈，导致企业合法利益受损。

（2）相关人员有意拆分合同、规避合同管理规定等。

（3）合同签订手续不全，可能导致合同无效。

（4）对于合同文本须报经国家有关主管部门审查或备案的，未履行相应程序。

2. 管控措施

合同签订阶段的风险管控措施包括以下几个。

（1）建立内部合规性制度。制定合同签订流程，明确签订人员的职责、权限和审批程序，确保合同的合法性和合规性。

（2）确认合同签约方资质。在签订合同前，再次确认签约方的营业执照、资质证书等相关资料的真实性和有效性。

（3）明确合同条款。在签订合同前，明确合同的条款和法律法规要求，避免合同条款存在漏洞或不合法的情况。

（4）加强监督和管理。在合同签订过程中，需要进行监督和管理，确保签订过程的透明和规范，避免签订过程中出现违规行为。

（5）设立合同管理人员。合同专用章应由专人进行妥善保管，合同经编号、审批及企业法定代表人或由其授权的代理人签署后方可加盖合同专用章。用后保管人应当立即收回合同专用章，并认真记录合同专用章使用情况以备查。一旦发生合同专用章遗失或被盗现象，应当立即报告企业负责人并采取妥善措施，如向公安机关报案、登报声明作废等，以最大限度地消除可能带来的负面影响。

（6）对签订过程进行记录和保存。对合同签订过程进行详细记录和保存，避免后期产生纠纷时无法查证合同的签订过程。

（五）合同履行阶段的主要风险及管控措施

1. 主要风险

（1）本企业或合同对方当事人没有恰当地履行合同中约定的义务。

（2）合同生效后，对合同条款未明确约定的事项没有及时协议。

（3）在合同履行过程中没有持续关注对方的资信变化，致使企业蒙受损失。

（4）对合同签约方的履约能力给出不当评价，导致合同无法履行。

2. 管控措施

（1）企业应当遵循诚实信用原则严格履行合同，对合同履行实施有效监控。承办部门应强化对合同履行情况及履行效果的检查、分析、验收，按合同约定，执行本企业义务，敦促合同对方积极履行合同，确保合同全面有效履行。

（2）合同生效后，企业就质量、价款、履行地点等内容与合同对方没有约定或者约定不明确的，可以协议补充；不能达成补充协议的，按照国家相关法律法规、合同有关条款或者交易习惯确定。

（3）持续关注合同签约方的资信变化。当签约方出现资信问题时，企业应当积极采取应对措施，如要求签约方提供担保、采取减量保证金等方式来降低风险。

（4）在合同履行过程中如果发现有显失公平、条款有误或对方有欺诈行为等情形，或因政策调整、市场变化等客观因素，已经或可能导致企业利益受损的，应当按规定程序及时报告，并经双方协商一致，按照规定权限和程序办理合同变更或解除事宜。

（六）合同变更阶段的主要风险及管控措施

1. 主要风险

（1）未经合同签约方同意擅自变更合同内容或违反合同约定变更合同，导致合同无效或产生纠纷。

（2）变更后的合同内容与实际约定不一致或过于倾向某一方，导致合同产生争议。

（3）变更后的合同未获得必要的法律批准或未按照法律规定的程序进行变更，导致合同无效或需要承担法律风险。

2．管控措施

（1）建立变更合同的审核机制。在合同变更过程中，需要建立变更合同的审核机制，对变更合同进行审核和审批，确保变更后的合同内容符合法律法规和双方约定。

（2）确认变更的合法性。在签署变更合同前，应当确认变更的合法性和必要性，避免擅自变更或不必要的变更，防范合同无效或发生纠纷。

（3）明确变更内容。变更合同应当明确变更的内容和条款，确保变更后的合同符合双方的实际意愿和约定，避免产生误解和纠纷。

（4）依法办理变更合同。变更合同应当遵循法律法规和业务流程的规定，按照法定程序和程序约定进行办理，避免合同无效或承担法律风险。

（5）记录合同变更的过程和原因，便于对变更后合同的解释和答辩。同时，企业应当妥善保存变更前后的合同文本和相关资料，以备日后需要时使用或查证。

（七）合同存档阶段的主要风险及管控措施

1．主要风险

（1）合同丢失。合同作为企业的重要资产，其丢失会导致企业无法维护自身利益和权益，影响企业的正常运营。

（2）合同信息泄露。合同中包含企业的重要信息，如商业机密、客户信息等，如果泄露，会对企业造成不可估量的损失。

（3）合同纸质档案受损。合同纸质档案容易受到自然灾害、人为破坏等因素的影响，这会导致企业在处理权益纠纷时无法提供有效的证据。

（4）合同被盗。企业合同如被竞争对手窃取，会导致企业利益受到侵害。

2．管控措施

（1）建立合同管理系统。将合同信息电子化存储，并且进行备份，避免因系统、硬件、软件等故障或丢失导致合同信息丢失。

（2）合同信息加密。在合同存储过程中注重数据安全，对敏感合同信息进行加密。

（3）授权访问。设立访问权限，确保只有经授权的人员才能访问合同信息，保证信息的安全和保密性。

（4）实行存储制度。对纸质合同进行分类存储、封存、标注存放时间等，避免合同档案受损或被盗。

（5）定期备份。对电子合同信息进行定期备份，使数据存储更具有可靠性。

三、岗位设置与职责分工

（一）法务部门岗位设置与职责分工

法务部门制定和完善企业合同管理的相关制度和流程，建立和完善合同履行监控机制，以有效防范法律风险。法务部门通常由法务部经理、法务部专员组成。法务部门主要职责如下。

（1）审核各类法律文书及合同，参与起草、审核企业重要的规章制度，对企业规章制度的合法性负责。

（2）制定标准的合同文本，审核企业各类技术、经济服务合同，参与重大合同的起草、谈判工作，监督、检查合同的履行情况。

（3）制定和监督履行合同管理制度。

（4）监督合同履行情况。

（5）接受企业各个部门的法律咨询。

（6）处理合同纠纷。

（7）合同资料的归档。

（二）具体业务部门岗位设置与职责分工

企业各业务部门协助履行合同，根据需要参与合同履行的检查和考核工作，促进合同有效履行。在合同管理风险控制方面，各具体业务部门的主要职责如下。

（1）介绍合同背景和合同目的。

（2）对合同对方主体资格和资信情况进行初步审查。

（3）合同商务条款的确认。

（4）合同中重要条款的交底。

（5）合同履行中的证据收集。

（6）合同资料的归档。

四、合同管理控制制度设计应注意的问题

企业需要从制度、流程、管理文化等多个方面进行合同管理控制制度设计，强调标准化、规范化和科学化，通过内部控制和有效的风险应对机制等手段保障企业合同管理的正常运行，防范和化解合同风险。企业在进行控制制度设计时应特别注意以下问题。

第一，要加强合同审查和签订管理。企业应根据各种合同的不同属性和特点，制定不同的合同审查和签订管理标准，严格执行合同流转和签字授权制度，确保签订的合同符合法律法规，减少合同纠纷风险。

第二，要健全合同履约和管理记录。企业应建立完善的合同履约和管理记录系统，及时记录合同履约过程中的重要信息和资料，便于合同执行和监督，确保合同的顺利执行。

第三，要建立风险应对和管理机制。企业应考虑合同管理的潜在风险，建立预测和应对机制，制定应急措施，消除和减少合同履约中的损失和风险。

第四，要建立合同监督和评估机制。企业应建立监督和评估机制，定期检查和评估合同管理的效果和实际运行情况，逐步提高合同管理的质量和水平，促进企业合同管理的规范化和标准化。

第五节　内部信息传递控制制度设计

一、管理流程与控制目标

（一）管理流程

内部信息传递，是指企业内部各管理层级之间通过内部报告形式传递生产经营管理信息的过程。内部信息传递控制的内容涵盖内部报告指标体系制定、内外部信息收集、内部报告编制与流转、内部报告使用、内部报告保管、内部报告评估、反舞弊等相关控制。

内部信息传递的管理流程（见图8-5）大致包括两个阶段：内部报告形成阶段和内部报告使用阶段。

微课堂

内部信息传递控制
的关键控制点

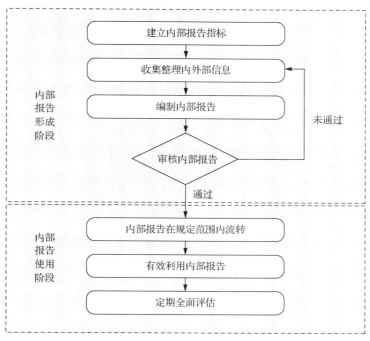

图8-5　内部信息传递的管理流程

（二）控制目标

（1）内部报告指标体系制定科学，能够满足经营决策、业绩考核及风险评估等的需要。

（2）及时、准确、全面地获取内外部信息。

（3）内部报告内容完整，编制及时，流转渠道畅通，防止信息失真。

（4）内部报告能够为企业提供科学决策依据。

（5）防止重要数据的丢失，避免数据丢失导致的损失。

（6）及时发现内部报告流程的薄弱环节并改进。

（7）建立反舞弊机制，防范舞弊行为发生。

二、主要风险及管控措施

（一）主要风险

（1）内部报告系统缺失、功能不健全、内容不完整，可能影响生产经营有序运行。

（2）内部信息传递不通畅、不及时，可能导致决策失误、相关政策措施难以落实。

（3）内部信息传递中泄露商业秘密，可能削弱企业核心竞争力。

（二）管控措施

1. 内部报告形成阶段的管控措施

（1）建立科学合理的内部报告指标体系。内部报告指标体系是否科学直接关系到内部报告反映的信息是否完整和有用，这就要求企业应当依照自身的发展战略、风险控制和业绩考核特点，系统、科学地规范不同层级内部报告的指标体系，合理设置关键信息指标和辅助信息指标，并与全面预算治理等相结合，同时应随着环境和业务的变化不断进行修订和完善。在设计内部报告指标体系时，企业应当依照内部各"信息用户"的需求选择信息指标，以满足其经营决策、业绩考核、企业价值与风险评估的需要。

（2）准确收集内外部信息。为了随时把握有关市场状况、竞争情形、政策变化及环境的变化，保证企业发展战略和经营目标的实现，企业应当完善内外部重要相关信息的收集机制和传递机制，使重要信息能够及时获得并向上级呈报。企业可以通过行业协会组织、社会中介机构、业务往来单位、市场调查、来信来访、网络媒体以及有关监管部门等渠道，获取外部信息；通过财务会计资料、经营治理资料、调研报告、专项信息、内部刊物、办公网络等渠道，获取内部信息。企业应当广泛收集、分析、整理内外部信息，并通过内部报告传递到企业内部相关治理层级，以便及时采取应对策略。

（3）及时编制及审核内部报告。企业各职能部门应将收集的有关资料进行选择、抽取，然后依照各治理层级对内部报告的信息需求和先前制定的内部报告指标，建立各种分析模型，提取有效数据并进行反馈汇总。在此基础上，对分析模型进一步改造，进行资料分析，起草内部报告，形成总结性结论，并提出相应的建议，从而对进展趋势、策略规划、前景推测等提供重要的分析指导，为企业的效益分析、业务拓展提供有力的保证。

（4）构建顺畅的内部报告流转体系。企业应当制定严密的内部报告流程，充分利用信息技术，强化内部报告信息集成和共享，将内部报告纳入企业统一信息平台，构建科学的内部报告网络体系。企业内部各管理层级均应当指定专人负责内部报告工作，重要信息应及时上报，并可以直接报告高级管理人员。企业应当建立内部报告审核制度，确保内部报告信息质量。

（5）适当拓宽内部报告渠道。企业应当拓宽内部报告渠道，通过落实奖励措施等多种有效方式，广泛收集合理化建议。企业应当重视和加强反舞弊机制建设，通过设立员工信箱、投诉热线等方式，鼓励员工及企业利益相关方举报和投诉企业内部的违法违规、舞弊和其他有损企业形象的行为。

2. 内部报告使用阶段的管控措施

（1）企业各级管理人员应当充分利用内部报告管理和指导企业的生产经营活动，及时反映全面预算执行情况，协调企业内部相关部门和各单位的运营进度，严格绩效考核和责任追究，确保企业实现发展目标。

（2）企业应当有效利用内部报告进行风险评估，准确识别和系统分析企业生产经营活动中的内外部风险，确定风险应对策略，实现对风险的有效控制。企业对内部报告反映的问题应当及时解决；涉及突出问题和重大风险的，应当启动应急预案。

（3）企业应当制定严格的内部报告保密制度，明确保密内容、保密措施、保密程度和传递范围，防止泄露商业秘密。

（4）企业应当建立内部报告的评估制度，定期对内部报告的形成和使用进行全面评估，重点关注内部报告的及时性、安全性和有效性。

三、岗位设置与职责分工

（一）行政办公室岗位设置与职责分工

行政办公室作为企业的经营管理部门，负责企业日常行政事务管理，主要包括会议及文件管理等工作。行政办公室作为企业内外部重要信息的收集和传递部门，能够及时发现内部报告流程的薄弱环节并改进，制定科学的内部报告管理体系，能够满足经营决策、业绩考核及风险评估等的需要。行政办公室通常由行政办公室主任、行政助理、内勤等人员组成。行政办公室的主要职责如下。

（1）行政办公室根据企业发展战略、风险控制及业绩考核等要求，制定企业公文处理办法、保密制度、档案管理办法，报总经理办公会、董事长审批。

（2）建立并完善内部报告评估制度。行政办公室应组织相关部门按照评估制度对内部报告内容的准确性，信息传递的及时性、有效性和安全性进行评估，编制内部报告评估制度。

（3）发现内部报告缺陷，及时修订、完善。

（4）将内部报告内容的准确性，信息传递的及时性、有效性和安全性纳入绩效考核。

（二）审计部门岗位设置与职责分工

审计部门应建立反舞弊机制，防范舞弊行为发生，保证企业内部信息传递的真实性、准确性，降低企业信息错报、漏报风险。审计部门通常由审计组组长、审计人员、专家顾问、技术人员等组成。审计部门主要职责如下。

（1）协助企业建立和管理举报责任主体、举报程序，并确保投诉处理程序有效运行。

（2）对员工进行企业文化、企业价值观方面的培训，鼓励员工及企业利益相关方举报和投诉企业内部的违法违规、舞弊和其他有损企业形象和利益的行为。

（3）对内部审计、监察、接受举报过程中收集的信息进行复查，监督管理层对财务报告施加不当影响的行为、管理层进行的重大不寻常交易，以及企业各管理层级的批准、授权、认证等。

（4）定期召开反舞弊情况通报会，通报反舞弊工作情况，分析反舞弊形势，评价现有的反舞弊控制措施和程序。

（三）企业其他相关部门岗位设置与职责分工

企业其他相关部门在内部信息传递中起到基础、核心作用，能够使企业及时、准确、全面地获取内外部信息。企业其他相关部门在内部信息传递中的主要职责如下。

（1）完善内外部相关重要信息的收集机制和传递机制，及时获得重要信息并向上级呈报。

（2）各部门按照企业公文处理办法要求对内部信息进行分析与整理。各部门将经本部门获得的文件报送行政办公室，由行政办公室公文管理人员登记在收文记录中，根据领导审批意见转相关职能部门办理，行政办公室按照时间要求催办、查办。

（3）各业务主办部门起草公文内容，保证公文内容符合国家法律、法规及企业有关规定。

（4）当各业务主办部门拟文时，对于涉及其他部门职责的事项，主办部门应提前征求涉及部门的意见，在取得一致意见后行文，并附注对各部门意见的处理说明，主办部门负责人审核，相关部门或分管领导会签。

（5）拟好公文一律送办公室登记、校核。办公室重点审核行文必要性，文件内容是否符合法律、法规及政策的规定，行文方式是否妥当，是否符合行文规则和要求，是否需要与有关部门会商，等等。办公室根据企业公文管理办法中公文格式等要求进行拟制，确定发文范围、印发份数、主题词和缓急程度，报总经理批准，董事长签发。

（6）非涉密文件通过电子邮件形式发送，发送的电子文件要求电子回执确认。主送或抄送企业各部门的非涉密文件均在办公平台同时公布，各部门信息员负责每日查看企业网站接收文件。涉密文件或报送上级单位的文件以纸质文件发送，企业文件、总经理办公室文件等由办公室发送，企业便函经办公室审核后发出，部门便函由各业务部门自行发送。

（7）发送纸质文件时，发送人员在发文记录上登记，注明责任部门。

四、内部信息传递控制制度设计应注意的问题

企业需要从制度、文化、技术等多个角度出发进行内部信息传递控制制度设计，建立完善的内部信息传递控制制度和信息保密机制，加强员工和组织信息安全意识和能力

建设，以保障企业内部信息的正确传递和保密性。企业在进行控制制度设计时应特别注意以下问题。

第一，要严格实施信息保密制度。建立合理的信息保密制度，做好员工的培训教育和监督管理，确保敏感信息不被泄露，防止造成企业不必要的损失。

第二，要建立信息授权和审批机制。对于涉及敏感或重要信息的传递和使用，需要通过授权和审批机制进行管理，确保信息的传递和使用符合企业的要求。

第三，要确保信息的真实性和准确性。建立信息传递的真实性和准确性的检验机制，如对信息进行核实或者审核，确保所传递的信息是真实的、准确的，在不需要传递的信息不被传递的同时，防止企业员工在传递信息时产生错误或提供不准确的信息。

第四，要做好信息传递和使用的记录和备案管理。定期记录信息的传递和使用情况，建立实际性查验制度，确保每项记录的准确性，对于不必要和过期信息要及时销毁和归档，避免信息的滞留和混乱。

第五，要重视提高员工和组织的信息安全意识。加强员工和组织的信息安全意识和技能教育，增强员工对信息控制和传递的责任感，避免因员工个人行为或疏忽造成信息被不当传递。

第六节 信息系统控制制度设计

一、管理流程与控制目标

（一）管理流程

信息系统，是指企业利用计算机和通信技术，对内部控制进行集成、转化和提升所形成的信息化管理平台。

信息系统的管理流程大致包括三个阶段。

（1）信息系统规划阶段。确定信息系统管理的目标和相关的指标。确定信息系统的规模、范围和需求，并制订信息系统管理计划。

（2）信息系统开发阶段。在规划确定的基础上，根据管理目标进行信息系统的具体设计和部署。信息系统开发建设的方式主要有自行开发、外购调试、业务外包等，各种开发方式有各自的优缺点和适用条件，企业应根据自身实际情况合理选择。

（3）信息系统运行与维护阶段。该阶段包括信息系统的日常运维管理、数据管理、安全管理、性能管理等方面。

（二）控制目标

企业信息系统的控制目标包括以下几个。

（1）保证信息系统的完整性，确保信息系统中的数据不被篡改、删除或错误地修改。

（2）保证信息系统的保密性，确保信息系统中的数据只能被经授权人员访问和使用。

（3）保证信息系统的可用性，确保信息系统在需要时能够正常地运行和被访问，确保突发事件得到有效处理。

（4）保证信息系统的合规性，确保信息系统处理个人身份信息和敏感数据的合规性，如遵守数据保护法规、隐私规定等。

（5）保证信息系统的安全性，确保信息系统安全、正常运行，确保企业能够及时识别信息系统中的各种风险。

二、主要风险及管控措施

（一）信息系统规划阶段的主要风险及管控措施

1. 主要风险

信息系统规划是信息化建设的起点。信息系统规划是以企业发展战略为依据制定的企业信息化建设的全局性、长期性规划。信息系统规划阶段的主要风险如下。

（1）缺乏规划或规划不合理，可能造成信息孤岛或重复建设，导致企业经营管理效率低下。

（2）没有将信息化与企业业务需求结合，降低了信息系统的应用价值。信息孤岛现象是不少企业信息系统建设中存在的普遍问题，根源在于这些企业往往忽视规划的重要性，缺乏整体观念和整合意识，常常陷于"头痛医头，脚痛医脚"。这就导致有的企业财务管理信息系统、销售管理信息系统、生产管理信息系统、人力资源管理系统、办公自动化系统等孤立存在的现象，削弱了信息系统的协同效用，甚至引发系统冲突。

2. 管控措施

（1）企业必须制订信息系统战略规划和中长期发展计划，并在每年制订经营计划的同时制订年度信息系统建设计划，促进经营管理活动与信息系统的协调统一。

（2）企业在制定信息化战略过程中，要充分调动和发挥信息系统归口管理部门与业务部门的积极性，使各部门广泛参与、充分沟通，提高战略的科学性、前瞻性和适应性。

（3）信息系统规划要与企业的组织架构、业务范围、地域分布、技术能力等相匹配，避免相互脱节。

（二）信息系统开发阶段的主要风险及管控措施

信息系统的开发阶段是信息系统生命周期中技术难度最大的阶段。在开发阶段，要将企业的业务流程、内控措施、权限配置、预警指标、核算方法等固化到信息系统中，因此信息系统开发建设的好坏直接影响信息系统的成败。

1. 主要风险

信息系统开发阶段的主要风险如下。

（1）人员不足或技能不足。开发信息系统需要一支技术娴熟的开发团队，如果开发团队人员不足或者技能不足，则可能导致系统开发周期延长，或者最终开发出来的系统存在质量问题。

（2）技术选择不当。开发信息系统需要选择正确的技术和工具，如果技术和工具选择不当，则可能影响最终系统的安全性、可靠性和性能等关键指标。

（3）系统测试不充分。信息系统开发完成之后，需要经过充分的系统测试，如果测试不充分，则可能导致系统存在错误，甚至可能导致系统无法正常运行。

（4）进度控制不当。开发信息系统需要进行进度控制，如果进度控制不当，则可能导致系统的开发时间延长或者开发结果与预期不符。

（5）项目管理不当。开发信息系统需要一个完整的项目管理流程，包括需求管理、风险管理、变更管理等，如果项目管理不当，则可能影响整个项目的开发进程和质量。

2. 管控措施

（1）企业应当根据信息系统建设整体规划提出项目建设方案，明确建设目标、人员配备、职责分工、经费保障和进度安排等相关内容，按照规定的权限和程序审批后实施。

　　企业信息系统归口管理部门应当组织内部各单位提出开发需求和关键控制点，规范开发流程，明确系统设计、编程、安装调试、验收、上线等全过程的管理要求，严格按照建设方案、开发流程和相关要求组织开发工作。

　　企业开发信息系统，可以采取自行开发、外购调试、业务外包等方式。选定外购调试或业务外包方式的，应当采用公开招标等形式择优确定供应商或开发单位。

　　（2）企业开发信息系统，应当将生产经营管理业务流程、关键控制点和处理规则嵌入系统程序，实现手工环境下难以实现的控制功能。

　　企业在系统开发过程中，应当按照不同业务的控制要求，通过信息系统中的权限管理功能控制用户的操作权限，避免将不相容职责的处理权限授予同一用户。

　　企业应当针对不同数据的输入方式，考虑对进入系统数据的检查和校验功能。对于必需的后台操作，应当加强管理，建立规范的流程制度，对操作情况进行监控或者审计。

　　企业应当在信息系统中设置操作日志功能，确保操作的可审计性。对异常的或者违背内部控制要求的交易和数据，应当设计由系统自动报告并设置跟踪处理机制。

　　（3）企业信息系统归口管理部门应当加强信息系统开发全过程的跟踪管理，组织开发单位与内部各单位的日常沟通和协调，督促开发单位按照建设方案、计划进度和质量要求完成编程工作，对配备的硬件设备和系统软件进行检查验收，组织系统上线运行等。

　　（4）企业应当组织独立于开发单位的专业机构对开发完成的信息系统进行验收测试，确保信息系统在功能、性能、控制要求和安全性等方面符合开发需求。

　　（5）企业应当切实做好信息系统上线的各项准备工作，培训业务操作和系统管理人员，制订科学的上线计划和新旧系统转换方案，考虑应急预案，确保新旧系统顺利切换和平稳衔接。系统上线涉及数据迁移的，还应制订详细的数据迁移计划。

（三）信息系统运行与维护阶段的主要风险及管控措施

1. 主要风险

在信息系统运行与维护阶段，可能存在以下主要风险。

　　（1）系统故障。信息系统中的硬件或软件可能会出现故障，这可能会导致系统崩溃、数据损失或数据泄露等问题。

　　（2）安全威胁。信息系统可能受到黑客攻击、病毒感染或数据泄露等安全威胁。

　　（3）系统管理不当。系统管理员可能会错误地配置、管理或操作系统，这可能会导致系统故障或安全漏洞。

　　（4）供应商问题。如果信息系统由供应商提供，则供应商的质量问题或支持服务不良可能会导致系统问题。

　　（5）人为错误。员工可能会误操作系统或者将数据泄露给未经授权的人员，导致系统故障或数据泄露。

2. 管控措施

　　（1）企业应当加强对信息系统运行与维护的管理，制定信息系统工作程序、信息管理制度以及各模块子系统的具体操作规范，及时跟踪、发现和解决系统运行中存在的问题，确保信息系统按照规定的程序、制度和操作规范持续稳定运行。

　　企业应当建立信息系统变更管理流程，保证信息系统变更严格遵照管理流程进行。信息系统操作人员不得擅自进行系统软件的删除、修改等操作；不得擅自升级、改变系统软件版本；不得擅自改变软件系统环境配置。

（2）企业应当根据业务性质、重要程度、涉密情况等确定信息系统的安全等级，建立不同等级信息的授权使用制度，采用相应技术手段保证信息系统运行安全有序。

企业应当建立信息系统安全保密和泄密责任追究制度。委托专业机构进行系统运行与维护管理的，应当审查该机构的资质，并与其签订服务合同和保密协议。

企业应当采取安装安全软件等措施防范信息系统受到病毒等恶意软件的感染和破坏。

（3）企业应当建立用户管理制度，加强对重要业务系统的访问权限管理，定期审阅系统账号，避免授权不当或存在非授权账号，禁止不相容职务用户账号的交叉操作。

（4）企业应当综合利用防火墙、路由器等网络设备，漏洞扫描、入侵检测等软件技术以及远程访问安全策略等手段，加强网络安全，防范来自网络的攻击和非法入侵。

企业对于通过网络传输的涉密或关键数据，应当采取加密措施，确保信息传递的保密性、准确性和完整性。

（5）企业应当建立系统数据定期备份制度，明确备份范围、频度、方法、责任人、存放地点、有效性检查等内容。

（6）企业应当加强对服务器等关键信息设备的管理，建立良好的物理环境，指定专人负责检查，及时处理异常情况。未经授权，任何人不得接触关键信息设备。

三、岗位设置与职责分工

信息中心主要由信息主管、技术人员等组成，其岗位设置通常包括：首席信息官（CIO）、系统分析师、开发工程师、数据管理员（DBA）、数据分析师、系统管理员等。这些岗位可能会有不同的名称，并会随着企业的发展和技术的进步而变化。信息中心在信息系统内部控制中的主要职责如下：

（1）系统设计与开发。信息中心负责根据企业需求设计和开发信息系统，包括确保系统设计符合内部控制要求，能够有效地支持企业的业务流程和控制目标。

（2）系统实施与部署。信息中心负责将新的或升级的信息系统实施到企业中。在实施过程中，需要确保所有的内部控制措施得到正确地配置和执行。

（3）系统维护与更新。信息中心负责日常的系统维护工作，确保信息系统的稳定运行；同时，他们还需要定期对系统进行更新和升级，以适应业务发展和内部控制要求的变化。

（4）数据管理。信息中心负责管理和保护企业的重要数据，包括确保数据的准确性、完整性和安全性，以及制定和执行数据备份、恢复和归档策略。

（5）用户支持和培训。信息中心需要为用户提供技术支持和培训，确保用户能够正确地使用信息系统，并且理解相关的内部控制要求。

（6）系统监控与故障排除。信息中心需要监控信息系统的性能和安全性，及时发现并解决系统故障和异常情况，以减少对业务运营的影响。

（7）内部控制评估与改进。信息中心应定期评估信息系统的内部控制措施的有效性，识别潜在的风险和问题，并提出改进建议。

四、信息系统控制制度设计应注意的问题

信息系统控制涉及信息安全、数据完整性、授权管理等众多方面，企业需要采取综合性措施进行控制。企业应通过完善的制度建设、技术手段和人力资源管理，持续提高信息系统的安全性、可靠性和稳定性。企业在进行控制制度设计时应特别注意以下问题。

第一，要确保系统安全。系统安全控制是信息系统控制的关键环节，企业要建立完善的系统安全保护机制（包括网络防御、系统漏洞修补、密码管理、访问控制、系统审计等），保障系统不受到黑客攻击、恶意软件感染等安全威胁。

第二，要建立完善的运维管理制度。企业应制定完整的运维管理流程，要有完善、规范和独立的审核机制，保障系统的维护和管理规范化。

第三，要确保信息的完整性和可靠性。企业应采取适当的措施，包括数据备份、数据质量控制等。

第四，要确保信息的可用性。由于信息系统具有复杂性，可能会发生不可预测的系统故障或袭击攻击等，企业要确保系统拥有恢复和备份机制，能很快恢复运作。

第五，要确保授权访问。企业要对系统用户的授权进行管制，确保只有经授权的用户才能访问敏感数据和信息，防止未经授权用户访问数据。

第六，要强化用户的身份认证和授权能力。企业应建立完善的身份认证和授权流程，要求用户使用多因素的身份认证，加强系统的安全保障。

第七，要加强内部信息审计。企业应建立一套完整的内部信息审计制度，保护系统数据资产，保障数据质量及数据安全，有效地监控并准确记录系统的使用情况及转存、共享等操作。

第七节　内部控制的自我评价

一、内部控制自我评价的含义及方法

（一）内部控制自我评价的含义

内部控制自我评价（Control Self-Assessment，CSA）是企业进行内部控制自检自查的一种方法。它是管理者为清楚掌握企业内部控制制度设计的恰当性和运行的有效性状况、提高内部控制质量、全面降低企业风险并提高企业运营效率，在内部审计部门的协调和全体员工的参与下，定期或不定期地对企业的内部控制要素进行评价和讨论，提出改进建议并出具评价报告，将发现的内部控制缺陷交由管理者整改的持续、循环的过程。

（二）内部控制自我评价的方法

内部控制自我评价的方法有：引导会议法、问卷调查法、管理分析法等。

1. 引导会议法

引导会议法是指在具有经验的引导师（通常为对内部控制有一定认识的人）的引导下，由内部审计人员与被评价单位管理人员或关键控制点的工作人员组成评价工作小组，对企业或本部门内部控制的合规性和有效性进行评价。需要注意的是，引导师并不参与讨论或对讨论的具体内容表示肯定或否定态度，引导师只为参与者提供内部控制、风险管理等概念，确定内部控制自我评价的讨论方法，确保参与者均能自由地发表意见。参会人员通过广泛讨论、问题解答，评估当前的控制状况，并提出内部控制改进意见。

2. 问卷调查法

问卷调查法是指评价人员就内部控制特定方面或过程（如控制措施的有效性、适用性和充分性，以及对潜在风险和改进需求的评估等）以书面问卷的形式向组织相关管理人员收集意见的一种方法。利用问卷工具，让受访者只要做出简单的"是（否）"或"有（无）"的选择，控制程序的执行者则根据问卷调查结果来评价他们的内部控制系统。问卷调查法是最简单易行的实证研究方法，也是最不可靠的一种自我评价方法。

3. 管理分析法

管理分析法是指评价人员通过对业务和管理流程的合规性和有效性进行分析和评估的一种方法。管理分析法可以帮助企业深入了解组织运作和决策过程中的潜在风险和问题，提供针对性的改进措施，并促进内部控制体系的持续改进和优化。管理分析法的主要步骤和流程如下。

（1）确定评估对象：确定要评估的组织或业务过程，并明确评估的范围和目标。

（2）收集相关信息：收集与评估对象相关的信息和资料，包括运营报告、财务报告、内部政策和程序、流程文档等。

（3）进行分析：基于收集到的信息，对组织、业务过程和管理层进行分析，重点关注以下内容。①组织结构和背景：评估组织的架构、管理职责和分工情况，了解是否存在管理层面的缺陷或冲突。②业务过程和操作流程：审查关键业务过程和操作流程的设计、执行和监控情况，发现潜在的内部控制问题。③决策和决策支持：评估管理层的决策过程和决策支持系统，了解是否存在缺乏信息、不合理决策或决策失误等情况。④绩效管理：分析绩效评估和激励机制，了解是否存在激励不当、绩效评估不合理等问题。

（4）识别风险和不足：基于分析结果，识别潜在的风险和内部控制的不足之处，重点关注可能导致财务失误、合规问题或运营障碍的方面。

（5）提出改进措施：根据识别到的风险和不足，提出具体的改进措施和建议，包括加强现有控制、引入新的控制措施、优化流程或改善决策过程等。

（6）实施改进：逐步实施改进措施，并确保其有效性和可持续性。重要的是设立明确的时间表和责任人，跟踪改进的执行情况。

二、内部控制自我评价实施程序及评价主体

（一）内部控制自我评价实施程序

1. 制订评价方案

企业管理层作为内部控制自我评价的实施主体，在组织实施内部控制自我评价工作前应组织相关人员制订明确的工作方案，并经相关权力机构批准后予以实施。工作方案至少包括内部控制自我评价的组织实施机构、实施步骤、费用预案、评价方法等。

2. 明确内部控制自我评价的范围

内部控制自我评价范围决定内部控制自我评价的方向，企业制定内部控制自我评价范围时，应围绕企业资产的安全与完整、企业内部控制重点环节、财务报告的真实性等方面进行整体评估，把可能引发财务报告缺陷、非财务报告缺陷的重要风险点列为评价重点，并充分考虑企业法人治理运作是否规范，企业内部控制制度是否健全有效，与财务报告可靠性相关的会计控制、业务流程、财务报告编制及认定的程序、重大会计事项（如资产减值的确认、会计估计及会计变更等）处理程序等内部控制是否有效等。

3. 对现有制度及流程风险进行评价

企业组织实施内部控制自我评价，应对企业整体内部控制目标进行评估以确定主要风险控制点，并判断企业是否适应规避风险的需要设立有效的控制措施。例如，企业在设定可能因财务报告重大缺陷造成财务报告重大错报的风险时，应充分考虑大额应收账款的控制程序、重大资本性支付的控制等，在此基础上为内部控制测试工作提供参考。但风险评估本身就隐含很大的风险，需要很强的专业判断，需要专业人士采用专门的方

法按规范的流程才能够完成，且在评估过程中还要保持评估范围、评估对象、评估方法的一致性。

4．对内部控制制度设计的有效性进行评价

企业只有设计恰当的内部控制制度才能有效控制内部风险。企业评价内部控制制度设计的有效性时应充分考虑以下几点。

（1）控制措施与企业设定的目标是否关联。

（2）控制措施是否全面、完整并能及时有效地发现和防范企业的主要风险。

（3）信息流转是否顺畅从而能保证相关信息得到及时有效处理，企业是否能通过风险媒体、内部刊物等媒介及时实现与相关信息需求方的信息沟通。

（4）各个环节的相关部门和相关人员职责分工是否明确，相关当事人的执行能力是否足以处理企业生产经营过程中遇到的各种风险，有无其他备选措施。

5．对内部控制执行的有效性进行评价

设计再完善的内部控制制度也必须得到有效的执行才能发挥应有的防范风险的作用，企业在对内部控制制度进行测试并对测试结果进行评价时应充分考虑以下几点。

（1）相关部门及人员是否具有一定的风险防范意识。

（2）相关部门是否结合企业实际情况建立了适当的风险数据库，并按可能风险的大小进行排序，并采取有效措施。

（3）相关部门是否对内部控制制度没有得到有效执行的情况进行及时分析，并根据情况调整应对措施。

（4）执行内部控制制度的不相容岗位是否实现有效分离，企业管理层职责权限分配是否合理，相关管理人员对自身职位描述是否很清晰。

（5）管理部门做出的对财务报告产生重大的会计政策与会计估计的变更及相关处理流程是否合理；在财务报告出现异常时，企业调查和解决的方式方法是否合理与及时。

（6）审计等监督部门对监督过程中发现的内部控制重大缺陷的处置是否妥当。

6．与管理层或相关当事人沟通评价结果

内部控制自我评价工作结束后，内部控制自我评价工作人员应汇总内部控制自我评价工作结果。为保证评价结果准确，评价人员应对评价工作底稿进行二级、三级复核，在此基础上对内部控制缺陷进行认定并报告缺陷产生的原因及解决缺陷的意见和建议，形成评价报告初稿，向被评价单位通报，与被评价单位沟通形成一致意见后，经被评价单位主要负责人签字认可后，提交企业内部控制自我评价机构。内部控制自我评价机构根据评价小组确认的评价结果和初步认定的内部控制缺陷，结合企业内部控制其他事情，独立、客观地编写内部控制自我评价报告，并报送企业管理层或相关决策机构审定，并按对外披露的有关程序履行对外披露的义务。

7．跟踪内部控制缺陷的整改结果

内部控制管理是不断变化、不断反复的过程，部分内部控制缺陷由于生产经营内外部环境的改变而消失，部分内部控制缺陷由于及时进行了整改而消失。企业经理层收到内部控制自我评价报告后，应根据内部控制缺陷的重要性及可能对生产经营目标产生影响的重要程度分轻重缓急落实纠正措施，评价人员应在企业落实纠正措施后重新对相关联控制点内部控制情况进行测试与评价，以对其设计和运行的有效性发表意见。

▶ 微课堂

内部控制缺陷认定

8.　出具内部控制自我评价报告

内部控制自我评价报告是内部控制自我评价工作最终成果的反映，企业内部控制自我评价报告至少说明：企业内部控制自我评价组织与实施基础情况、企业内部控制制度是否健全并有效实施、企业内部控制缺陷认定的标准与依据、企业内部控制缺陷整改情况、企业内部控制缺陷认定有效性的确认等。

（二）内部控制自我评价主体

企业内部控制自我评价的主体通常包括内部审计部门、风险管理部门、内部监管部门等。这些部门有不同的职责，但它们都扮演着至关重要的角色，确保企业内部控制系统的有效性、可靠性和适当性，并提供有价值的意见和建议来改善内部控制系统。

1.　内部审计部门

内部审计部门负责企业内部控制的评估和审计。内部审计部门通过客观地评价管理层建立的内部控制制度是否有助于实现单位的控制目标，通过监督内部控制制度是否按照设计要求运行，来帮助管理层完善内部控制制度。内部审计人员作为企业进行内部控制的专业人员，能够客观、全面地评估企业内部控制环境的有效性和可靠性。

2.　风险管理部门

风险管理部门负责企业内部风险的识别、评估和控制，能够对企业内部控制的各类风险点进行科学评估和应对方案制订。

3.　内部监管部门

内部监管部门负责制定企业的内部控制政策、规范和程序，并监督和指导企业的内部控制实施。内部监管部门能够通过评估和监督企业内部控制的有效性和完整性，确保企业的资产安全和财务信息真实可靠。

同时，内部控制自我评价还需要全体员工的参与，以确保评价结果的客观性和准确性，从而防止内部操纵、违规以及其他不当行为对评价结果产生不良影响。

三、内部控制自我评价存在的问题及解决措施

（一）内部控制自我评价存在的问题

1.　内部控制自我评价目标具有局限性

大部分企业的内部控制目标仍局限于财务报告的真实性和可靠性，一定程度上忽略了经营效率和对法律的遵循，使内部控制限制在财务部门，成为纯粹的会计控制，没有使内部控制的理念延伸到整个企业的管理流程。

2.　内部控制自我评价标准不统一

目前，在我国内部控制自我评价实务中，管理层建立健全有效的内部控制系统，一般是参照《企业内部控制基本规范》进行的，政府部门出台的制度大部分要求对内部控制的完整性、有效性及合理性进行评价，但是对内部控制自我评价活动本身的评价并没有规定。因此，内部控制自我评价往往流于形式。此外，不同企业的管理层在进行内部控制自我评价时没有统一的标准，无法对不同企业内部控制的有效性进行评定和比较。

3.　内部控制自我评价范围不全

内部控制自我评价的范围包括两个层次：第一个层次是对内部控制系统的整体评价，即对内部控制构成要素进行评价；第二个层次是对内部控制业务层面的评价，包括对销货及收款环节、采购及付款环节、生产环节和货币资金管理环节等具体的内部控制流程进行评价。然而企业管理层在进行内部控制自我评价时，往往只重视业务层面的内部控制自我

评价，忽略了对内部控制系统的整体评价，只反映了企业内部控制具体业务流程，没有反映企业内部控制的综合水平。自我评价所得到的结果不能具体、真实地反映企业内部控制的实际状况，不能帮助企业管理层深入发现内部控制中存在的问题与不足。

（二）内部控制自我评价问题的解决措施

首先，企业应提高管理层内部控制自我评价的意识。评价目标一般由管理层根据个人倾向和企业状况来决定，若想打破内部控制自我评价的局限性，需要在管理层中树立正确的内部控制自我评价意识。管理层充分理解内部控制自我评价对企业的重要性，方能将内部控制自我评价作为有效的企业管理手段来使用。

其次，企业应让各业务部门人员充分参与内部控制的自我评价。如此企业能够从企业整体层面审视规章制度建设，如流程（包括分工授权、审核审批、咨询决策等环节）是否设计合理且执行到位，从而通盘分析企业内部控制体系建设情况并针对内部控制问题不断完善组织架构体系及规章制度体系，以实现经营管理的规范操作，降低风险，有效支持业务目标的实现。

最后，企业可根据《企业内部控制评价指引》中评价范围的内容进行细化或明确化，尽可能给出一套相对标准的模板，以实现公司内部各子公司之间内部控制评价标准的相对统一。

【案例延伸思考】

在本章开头的案例中，看似该证券公司仅是由于系统问题造成"乌龙指"事件，但实际上该事件背后所反映的是该证券公司一系列管理支持内部控制制度全部失灵的严重问题。企业应该正视问题出现的根源，完善有关机制，防止类似事件再次发生。该案例引发了各大企业对管理支持内部控制制度的思考。

1. 精密完善的计算机程序真的能取代传统的企业管理支持内部控制制度吗？

2. 软件程序该如何使用，才能配合传统管理支持内部控制制度，以最大限度地规避风险，并提高业务效率？

3. 证券公司管理支持内部控制制度究竟应该如何设计，方能避免"乌龙指"事件发生？

【知识回顾与拓展】

即测即评

【思考与探索】

1. 如何理解法务部门和风险控制部门在职责分工上的差异？

2. 内部控制缺陷是随着内外部环境的变化而不断变化的，内部控制缺陷评价人员应该如何分级识别风险，并落实纠正措施？

3. 思考内部审计部门和风险管理部门在职能上的区别与联系。

4. 有人说："内部控制就是让管理更有效。"你赞同这一说法吗？请说明你的理由。

【实训项目】

实训项目一：知名品牌为何被仿冒？　　　　　实训项目二：伪造银行公章被诉讼。

实训项目一

实训项目二

第九章
财务会计内部控制制度设计

 学习目标

通过对本章的学习，读者应该：

1. 了解财务会计内部控制制度的框架和内容；
2. 掌握财务会计内部控制制度的控制目标；
3. 了解财务会计内部控制制度的设计思路与方法；
4. 了解财务会计内部控制制度的岗位设置要求。

 教学引导案例

费用报销起冲突

在财务报销窗口，我们可能看到财务人员因为费用报销问题与报销人员起冲突，如图9-1所示。

图9-1 财务人员与报销人员的冲突

请思考：造成这种冲突的原因是什么？有什么好的解决办法？

第一节　全面预算控制制度设计

预算是指企业通过对一定时期的经营目标，以财务与非财务数据的形式，将掌握的资源进行合理的分配，并对相应时期内的各项经济指标进行预测和规划。全面预算控制是指企业利用预算工具对内部各级各部门的资源配置、成本控制、绩效考核进行把控和督导，以便企业的生产经营活动有效地组织和协调，完成计划目标。全面预算体系分为资本预算、经营预算、财务预算三大部分。三者相辅相成，缺一不可。

微课堂

全面预算控制的
关键控制点

一、业务流程与控制目标

（一）业务流程

全面预算控制通常包括以下五大步骤：预算目标设定、预算编制、预算审批、预算执行与监督、预算考评。

1. 预算目标设定

预算目标是战略目标的分解。全面预算控制的直接目标就是企业战略目标的分阶段实现，并通过预算的执行和管理机制的建立，最大限度地使用、配置、控制、协调、提升可以运用的一切人力、物力、财力、组织、信息资源，取得最大的经济价值、品牌价值、社会价值。企业将其总体战略转化为长期和短期目标，这些目标构成了预算的基础。全面预算管理通过预算目标的确定及初步分解，明确预算主体的努力方向与预期结果。

预算目标通常由企业总经理、总会计师（财务总监）、副总经理、企业各部门经理、全面预算管理部门共同确定。总经理需要提出年度经营目标，这个经营目标需要得到预算的支持，不能相互矛盾。总经理必须在预算和经营目标之间找到平衡，或者是修改目标，或者是采取措施改善预算结果。总会计师（财务总监）、副总经理是为总经理提供智囊服务的，他必须能够恰当地培训参加预算过程的所有人员，主持企业的预算编制过程，回答预算管理过程中的所有技术问题，并承担数据合成和反复修订的责任。企业各部门经理、全面预算管理部门经理及职员将对预算执行结果承担责任。

2. 预算编制

预算编制是指预算收支计划的拟订、确定及其组织过程。其主要流程如下。

（1）全面收集资料，匡算企业年度预算指标。全面收集企业各方面的经营信息，包括以前年度预算完成情况、企业内外部环境信息、市场动态、企业预算年度经营目标要求等，匡算企业年度预算总体指标。

（2）组织预算编制启动会，分解下发二级单位（各责任中心单位）预算。预算主管部门组织企业二级单位召开预算编制启动会，对预算编制基本思想、预算指标分解情况、预算编制要求等进行宣讲。各二级单位根据本单位本部门情况，编制本级单位预算。

（3）汇总、平衡各单位预算，形成企业整体预算。企业预算主管部门在综合分析各二级单位预算的基础上，经过反复多次的沟通、协调，进行适当平衡与调整，形成企业全面预算方案初稿。

3. 预算审批

全面预算方案初稿报经企业董事会预算管理委员审议，董事会批准、下达企业全面预算方案，各单位遵照执行。

4. 预算执行与监督

在预算执行过程中，二级预算执行单位应及时向预算管理委员会呈报预算执行进度，依据该进度，预算管理委员会可对预算执行过程进行监控，并决定是否调整年度预算。同时，预算管理委员会可利用信息网络技术对二级部门的经济活动进行实时跟踪，获取真实数据并进行监督控制。预算的执行和监督是紧密联系的，有力的监督是有效执行的重要保证。为加大监督力度，并保持审计的独立性，审计委员会不参与预算的编制工作，只负责预算执行过程与结果的监督，直接对总经理负责。

5. 预算考评

预算考评是对企业内部各二级预算执行结果进行的考核和评价，是管理者对执行者实行的一种有效的激励和约束形式。预算考评具有两层含义：一是对整个全面预算管理系统的考评，通过分析实际执行结果与预算差异的原因，寻找管理中的强项和弱项，采取适当措施，不断完善与优化企业全面预算管理水平，提升企业管理效率与效果；二是对预算执行者的考核及其业绩的评价，它是实现预算约束与激励作用的必要措施。"考核与奖惩是预算管理的生命线"。企业只有通过科学合理的考核、赏罚分明的奖惩，才能确保预算管理落到实处。预算考评是预算控制过程的一部分，因为企业在预算执行中和完成后都要适时进行考评，所以它既是一种动态考评，又是一种综合考评。预算考评在企业全面预算管理循环过程中是一个承上启下的环节。

（二）控制目标

1. 战略目标

在全面预算控制目标中，战略目标是一个重要的方面，它确保了预算的一致性和对企业战略方向的支持。战略目标是一个长远的方向性目标，在企业的具体生产经营和运转过程中难以把握，难以落实到具体的执行流程及考核。企业通过全面预算管理，分解落实战略目标，使预算的执行与企业战略目标的实现成为同一过程，将相对抽象的战略管理细化为生产预算管理、销售预算管理、筹资预算管理等可操作、可控制、可考核的预算管理模块。当然，全面预算管理也不仅仅是将企业战略目标简单分解为项目考核指标，在全面预算的执行过程中，企业还可以基于内部资源或外部环境的变化，对战略目标进行修正并推动对战略的重新思考，反馈战略达成进展。

2. 经营目标

经营目标在全面预算中具有重要的地位。经营目标包括设定销售目标、生产和运营目标、成本目标、现金流目标、客户满意度目标等。利用预算的激励约束作用，通过全面预算控制，企业可以有效管理日常经营活动，提升运营绩效，实现可持续的经营发展。

市场经济中的每一个参与者，都是一个理性的"经济人"，都有其自利的一面，其个体行为会按照自利的规则行动。如果能有一种制度安排，使行为人追求个人利益的行为，正好与组织实现组织价值最大化的目标相吻合，这一制度安排就是"激励相容"的。

企业在预算制度和管理方式的选择上应设计这样一种契约机制，即这种预算制度能够使预算各参与方追求自身利益最大化的行为选择符合企业的战略目标和利益取向，即形成预算的"激励相容约束"。

预算考评是全面预算管理中的一个重要环节。企业通过建立有效的预算考评体系，制定科学合理的预算指标，能奖励先进、惩罚落后，进而促进实现企业经营目标。

二、主要风险及管控措施

（一）预算管理观念风险及管控措施

1. 主要风险

（1）缺乏整体观念。全面预算管理是一种整体性、全方位的管理方式，全面预算管理从全局出发，系统分析企业内部与市场的关系，分析企业内部各个子系统之间的系统关系，制订相关的管理措施，实现企业整体利益最大化。部分企业由于高管层缺乏整体观念，没有对全面预算管理工作的重要性有清醒的认识，企业各单位、各部门以及编制预算相关阶段没有有效的结合，财会部门最后成了财务预算工作的唯一部门。这种缺乏整体观念的预算，其操作性和前瞻性差，也难有很好的配套保障性，预算管理的作用将大打折扣。

（2）缺乏全员参与观念。少数企业由于企业领导者对全面预算管理在认知上存在误区，因此在实施全面预算管理时就缺乏组织上的有效领导和支持力度，企业内其他部门也认为预算是财务部门的任务，与己无关。而财务部门本身作为企业的一个职能部门，很难通过自身的力量在整个企业当中推动和落实预算的全面实行并有效地进行资源整合。

（3）缺乏弹性观念。企业的经营管理往往会受到内、外部各种因素的影响，编制预算时，很难准确地预期未来一年或几年（资本预算）的情况，但为了保证预算管理的严肃性，企业在编制预算时应该保持一定的弹性。企业预算缺乏弹性是当今企业预算管理常见的问题之一。在当前不稳定的市场环境下，企业需要具备一定的应变能力，积极应对变化。但是，缺乏弹性的预算难以适应可能发生的市场、行业、政策等方面的变化，难以很好地应对企业经营风险。

（4）缺乏责任观念。少数企业预算职责分配不清，在权责范围上存在很大的误区，再加上自身态度不认真、单位绩效考核机制不够完善等其他因素的影响，极易出现单位资金使用随意的现象，造成了预算执行的盲目和单位资金的浪费。

（5）缺乏协调观念。预算管理的协调观念至少体现在三个方面。第一，良好的全面预算管理依赖于企业内部的良好协调，包括企业所有者与管理者、上级领导与下级员工之间，企业各部门（职能部门和生产部门）之间，员工之间良好的协调与配合。第二，企业与外部发生各种各样的联系，预算管理受到企业外部的各种影响，因此企业在预算管理过程中也要重视协调好企业内外部的关系。第三，全面预算与企业战略的协调。少数企业的全面预算与战略的协调性差，从而影响了预算管理的效率。

2. 管控措施

针对上述风险，企业需要开展全面预算管理理念方面的培训。全面预算是由企业全员参与（涉及高层、基层、生产部门及各职能部门）的一项控制活动。良好的全面预算观念有以下六大特征（见图9-2）。

（1）整体观念。企业进行全面预算管理需要从全局出发，系统分析企业内部与市场的关系，分析企业内部各个子系统之间的系统关系，制订相关的管理措施，实现企业整体利益最大化。

（2）参与观念。全面预算管理的过程应让全体管理人员和员工参与。一方面让全体员工了解其享有的权利和应承担的义务；另一方面通过从上到下的参与，确立切实可行的目标，同时也能调动员工的积极性。

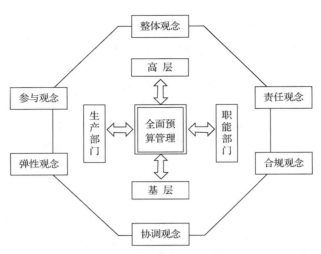

图9-2　良好的全面预算观念的特征

（3）责任观念。全面预算管理从本质上是在逐级授权的同时，逐级分配责任。企业各部门的责任要明确划分，每一位管理人员、每一位员工所承担的责任范围要有明确的规定，应注意使各责任主体衔接好，避免无人承担某一职责的情况发生。

（4）弹性观念。预算的编制必须要有弹性。这样当企业有增加经济利益的机会时，无论这些事件事前是否列入预算，企业都能对这些机会进行收益和风险分析，在控制风险的前提下抓住机会，不能因为预算而放弃额外的收益。

（5）合规观念。企业高层管理人员（尤其是高级管理人员）应积极主动地参与全面预算管理，并且要努力保证自身行为的公平、公正，带头严格遵守预算管理的有关制度。

（6）协调观念。全面预算的有效执行需要来自企业内、外部各方面的有效配合。一方面增强预算执行的协调性；另一方面通过有效的沟通与协调，可以减少由于信息不对称导致的逆向选择和道德风险问题的发生。

（二）组织机构设置风险及管控措施

1．主要风险

（1）机构设置不权威。没有建立独立的预算管理组织，如预算管理委员会、预算管理办公室等。

（2）机构设置不合理。不少企业在开展预算管理工作时，主要通过财务部门完成这项内部管理与控制工作，缺少业务部门的人员参与。

（3）机构职责不清晰。少数企业虽然设置了较为完善的预算管理组织，但是对预算管理组织结构中的职责、权限分配不清晰，而且预算管理组织在实际工作中容易受到外界因素的干扰，如企业管理高层的指令等，无法独立完成工作。

2．管控措施

针对上述风险，企业应该设置独立性和权威性较强的预算管理委员会，作为企业预算管理的最高机构，并在预算管理委员会下设置专门的预算管理部门。

（三）全面预算编制风险及管控措施

1．主要风险

（1）预算编制的基础数据不准确。全面预算的编制是为未来的日常生产经营活动做规划，为了保证预算编制的准确性，企业应当在预算编制之前收集和借鉴以往的数据，同时也要结合外部的相关信息。预算编制的基础数据不足或不准确，必然会导致预算目标缺失准确性、合理性及可行性。

（2）预算目标不适宜。年初确定的预算目标应当符合企业的实际经营情况，因为预算目标关系着企业的战略规划，目标过大或者过小都会影响企业的经济利益，影响企业经营目标的实现，甚至严重误导企业高层对经营计划的判断。

（3）预算编制方法不恰当。根据企业自身情况选择恰当的预算编制方法也很重要。预算编制方法的选择将影响预算的准确性。编制方法多种多样，各有利弊，如果方法选用得当，则会事半功倍。

（4）预算编制存在逆向选择行为。有不少企业在年末进行考核，以预算的完成程度作为管理者绩效考核的一部分。所以不少二级单位的管理者往往在预算编制时隐瞒其真实经营能力，报低预期的盈利额，以期获得超额奖金。

（5）预算审批决策不当。企业预算审批工作由治理层审批，如果治理层缺乏专业知识，可能无法形成专业的判断，从而影响全面预算管理工作的进行，阻碍企业发展。

2. 管控措施

针对上述风险，企业应该采取以下管控措施。

（1）准确把握不同发展阶段的特点和战略规划，灵活制定明确的年度经营目标和计划，作为制定预算目标的首要依据。

（2）深入开展对企业外部宏观环境和企业微观环境的调研及预测。外部宏观环境包括政治环境、经济环境、社会文化环境、科技环境、法律环境、生态环境。企业微观环境包括行业性质，竞争状况，消费者、供应商以及其他利益相关者的利益。

（3）深入分析企业以前年度实际经营情况及预算执行情况，根据企业的经营水平、季节变化、行业发展趋势以及承包的可控性等因素，编制适合本部门、本企业的预算。

（四）全面预算执行风险及管控措施

1. 主要风险

（1）预算不执行。重编制轻执行是目前企业预算工作中普遍存在的问题。预算编制时轰轰烈烈，编制完毕即大功告成，预算执行成了走过场。极少数企业预算管理流于形式，只做表面文章，不重视预算的落实和执行控制。

（2）预算执行不严。企业在预算执行过程中没有严格按照预算方案开展，存在无预算执行、越预算执行现象。尤其是当企业短期利益与预算出现偏离时，企业往往会将获取短期利益作为工作重点，忽视了预算的全局性需求，致使企业整体利益无法有效实现。

（3）预算执行过程中随意调整。少数企业缺乏规范的预算制度，执行过程中随意调整预算，从而造成企业经营混乱，影响企业战略发展。

（4）预算执行过程中的道德风险。少数管理者在预算执行过程中存在隐瞒行为，没有将资金用于预算时的项目，或挪用预算资金，追求自身效用的最大化。

（5）预算管控主体单一。部分企业仅仅将预算的执行工作交给财务部门，由财务部门执行预算的审批和控制。由于财务部门工作的局限性，它无法对所有企业支出的合理性和必要性做出正确的判断，只能单纯根据预算额度决定是否批准支出，造成了"年底突击花钱""不超预算也不低于预算"等怪现象。而且也增加财务部门和其他部门的扯皮情况，大大影响了企业管理效率。

2. 管控措施

针对上述风险，企业应该加强预算执行的过程控制，及时对预算执行情况进行分析，及时发现问题，对预算偏差予以纠正，采取适当的改进措施。

（五）全面预算考评风险及管控措施

1. 主要风险

（1）预算分析不到位。企业在预算分析中，大多只注重全面预算的事后分析，忽略了事前、事中的分析，缺失事前分析会影响预算决策的准确性，造成预算决策失误。预算分析贯穿全面预算始终，预算分析不全面会对全面预算产生消极影响。

（2）考评指标不适当。对于全面预算的完成情况应该以什么为依据进行考核，考核依据是否公平、客观都将影响预算考核，预算考核公平公正会激励员工有效实施全面预算。部分企业将预算的考评工作交由财务部门负责。由于财务部门与业务、生产部门的沟通频率不高，对企业的经营、生产以及其他业务流程欠缺全面、完整的认识，因而可能导致编制的预算考评指标偏离实际。并且在指标选择方面，财务指标占比更大，企业没有合理地筛选出非财务指标，如企业文化、人力资源开发以及客户价值等指标。

（3）预算奖惩不合理。根据预算考核情况，企业会实行一定的奖惩措施，如果奖惩力度过大，可能使员工压力过大，达不到奖惩的目的，对预算起不到很好的督促作用。但也有些企业在预算考评方面仅包括考核评价制度，没有奖惩制度，也就是预算考评结果基本上反映不到薪酬体系中。没有奖惩措施，缺乏应有的激励机制，或者考评体系未能与预算管理体系有效挂钩，弱化了预算的控制作用。

2. 管控措施

针对上述风险，设计一套科学的考评激励机制是有效的解决方法之一。科学的考评激励机制应该以正确反映执行人努力程度为标准。考评的合理与否直接关系到前面编制、执行、调控各阶段相关问题的解决，企业应该给予高度重视。科学的考评指标和方法至关重要，一方面可以合理激励，奖罚分明，传递"公平"的信号，确保多劳必多得，激励员工努力工作；另一方面包括非财务指标的全方位指标并辅以企业内外其他相关信息的考评体系，可以给执行人员以警示，有助于解决道德风险问题。

三、岗位设置与职责分工

（一）预算管理委员会的设置与职责分工

预算管理委员会一般由企业的董事长或总经理任主任，由总会计师（财务总监）任副主任，吸纳企业内各相关部门的主管（如主管销售的副总经理、主管生产的副总经理、主管财务的副总经理以及重要分子公司经理等人员）为成员。预算管理委员会的主要职责如下。

（1）审议企业全面预算管理的制度、规定和政策。

（2）根据企业战略目标和经营计划，预测、制订并审议通过企业年度预算指标及分解方案。

（3）审议通过预算编制的方针、程序和方法。

（4）在预算编制和执行过程中，对各单位产生的分歧、矛盾或问题进行协调。

（5）审查预算考核方案。

（6）听取企业全面预算执行情况报告，听取各成员单位年度预算执行考核结果。

（7）根据需要，审议预算调整事项。

（二）预算管理委员会办公室的设置与职责分工

预算管理委员会办公室（或称预算管理部）是预算管理委员会的常设机构，负责企业日常的预算管理工作。其通常由企业财务总监任主任，财务部负责人任副主任。其主要职责如下。

（1）起草全面预算管理的有关制度、规定和政策，报全面预算管理委员会审议。

（2）根据企业年度经营计划和考核指标，提出各成员单位的指标及分解方案。

（3）初步审查、协调与综合平衡预算执行单位预算，汇总编制企业年度预算草案，向全面预算管理委员会提出审批重点和建议。

（4）对预算执行过程进行监控，定期组织各成员单位进行预算分析，并向全面预算管理委员会报告预算执行分析情况，提出改进意见，提出预算考核结果及相关建议。

（5）制定全面预算考核方案。

（6）根据预算的实际执行情况，提出预算调整建议方案。

（三）预算专员的设置与职责分工

企业应该在各二级单位（即责任中心）设置预算专员，负责协调本单位、本部门的预算编制与预算执行。预算专员的主要职责如下。

（1）及时了解相关的财务政策变化，进行政策分析，开展市场调查，做好预算的前期调研工作。

（2）收集以前的年度预算指标、目标成本和目标利润，以及预算执行情况报告、预算变化因素分析等方面的资料。

（3）收集以前预算的制定和执行等方面的相关资料，认真分析当前财政政策及预算变化因素，确定企业本年度预算总体目标。

（4）根据企业年度发展目标、预算总体目标及前期分析结果，编制本单位预算，确定目标成本和目标利润，并向本单位各预算责任部门下达分解的预算指标。

（5）审核本单位各部门编制的预算草案，并进行试算平衡，加工汇编成企业的销售预算、采购预算、费用预算等，协助财务主管编制企业财务预算。

（6）制订预算控制方案，经本单位领导审批后与预算同时下达，以保证成本目标和利润目标的实现。

（7）通过预算系统监督与控制本单位的日常支出和预算执行情况，根据实际预算执行情况，编制预算调整方案，并上报上级预算主管部门。

（8）定期进行反馈，按时、按质、按需提供内部管理报表，协助本单位领导对企业经营状况和预算执行情况进行分析并形成预算执行报告。

（9）协助本单位领导对下属各责任部门的工作业绩和经营效果进行考核评价。

四、制度设计应注意的问题

第一，全面预算管理是企业的综合管理制度，涉及各个管理层次的权力和责任安排，因此，企业需要设立专门的预算管理委员会。该委员会通常由企业的最高决策层授权成立，原则上企业的任何一项预算都应经过预算管理委员会的审批。

第二，全面预算管理并不只是财务部门的工作，全面预算报表的编制也不等于财务方案的设计，二者应当区分开来看，并且区分开来管理。全面预算管理涉及产品计划、营销计划等多个部门计划。从表现形式上来看，部门计划既可以社会价值形式表达，也可以各种数量形态表达，因此财务方案应当以多样化的形态来表示，不仅仅以社会价值形式表达；从组织者和实施流程上来看，全面预算管理是一种综合性的管理方式，综合了企业集团的各个业务和管理内容，尤为重要。

第三，全面预算控制的目标不是利润，而是目标成本。企业要以精细化的资金管控和成本最优化为全面预算计划订制和执行的目标和中心，财务管理方式的变革与思想观念转变也应当以目标成本为中心，企业应全面提高计划的精确程度和保证执行过程中的精细化程度。企业应面向市场实践，制定长远的发展战略。

第二节　会计核算控制制度设计

会计核算，是指以货币为主要计量单位，通过确认、计量、记录和报告等环节，对特定主体的经济活动进行记账、算账和报账，为相关会计信息使用者提供决策所需的会计信息。会计核算贯穿于经济活动的整个过程，是会计最基本和最重要的职能。

一、业务流程与控制目标

（一）业务流程

会计核算通常包括收集、填制与审核原始凭证，编制记账凭证，登记账簿，结账与对账，编制会计报表等业务流程。

1．收集、填制与审核原始凭证

（1）根据企业经济业务内容、企业内部管理需要以及与此相适应的业务管理和会计核算要求，确定原始凭证收集的种类和内容，以便完整地反映业务内容，符合各方管理的要求，适应会计核算的需要，保证原始凭证的质量。

（2）原始凭证的收集涉及多个部门，为了更好地协调与制约多个部门，企业应合理确定原始凭证传递的程序。原始凭证的传递程序是指从填制和取得原始凭证开始，到最后归档为止的整个流转过程。在设计中，企业应明确凭证由什么部门填制或收集，一式几联，凭证的传递途径与业务的流程如何保持协调一致，并最终如何归档保存等内容。

（3）原始凭证的审核是会计人员对企业各项业务产生的原始单据凭证进行的审查与核验等工作。为了保证会计信息的真实性及合法性，企业应强化对原始凭证的审核。在审核中发现和分析问题，并加以改进，可以使企业始终处在一个健康的运营状态，对维护单位利益、促进发展都能起到积极的作用。会计人员对原始凭证的审核应依据《会计法》以及现行的《企业会计准则》的相关规定来开展。审核的主要目的是核实凭证是否合法合规，费用收支是否恰当合理。审核的主要对象是反映经济业务的凭证本身

微课堂

会计核算舞弊

以及获取凭证的经办过程，包括审核凭证上的内容，还应该核实开具凭证的经办过程是否完整合规，经办人员是否具备资质、权限等。在审核原始凭证的过程中，如果发现违法违规的凭证，则需要退回或更正。

2．编制记账凭证

对于会计工作的整个工作流程来说，记账凭证的编制是十分重要的环节，在整个会计工作过程中，记账凭证的编制直接关乎整个会计工作的质量。要想全面提高财会工作的整体质量，企业就应该对记账凭证的编制进行规范，确保记账凭证编制工作能够顺利进行。

记账凭证是在对原始凭证审核的基础上归类整理而编制的，原始凭证作为记账凭证的附件附于记账凭证之后。编制记账凭证，可以发挥会计的监督作用，客观记录业务发生的情况，为日后工作的继续开展提供会计层面的信息资料。财会部门在编制记账凭证时应注意把握以

下要素：凭证类型、填制日期、业务摘要、会计科目、借贷方向、金额，以及各岗位会计人员的轮转签章。

在记账凭证的设计中，要体现管理的要求，使分散的原始凭证通过记账凭证的形式，转化成企业经济业务的分类信息，为进一步综合、连续、系统反映资金运动变化过程的信息资料生成创造前提条件并做好准备。

3. 登记账簿

登记账簿是以会计凭证为依据，在具有专门格式而又相互联结的账页上对全部经济业务进行分类和序时记录的操作方法。

企业通过会计凭证的填制与审核，将发生的经济业务如实地记录和反映在会计凭证上。但会计凭证数量多、资料分散，每张凭证只能记载个别的经济业务，所提供的资料是零星的，无法满足经营管理的需要。而企业不断重复发生的同类业务需要归类整理，因此，利用登记账簿这一专门方法，企业可以把会计凭证提供的原始资料，按经济业务发生的时间顺序和会计科目的不同性质加以归类、整理、加工，从而全面、系统地记录和反映企业的资产、负债、所有者权益的增减变动情况和资金运动的过程及其成果。

对于实行会计电算化的企业，预设好账簿类型、格式、内容后，在录入凭证的同时，会计账簿即可在系统中自动生成；为了加强对会计信息与数据的存储，部分账目还需要按要求及时打印，如总账与分类账应定期打印，这也为审计部门开展工作提供了便利。

4. 结账与对账

结账是为了总结某一个会计期间内的经济活动的财务收支状况，据以编制财务会计报表，而将一定时期内所发生的经济业务在全部登记入账的基础上，计算各项科目的借贷方金额，结转当期损益并计算盈亏，以及各个科目的期末余额的操作流程。

对账的内容主要是核对账目，即在会计核算环节中，为了确保账簿记录准确真实，对账簿中的相关数据进行检查和核对的工作。依据会计制度的规定，企业应当定期（按月、年）将会计账簿记录的有关数字与货币资金、库存实物、有价证券、往来单位或个人等进行相互核对。

（1）账证核对，是指对各种账簿记录与记账凭证及其所附的原始凭证进行核对，核对会计账簿记录与原始凭证、记账凭证的时间、凭证字号、内容、金额是否一致，记账方向是否相符。

（2）账账核对，是指对各种账簿之间的有关数字进行核对，核对不同会计账簿记录是否相符。其主要包括：总账有关账户的余额核对；总账与明细账核对；总账与日记账核对；会计部门的财产物资明细账与财产物资保管和使用部门的有关明细账核对等。

（3）账实核对，是指各种财产物资的账面余额与实存数额相互核对，核对会计账簿记录与财产等实有数额是否相符。其主要包括：现金日记账账面余额与现金实际库存数核对；银行存款日记账账面余额与银行对账单核对；财产物资明细账账面余额与财产物资实存数额核对；各应收、应付款明细账账面余额与有关债务方及债权方分别进行金额的核对等。

5. 编制会计报表

会计报表是企业财务状况和经营成果的综合反映。企业根据登记完成、审核无误的会计账簿记录，和其他相关资料，依法按照国家统一的会计准则、制度规定的报告格式和内容，编制数字真实、内容完整、计算准确的财务报表。

会计的目的之一就是把有用的会计信息提供给信息使用者，然而企业在日常的会计核算中，会计信息散布于各种会计凭证、账簿之中，其本身难以向外界阐明完整、系统和全面的财务状况及经营成果。

会计报表一般由具体的报表和会计报表附注组成。企业除应编制资产负债表、利润表、现金流量表三张基本的财务报表外，还可以编制一些有关财务状况和经营成果的附表，反映影响企业财务状况、经营成果的细项，以利于报表使用者分析、决策与控制。附表是为财务报表中某些需要详细表达的项目设置的补充资料，可以置于所属报表下方。

（二）控制目标

会计核算的控制目标，主要有以下三个。

第一，会计核算要符合国家财经法规制度的要求。各单位发生的各项经济业务事项应当在依法设置的会计账簿上统一登记、核算，不得违反会计法和国家统一的会计制度的规定。不得私设会计账簿登记、核算。

第二，保证数据信息真实准确。企业会计报表的记账凭证必须根据真实准确的原始凭证进行账务记录，由记账凭证汇总归集的会计账簿及编制的财务会计报告要反映真实业务及营收情况，保证报表使用者获得真实有效的财务信息。

第三，数据报送及时完整。企业应加强对报送数据的监督和审核，使报表更加客观、公正，为利益相关者提供高质量、可靠的财务数据报告。

二、主要风险及管控措施

会计核算涉及多个部门，多个岗位，大量的原始凭证、记账凭证，甚至会计报表，涉及的人员众多，业务、事项覆盖面广，容易出现错误或舞弊。

（一）收集、填制与审核原始凭证环节的主要风险及管控措施

1．主要风险

（1）原始凭证缺失，无法充分证明或反映经济业务的发生。会计人员对业务部门的账务进行处理时，在原始资料收集工作中出现遗漏，或者在会计部门不同岗位间传递时发生遗失，都可能造成原始凭证的缺失。

（2）忽略对原始凭证真实性的审核。审核原始凭证的真实性至关重要。如果凭证的真实性存疑，那么单位的资金安全就存在重大隐患。

（3）忽略对原始凭证合法性的审核。如果凭证上描述的经济业务与国家相关的法律法规，以及本单位的相关规定相悖，会计人员审核时却给予入账，会给单位造成经济和法律上的双重风险。

（4）原始凭证审核业务中资金未做到合理合规。票据中的经济业务不在单位的计划、预算之下，费用额度未在预定的标准范围内。

2．管控措施

（1）制定原始凭证收集管理制度。即明确和规范原始凭证的收集、审核，编制记账凭证遵循的工作制度和工作方向，保证基础工作质量；对凭证交接工作做到责任到人。

（2）单位可对部分原始凭证的样式进行规范设计，对需要登记的内容在凭证上进行列示，避免重要信息的遗漏。按照凭证的来源，原始凭证可以分为外来原始凭证和自制原始凭证。外来原始凭证是从本单位外部的其他单位或个人处取得的反映经济业务数据与情况的原始凭证；自制原始凭证是指由本单位内部相关部门填制以反映经济业务情况，在单位内部使用和流转的原始凭证。单位对内部使用的凭证样式可以依照本单位的经济业务特点及会计部门的审核要求进行自主设计。

（二）编制记账凭证环节的主要风险及管控措施

1. **主要风险**

（1）错误或不准确的凭证信息。会计人员可能在编制记账凭证过程中出现错误、遗漏或不准确的情况，导致记账凭证中的账务信息不正确。

（2）虚假编制风险。会计人员可能故意编制虚假凭证，以掩盖财务不正当行为或获取不当利益。

（3）缺乏适当的审查和审批。若缺乏适当的审查和审批机制，可能导致未经授权的记账凭证编制或存在错误和不合规的记账凭证。

（4）未遵循会计准则和规定。会计人员可能未遵循相关的会计准则和规定，导致记账凭证编制不符合法律法规和会计要求。

（5）内部控制缺陷。缺乏有效的内部控制制度和流程，使得记账凭证编制环节容易受到错误、舞弊和失误的影响。

（6）技术安全风险。如果使用电子化系统进行记账凭证编制，存在系统漏洞、数据泄露或未经授权的访问风险，可能导致记账凭证信息被篡改或泄露。

2. **管控措施**

上述风险可能导致财务信息的不准确、不完整或不可靠，进而影响决策和财务报告的可信度。因此，在编制记账凭证环节，应采取相应的管控措施来降低这些风险的发生。

（1）强化审查和审批。企业应建立严格的凭证审查和审批程序，确保记账凭证的准确性和合规性。凭证编制人员应将记账凭证提交给负责审查和审批的人员进行核对和确认。

（2）明确经济责任，加强内部控制。记账凭证不仅要记录经济业务的内容，而且要明确业务经办人员的经济责任，要求办理经济业务的相关单位和人员签名或盖章，以明确在业务受理过程中所负有的责任，确保记账凭证编制过程的规范性和可追溯性。

（3）培训和教育员工。企业应该提供相关的培训和教育，使记账凭证编制人员了解会计准则和规定，掌握正确的记账凭证编制方法和技巧，提高其凭证编制的准确性和合规性。

（4）遵守会计准则和规定。确保记账凭证编制符合适用的会计准则和企业内部规定，包括会计原则、会计政策、会计处理方法等，以确保财务信息的准确性和可比性。

（5）加强技术安全。如果使用电子化系统进行记账凭证编制，应采取必要的技术安全措施，如访问控制、数据加密、防火墙等，以保护记账凭证信息的机密性和完整性。

（三）登记账簿环节的主要风险及管控措施

1. **主要风险**

（1）不按照有关规定随意设置账簿的形式和内容。由于现金和银行存款是会计反映和监督的敏感对象，现金日记账和银行存款日记账故意采用活页式账簿，而非订本式，会造成现金和银行存款核算和管理及监督上的混乱与漏洞，从而导致会计舞弊。

（2）私设多套账簿，逃避检查，形成舞弊。单位会计部门或业务部门设立多套账簿，在不同的情形下出示使用不同账簿，导致违法违规。

（3）登账中出现错误及舞弊的风险。非电算化企业可能存在更多的账簿登记环节的会计风险，如会计人员不按照会计凭证的内容和要求登记账簿，随意改动业务内容；故意使用错误的账户、错误的借贷方科目；出现无据记账或非正确真实的原始凭证凭空记账的违法乱纪的舞弊行为。

（4）账簿结账环节的舞弊风险。会计人员可能存在通过提前或推迟结账、故意多计或少计数据，虚列账面金额，或者为了人为地把账做平，而故意调节账面数据的舞弊行为。

2．管控措施

（1）明确账簿的种类。明确了账簿的分类，就可以根据单位经济业务的类型、经营管理的要求以及财会机构的类型和内部分工情况，确定所使用的账簿的种类，并在此基础上确定各种账簿的数量、格式和内容。

（2）设计各种账簿的格式和内容。这是账簿管理内控措施的主要环节和关键步骤。在确定所采用账簿的种类后，对每一种账簿应采用何种形式、账页格式如何、包括哪些具体内容等，都需要进行明确规定。

（3）规定各种账簿之间的关系。各种账簿虽然有其各自的特点和不同的用途，但它们并不是完全孤立的，相互之间存在客观的联系。如总分类账对其所属的明细分类账起着概括汇总的作用，而明细分类账则对总分类账进行细节的补充和详细说明，二者存在制约和被制约的关系。为此，企业启用账簿时应明确规定各种账簿之间的关系，保证各种账簿的相互制约、相互补充，完善账簿组织体系。

（4）建立会计账簿的保管制度。与会计凭证一样，会计账簿也是重要的会计档案，是企业经济活动情况的数据库。为此，企业必须妥善保管会计账簿，建立健全会计账簿管理制度。年终，应将使用完的账簿装订成册，交专人负责管理。保管期限及其销毁办法按国家颁布的《会计档案管理办法》执行，到期经上级审批后方可销毁。建立严格的账簿管理制度，有利于堵塞漏洞，防止舞弊行为，保护财产安全。

（四）结账与对账环节的主要风险及管控措施

1．主要风险

（1）人为因素的错误。结账与对账是非常烦琐、重要的工作，容易发生人为操作失误，导致账目出现错误。

（2）财务数据错误或漏洞。如果财务数据或账目存在错误或漏洞，就可能导致结账与对账结果的失真。

（3）遗漏或遗失账单。如果遗漏或遗失账单，就可能导致无法结账或对账不准确。

（4）系统故障。如果财务系统出现故障，就可能导致数据丢失、错误或不能正常导出。

（5）盗窃行为。恶意攻击者可能会窃取账户信息，从而伪造账单信息，导致结账与对账环节存在风险。

2．管控措施

为了降低结账与对账环节的风险，企业可以采取以下措施。

（1）建立严格的内部控制制度，包括严格的操作规范和审计制度，确保实现有效的结账与对账。

（2）建立完善的财务管理体系，包括财务审核和稽核机制，防范财务数据和账单错误等问题。

（3）加强培训，提高员工综合素质和专业技能水平，确保员工能够准确处理财务数据和账单信息。

（4）定期更新财务软件和技术，完善系统设计和数据备份机制，确保财务系统运行稳定可靠。

（五）编制会计报表环节的主要风险及管控措施

1．主要风险

（1）编报单位没有及时更新会计政策，造成报表编制与现行法律、法规不相符。

（2）多种原因造成会计政策运用不恰当，或不能贯彻执行。

（3）各部门数据统计口径不一致，数据传递流程设计不合理，造成统计数据不全面，或出现差错、遗漏。

（4）编制时间计划安排不明确，致使整体进度延后，不能及时报送。

2．管控措施

（1）会计政策应符合国家有关会计法规和最新监管要求的规定。企业应根据本企业业务的情况和特点制定相应的、合法的、合规的会计政策，并持续贯彻和执行。同时，企业应制定相应机制关注国家会计法律、法规、准则、规章等的最近修订或变化情况，及时完成修订，保证企业会计政策的合法合规和恰当适用。

（2）制定规范合理的会计政策与会计估计的调整程序，严格审批及修改权限，保证流程规范、程序严谨。

（3）企业内各部门对开展的业务进行相关财务数据收集应与财务部门充分沟通；企业对业务人员应进行相应的会计知识培训，使之掌握与业务相匹配的会计常识及会计政策法规并能恰当运用；同时财务部门对业务部门的数据统计进行指导和把关，保证统计口径一致，数据完整无遗漏。

（4）制定规范严谨的财务报告流程。会计报表编制工作应由总会计师或分管财务工作的负责人组织开展；明确各部门的职责分工，各部门负责报送完整准确的数据及编报所需的业务信息，财务部门负责汇总和编制工作；编制方案和进度计划应及时下发和通报，各部门按照计划按时完成，并由财务部门对各部门工作进度进行监督和考核。

三、岗位设置与职责分工

（一）岗位设置要考虑的因素

企业对会计核算岗位的设置应该根据企业实际情况进行规划和调整，一般情况下可以从以下四个方面考虑。

1．财务部门的规模及业务范围

如果企业财务部门规模较小，可以将会计核算岗位和其他相关财务岗位合并。会计核算岗位需要职工具备一定财务管理和核算基础知识。如果企业规模较大，可以考虑将会计核算岗位进行细分，如依据所服务对象分类，分为内部管理会计和外部报告会计。

2．企业的会计核算方式

会计核算方式决定了会计核算岗位的工作内容和要求。单项核算与整合核算两种不同的核算方式，对岗位的工作内容和工作量的要求都有比较大的差别。

3．企业的业务、规模及特点

不同的企业，业务、规模、特点等也不同，需要根据实际情况来确定岗位的设置及工作内容。如果企业存在多种业务，可以设置针对不同业务的会计核算岗位，以适应不同业务的需要。

4．重点关注合规和报告的财务核算

合规和报告是企业财务管理中的重要环节，企业要制定相应程序，确保相关人员的合规和报告工作顺畅进行，避免出现错误和违法行为。

总之，企业会计核算岗位的设置应结合企业实际情况，以实现财务部门的有效管理和财务工作的高效运作为基础，注重分工的细化和强化财务管理的专业性，确保企业财务核算工作的高效运转。

（二）主要岗位及职责

1. 职工薪酬核算岗位

职工薪酬核算岗位负责计算职工的各种工资、津贴、奖金、福利费、社会保障各项支出等；办理职工的工资结算，并进行有关的明细核算，分析工资总额计划的执行情况，控制工资总额支出；参与制订工资总额计划。在由各车间、部门的核算员分散计算和发放工资的组织方式下，职工薪酬核算岗位应协助企业劳动工资部门负责指导和监督各车间、部门的工资计算和发放工作。

2. 固定资产核算岗位

固定资产核算岗位负责审核固定资产购建、调拨、内部转移、租赁、清理的凭证；进行固定资产的明细核算；参与固定资产清查；编制有关固定资产增减变动的报表；分析固定资产和固定资金的使用效果；参与制订固定资产重置、更新和修理计划；指导和监督固定资产管理部门和使用部门的固定资产核算工作。

3. 材料核算岗位

材料核算岗位负责审核材料采购的发票、账单等结算凭证；进行材料采购收发结存的明细核算；参与库存材料清查；分析采购资金使用情况，采购成本超支、节约情况和储备资金占用情况，控制材料采购成本和材料资金占用；参与制订材料采购资金计划和材料计划成本；指导和监督供应部门、材料仓库和使用材料的车间、部门的材料核算情况。

4. 成本计算岗位

成本计算岗位会同有关部门建立健全各项原始记录、消耗定额和计量检验制度；改进成本管理的基础工作；负责审核各项费用开支；参与自制半成品和产成品的清查；核算产品成本，编制成本报表；分析成本计划执行情况；控制产品成本和生产资金占用；进行成本预测，制订成本计划，配合成本分口分级管理将成本指标分解、落实到各部门、车间、班组；指导、监督和组织各部门、车间、班组的成本核算和厂内经济核算工作。

5. 销售和利润核算岗位

销售和利润核算岗位负责审核产成品收发、销售和营业外收支凭证；参与产成品清查；进行产成品、销售和利润的明细核算；计算应交税金，进行利润分配，编制利润表；分析成品资金的占用情况，销售收入、利润及其分配计划的执行情况；参与市场预测，制订或参与制订销售和利润计划。

6. 税务会计岗位

税务会计岗位的主要职责是对企业税费相关的管理，负责各种税种的计算、核算和征缴，包括经营所得税、进项税等。

7. 会计复核岗位

有的单位在会计部门还设置会计复核岗位，通常由业务能力比较全面、资历较深的会计主管负责。复核是会计部门内部对会计核算工作进行的一种自我检查或审核工作，其目的在于防止会计核算工作上的差错和相关岗位的舞弊。通过复核，对日常会计核算工作中出现的疏忽、错误等及时加以纠正或者制止，以提高会计核算工作的质量。会计复核是会计工作的重要内容，也是规范会计行为、提高会计资料质量的重要保证。

8. 报表编制岗位

报表编制岗位负责总账的登记，并与有关的日记账和明细账相核对；保管会计档案；进行总账余额的试算平衡，编制资产负债表，并与其他会计报表进行核对；编制利润表、现金流量表，进行企业财务情况的综合分析，编写财务情况说明书；进行财务预测，制订或参与制订财务计划，参与企业生产经营决策。

四、制度设计应注意的问题

第一，企业应规范原始凭证的收集、审核和管理，对一些特殊业务应重视和注意以下方面的内容。

（1）从外单位取得的原始凭证和对外开具的原始凭证，必须盖有填制单位的发票专用章或财务专用章；自制原始凭证必须有经办人和经办部门负责人的签名或盖章。

（2）购买实物的原始凭证的审核，应写清购买实物的用途，应附购入物资的清单，且应有验收手续，有签收人签字。报销审核制度应明确上述内容。

（3）发票必须有税务部门监制印章，收据必须有财政部门监制印章。

（4）各种收付款项的原始凭证应由出纳人员签名或盖章，并分别加盖"现金收讫""现金付讫""银行收讫""银行付讫"印章。

（5）一式几联的原始凭证必须用双面复写纸复写，应注明各联的用途，并只能以其中的一联作为报销凭证；作废时应在各联加盖"作废"戳记，连同存根一起保存，不得缺联、不得销毁。

（6）发生销货退回时，除填制退货发票外，必须取得对方的收款收据或银行汇款凭证，不得以退货发票代替对方的收据。

（7）因公借款，职工应填写正式收据，附在记账凭证后；报销时，应另开收据，不得返还原借据。

第二，企业要注重和加强会计职业道德教育。会计工作的行为主体是人，思想意识指导行为，所以企业要将专业培训与职业道德教育相结合，让会计工作者知道什么是造假以及造假的危害和后果，使其树立牢固的法律意识和形成底线思维，约束和规范其行为，使其不愿也不敢触碰红线。

第三，会计部门应建立健全轮岗制度。会计部门各核算岗位应建立定期轮岗制度，避免会计人员在个别岗位任职时间过长，形成对岗位职责、工作习惯的固化思维，无法发现问题和漏洞；同时，定期轮岗也能够对会计人员长期把持某项会计审核职权，而与业务部门人员发生勾连产生舞弊行为的情况，起到一定的制约作用。

第三节　成本费用控制制度设计

一、业务流程与控制目标

（一）业务流程

成本费用控制通常包括成本费用预算编制、成本费用支出的审批与执行、成本费用的考核等三大流程。

1. 成本费用预算编制

企业需要以过去的预算计划和最终实施效果为基础，与该年度的控制方案和成本目标相结合制订全面、详细的经营预算。业务部门与预算

成本费用控制的
关键控制点

委员会进行充分沟通后，最终完成预算编制，预算应包括企业经营或运营所有方面的成本与费用，包括但不限于生产成本、管理费用、销售费用、财务费用等支出的预算，最后报董事会审批。

2. 成本费用支出的审批与执行

成本费用支出的审批与执行涉及企业多个部门和人员的日常经营工作。企业对各项成本费用支出应按预算执行，业务部门明确各级审批权限；财务部门进行登记入账时应进行严格审核，做到成本费用支出合法、合规、合理，再执行款项拨付；财务部门还应及时削减预算并向相关部门反馈，避免成本费用超预算支出。

3. 成本费用的考核

成本费用的考核是建立在对成本费用充分分析对比的基础上的。财务部门将本期发生的成本费用分别与前一统计期间的数据情况、以前年度统计中成本费用控制较好的数据，以及同类型的其他企业的统计数据进行对比，以分析本期成本费用的控制情况；在分析对比的基础上，查看和考核本期成本费用的执行情况，衡量与预算计划的差异情况，考量各业务部门成本控制是否得当，费用支出是否合理科学，总结经验也明晰责任，为后续改进工作提供参考。

（二）控制目标

1. 保证企业成本费用支出合法合规，保证资产安全

企业对生产经营过程中所产生的一系列成本费用进行记录处理，财务部门要严格审核，真实、准确地展开相应的账务处理，保证各项支出合理、合法、合规，保证资金安全，防止舞弊的发生。

2. 保证成本费用的财务报告真实、完整

成本费用的财务报告真实、完整意味着财务报表上的数据真实地反映了企业的实际经营状况和业务成本。这对企业的决策者和利益相关者非常重要，因为他们需要根据这些数据来评估企业的健康状况以及制定相应的经营战略和投资决策。此外，如果企业虚报成本费用，可能会导致应缴纳的税款减少，从而面临严重的法律风险。因此，建立一个健全的成本费用控制体系，确保成本费用财务报告的真实、完整，对企业保持良好的商誉和稳健发展非常重要。

3. 促进提高资金使用效率和经营效果

在企业执行成本费用内部控制的工作中，一般都将成本最低作为目标，但是在实际执行中，过度追求最低成本可能会造成产品的质量达不到标准，所以企业一定要做好最低成本的目标与保证正常生产和产品质量之间的平衡。企业应挖掘多种降低成本的潜力，实现科学合理的支出，提高资金使用效率，以取得更好的经营效果。

二、主要风险及管控措施

（一）主要风险

（1）企业管理层的管理意识欠缺，管理方法有待优化。很多企业的管理工作较为粗放，不够科学，仅仅要求尽可能低的成本，而忽视了产品质量控制，这样往往会阻碍企业持续健康地发展。还有很多企业忽视了成本信息收集，数据整理、分析反馈的工作，成本预算控制工作的执行也较为松懈，不能做到积极运用财务核算数据，指导成本费用管理工作，使管理工作达不到预期目标。

（2）企业员工缺乏成本费用管理意识和责任担当。在很多企业中，员工直观地将成本费用管理纳入管理层和财务部门的工作范畴，这样的后果是企业的成本费用管理控制制度

和措施无法落地和执行，阻碍了成本费用管理工作持续有效地开展。

（3）未能建立有效、完备的成本费用信息系统，造成数据收集不完整、不准确。很多企业还在依靠手工或半手工进行成本统计和分析，无法满足数据收集和数据处理的要求，导致企业的运营与管理脱节，阻碍企业的长远发展。

（4）成本核算方法落后，造成核算不全面，对企业的长久发展可能造成负面效应。成本核算运用最为广泛的是制造业企业，很多制造业企业仅重视生产设备、技术的引进，却忽略了管理方法的与时俱进。企业在进行成本核算时，仅重视生产制造环节的核算与分析，却忽视了新品研发、优化设计、提高产能等方面的成本支出。同时，信息系统更新之后也可能忽视企业创新方面成本数据的收集和处理。

（二）管控措施

（1）加强内部员工的成本费用管控理念的宣教工作，强化责任意识，使全体员工认识到成本费用管理就是自己的工作。只有每位员工做好管理的基础一环，才能推动成本费用科学合理支出，提高企业经营效率和效果。

（2）在强化全体员工成本费用管理意识的基础上，更应做好成本费用管控的制度建设。企业只有有了规范的制度，才能让员工知晓和执行，才能有的放矢，对执行不力的情况责任到人，才能提升管理效果。

（3）借助操作便利的信息技术和数据处理技术加强各部门、各环节的数据库建设。对企业生产经营各环节的数据进行调取，并进行数据处理与分析，财务部门做好业财融合，给企业管理层提供有价值的分析成果，并提出相应对策方案，从而真正做好成本费用管理工作。

（4）引入先进的成本管理方法，提高成本管理的科学性和精确度。①ABC成本管理法。该方法通过分析企业的成本结构和流程，将成本分配到各个产品或服务的制造、生产和销售环节。这种方法可以帮助企业更准确地确定成本，并提高成本分析的准确性。②现代成本管理系统。它利用计算机和信息技术，为企业提供实时的成本数据和分析结果。这种方法可以帮助企业快速和准确地识别成本问题，并及时采取措施。③生产效率和质量管理。该方法通过提高生产效率和质量，提高企业的生产效率，降低成本，同时提高产品质量，增强企业市场竞争力。④学习型组织管理。学习型组织致力于不断增强企业的竞争力，提高员工技能，优化和改进工作流程。这种方法可以帮助企业通过持续学习和改进，发现并减少浪费，降低成本。

三、岗位设置与职责分工

成本费用控制主要包括成本管理、成本分析、成本控制等方面。企业一般设置以下岗位来负责成本费用控制。

1．成本控制经理/财务经理

作为企业的成本费用控制主管，成本控制经理/财务经理需要制定企业的成本控制策略和计划，通过成本效益分析，根据实际情况对成本进行管理和控制。

2．成本费用审批岗位

各业务部门对成本费用的审批实行分级审批制度，对部门内产生的成本费用负责，责任到人。该岗位应与部门内部询价、招标、采购职责相分离，否则单个岗位权限过大，可能出现招标舞弊风险。

3．成本费用执行岗位

该岗位是部门内业务执行岗位，应通过各种方式寻找供应商，原则上应向三家以上合

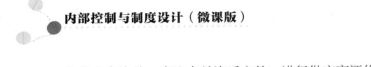

格供应商询价，索取有关资质文件，进行供应商评价，同时获取产品采购价格，付款、交货期限等，并综合考虑采购成本、利润和资金收益因素，确定相应销售价格。该岗位不得兼具审批权限，否则可能存在舞弊风险。

4．成本费用会计

成本费用会计主要负责企业成本费用预测、成本费用核算、成本费用分析和成本费用控制等工作，保障企业成本费用账务的准确性和及时性。其主要职责包括如下三个方面：一是进行费用的预算编制与审核管理等工作；二是针对费用的具体开支，以合法、合规、合理为原则，做好相关支出原始凭证的审核工作并编制记账凭证登记入账；三是做好成本费用的数据归集，登记相应账簿。

5．库存管理专员

库存管理专员主要负责企业的库存管理，并及时调整库存水平，减少库存持有成本。

6．生产计划调度员

生产计划调度员主要负责生产计划编制和调度，合理规划和管理生产过程，从而减少因生产计划不合理而带来的浪费和成本增加。

7．其他成本费用管理岗位

对于规模较大的企业，成本费用业务支出频率较高、数额较大，且采购物资或服务的类型多样，在单位整体条件允许的情况下，可以设立独立于业务部门的采购中心，对招标采购进行规范化操作和管理，避免业务科室与供应商进行勾连，形成舞弊风险，造成公有资产损失或流失。

四、制度设计应注意的问题

在制定成本费用控制制度时，企业要结合企业自身的情况。在实际经营中，很多企业由于自身的内控意识淡薄，往往借鉴上级企业或者照搬同行业其他企业的内部控制方法和制度，并没有结合自身情况进行修正和设计，出现了生搬硬套情况。考虑到企业的行业属性、经营类型、业务特点、核算方式都不尽相同，企业制定的内部控制制度也应将适应性和统一性有机结合，务必保证适用于本企业，可以匹配本企业的生产经营特点，这对成本费用的科学合理支出起到很好的引导规范作用。

另外，控制制度的执行也是值得关注的。企业要想制度真正发挥作用，就要将其落到实处，将其应用于生产经营的方方面面，满足企业实际的运营需要，合理使用资源，促进降本增效的实现。

管理层在完善制度建设和大力开展宣教工作的基础上，还应根据企业生产经营情况建立科学合理的考核制度，设置奖惩机制，明确应受到奖励与惩罚的行为，促进企业内部的各部门及广大员工提高成本费用管理意识，依预算支出，按计划执行，真正将成本费用控制制度落到实处。

第四节　财务报告内部控制制度设计

财务报告是运用报表、文字等形式反映企业在一定时期内的经营结果、资产负债等情况的报告。经营者、投资者、债权人以财务报告为依据做出判断和决策。为了真实准确地反映企业的经营信息，提升企业治理和经营管理水平，使企业能够可持续发展，企业应当强化财务报告内部控制。

一、业务流程与控制目标

（一）业务流程

财务报告编制流程主要包括：制订财务报告编制方案、清查资产和核实债务、结账、编制财务报告、对外报出财务报告等环节。

1. 制订财务报告编制方案

在编制财务报告前，企业财会部门应制订财务报告编制方案，并由财会部门负责人审核。财务报告编制方案应明确财务报告编制方法（包括会计政策和会计估计、合并方法、范围与原则等）、财务报告编制程序、职责分工（包括牵头部门与相关配合部门的分工与责任等）、编报时间安排等相关内容。

2. 清查资产和核实债务

在编制财务报告前，企业应组织财会部门和相关部门进行资产清查、减值测试和债权债务核实工作。

3. 结账

在编制财务报告前，企业应在日常定期核对信息的基础上完成对账、调账、差错更正等业务，以准确计算企业的财务状况和经营成果。

4. 编制财务报告

企业应当按照国家统一的会计准则、制度规定的财务报告格式与内容，根据登记完整、核对无误的会计账簿记录和其他有关资料编制财务报告，做到内容完整、数字真实、计算准确，不得漏报或者任意取舍。

5. 对外报出财务报告

企业对外提供财务报告前需按规定程序进行审核，主要包括财会部门负责人审核财务报告的准确性并签名盖章；总会计师或分管会计工作的负责人审核财务报告的真实性、完整性、合法合规性并签名盖章；企业负责人审核财务报告整体的合法合规性并签名盖章。最后由会计师事务所对财务报告进行审计后，企业即可对外提供。

（二）控制目标

1. 数字真实、准确

财务报告是根据日常的会计账簿记录及其他有关资料编制的，会计账簿记录及其他有关资料是否真实、完整、准确，直接关系到财务报告的质量。为了保证财务报告的准确性、完整性，在编制财务报告前对会计账簿记录进行审核时，企业要依法对总账、明细账、日记账和其他辅助性账簿进行审核。

微课堂

虚假财务报告舞弊
关键控制点

2. 内容完整、报送及时

各单位要严格按照《会计法》和国家统一会计制度规定的财务报告的种类、格式和内容编制财务报告，并按照规定期限及时报送有关部门。一般来说，月度会计报表应当于月份终了后6日内报出，年度会计报表应当于年度终了后35日内报出。对上市公司报送的时间要求是：半年报在会计期间结束后（6月30日）的2个月内（即在8月31日以前）报出；年报在会计期间结束后（12月31日）的4个月内（即在次年4月30日以前）报出。

3. 编制依据一致

财务报告是反映一个单位财务状况和经营成果的书面文件，按照国家统一会计制度的规定，财务报告应当报送国家财政部门、税收部门等有关部门或投资人。根据《会计法》第二十条的规定，向不同的会计资料使用者提供的财务会计报告，其编制依据应当一致。这是为了保证财务报告能真实反映单位的生产经营成果和财务状况，防止出现弄虚作假、违法违纪的现象。

二、主要风险及管控措施

（一）制订财务报告编制方案环节的主要风险及管控措施

该环节的主要风险包括：会计政策未能有效更新，不符合有关法律、法规；重要会计政策、会计估计变更未经审批，导致会计政策使用不当；各部门各步骤时间安排不明确，导致整体编制进度延后，违反相关报送要求。

该环节的主要管控措施如下。

（1）会计政策应符合国家有关会计法规和最新监管要求的规定。企业应按照国家最新会计准则、制度的规定，结合自身情况，制定企业统一的会计政策。企业应有专人关注会计相关法律、法规、规章制度的变化及监管机构的最新规定等，并及时对企业的内部会计规章制度和财务报告流程等做出相应更改。

（2）会计政策和会计估计的调整，无论是强制的还是自愿的，均需按照规定的权限和程序审批。

（3）企业的内部会计规章制度至少要经财会部门负责人审批后才能生效，财务报告流程、年报编制方案应经企业分管财务会计工作的负责人核准后签发。

（4）企业应明确各部门的职责分工，由总会计师或分管会计工作的负责人负责组织领导；财会部门负责财务报告编制工作；各部门应及时向财会部门提供编制财务报告所需的信息，并对所提供信息的真实性和完整性负责。

（5）企业应根据财务报告的报送要求，倒排工时，为各步骤设置关键时间点，并由财会部门负责督促和考核各部门的工作进度，及时进行提醒，对未能及时完成的进行相关处罚。

（二）清查资产和核实债务环节的主要风险及管控措施

该环节的主要风险包括：资产、负债账实不符，虚增或虚减资产、负债；资产计价方法随意变更；提前、推迟甚至不确认资产、负债等。

该环节的主要管控措施如下。

（1）确定具体可行的资产清查、负债核实计划，安排合理的时间和工作进度，配备足够的人员，确定实物资产盘点的具体方法和过程，同时做好业务准备工作。

（2）做好各项资产、负债的清查、核实工作，包括与银行核对对账单、盘点库存现金、核对票据；核查结算款项，包括应收款项、应付款项、应交税金等是否存在，与债务、债权单位的相应债务、债权金额是否一致；核查原材料、在产品、自制半成品、库存商品等各项存货的实存数量与账面数量是否一致，是否有报废损失和积压物资等；核查账面投资是否存在，投资收益是否按照国家统一的会计准则、制度的规定进行确认和计量；核查房屋建筑物、机器设备、运输工具等各项固定资产的实存数量与账面数量是否一致，清查土地、房屋的权属证明，确定资产归属；核查在建工程的实际发生额与账面记录是否一致等。

（3）对清查过程中发现的差异，应当分析原因，提出处理意见，取得合法证据和按照规定权限经审批，将清查、核实的结果及其处理办法向企业的董事会或者相应机构报告，并根据国家统一的会计准则、制度的规定进行相应的会计处理。

（三）结账环节的主要风险及管控措施

结账环节的主要风险包括：虚列、多列、不列或者少列费用、成本；结账时间、程序不符合相关规定；结账后又随意打开已关闭的会计期间等。

　　该环节的主要管控措施如下。

　　（1）核对各会计账簿记录与会计凭证的内容、金额等是否一致，记账方向是否相符。

　　（2）检查相关账务处理是否符合国家统一的会计准则、制度和企业制定的核算方法的要求。

　　（3）调整有关账项，合理确定本期应计的收入和应计的费用。例如，计提固定资产折旧、计提坏账准备等；各项待摊费用按规定摊配并分别计入本期有关科目；属于本期的应计收益应确认计入本期收入等。

　　（4）检查是否存在因会计差错、会计政策变更等而需要调整前期或者本期相关项目。对于调整项目，需取得和保留审批文件，以保证调整有据可依。

　　（5）不得为了赶编财务报告而提前结账，或把本期发生的经济业务事项延至下期登账，也不得先编财务报告后结账，应在当期所有交易或事项处理完毕并经财会部门负责人审核签字确认后，实施结账操作。

　　（6）如果在结账之后需要重新打开已关闭的会计期间，则须填写相应的申请表，经总会计师或分管会计工作的负责人审批后进行。

（四）编制财务报告环节的主要风险及管控措施

　　编制财务报告环节的主要风险包括：提供虚假财务报告，误导财务报告使用者，造成决策失误，干扰市场秩序；报表数据不完整、不准确；报表种类不完整；附注内容不完整等。

　　该环节的主要管控措施如下。

　　（1）企业财务报告列示的资产、负债、所有者权益金额应当真实可靠。

　　①　各项资产计价方法不得随意变更，如有减值，应当合理计提减值准备，严禁虚增或虚减资产。

　　②　各项负债应当反映企业的现时义务，不得提前、推迟或不确认负债，严禁虚增或虚减负债。

　　③　所有者权益应当反映企业资产扣除负债后由所有者享有的剩余权益，由实收资本、资本公积、留存收益等构成。企业应当做好所有者权益保值增值工作，严禁虚假出资、抽逃出资、资本不实。

　　（2）企业财务报告应当如实列示当期收入、费用和利润。

　　①　各项收入的确认应当遵循规定的标准，不得虚列或者隐瞒收入，不得推迟或提前确认收入。

　　②　各项费用、成本的确认应当符合规定，不得随意改变费用、成本的确认标准或计量方法，不得虚列、多列、不列或者少列费用、成本。

　　③　利润由收入减去费用后的净额、直接计入当期利润的利得和损失等构成，不得随意调整利润的计算、分配方法，不得编造虚假利润。

　　（3）企业财务报告列示的各种现金流量由经营活动、投资活动和筹资活动的现金流量构成，应当按照规定划清各类交易和事项的现金流量的界限。

　　（4）企业应按照岗位分工和规定的程序编制财务报告。

　　①　财会部门制定本单位财务报告编制分工表，并由财会部门负责人审核，确保报告编制范围完整。

②　财会部门报告编制岗位按照登记完整、核对无误的会计账簿记录和其他有关资料对相关信息进行汇总编制，确保财务报告项目与相关账户对应关系正确，计算公式无误。

③　进行校验审核工作，包括期初数核对、财务报告内有关项目的对应关系审核、报表前后钩稽关系审核、期末数与试算平衡表和工作底稿核对、财务报告主表与附表之间的平衡及钩稽关系校验等。

（5）企业应按照国家统一的会计准则、制度编制附注。附注是财务报告的重要组成部分，对反映企业财务状况、经营成果、现金流量的报表中需要说明的事项做出真实、完整、清晰的说明。企业应检查担保、诉讼、未决事项、资产重组等重大或有事项是否在附注中得到反映和披露。

（6）财会部门负责人应审核报表内容和种类的真实性、完整性，通过后予以上报。

（五）对外报出财务报告环节的主要风险及管控措施

该环节的主要风险包括：对外提供的财务报告未遵循相关法律、法规的规定，导致企业承担相应的法律责任；对外提供的财务报告的编制基础、编制依据、编制原则和方法不一致，影响各方对企业情况的判断和经济决策的做出；未能及时对外报送财务报告，导致财务报告信息的使用价值降低，同时也违反有关法律、法规的规定；财务报告在对外提供前提前泄露或使不应知晓的对象获悉，导致发生内幕交易等，使投资者或企业本身蒙受损失。

该环节的主要管控措施如下。

（1）企业应根据相关法律、法规的要求，在企业相关制度中明确财务报告对外提供的对象，在相关制度忹文件中予以明确并由企业负责人监督。例如，国有企业应当依法定期向监事会提供财务报告，至少每年一次向本企业的职工代表大会公布财务报告。再如上市公司的财务报告需经董事会、监事会审核通过后向全社会提供。

（2）企业应严格按照规定的财务报告编制的审批程序，由财会部门负责人、总会计师或分管会计工作的负责人、企业负责人逐级把关，对财务报告内容的真实性、完整性，格式的合规性等予以审核，确保提供给投资者、债权人、政府监管部门、社会公众等各方面的财务报告的编制基础、编制依据、编制原则和方法完全一致。

（3）企业应严格遵守相关法律、法规和国家统一的会计准则、制度对报送时间的要求，为财务报告的编制、审核、报送流程中的每一个步骤设置时间点，对未能按时完成的相关人员进行处罚。

（4）企业应设置严格的保密程序，对能够接触财务报告信息的人员进行权限设置，以保证财务报告信息在对外提供前控制在适当的范围内。并对财务报告信息的访问情况予以记录，以便了解情况，及时发现可能的泄密行为，在泄密后也易于找到相应的责任人。

（5）企业对外提供的财务报告应当及时整理归档，并按有关规定妥善保存。

三、岗位设置与职责分工

（一）报表编制岗位

一般企业财务部门主管牵头编制财务报告。企业内部参与财务报告编制的各部门应及时向财会部门提供编制财务报告所需的信息，参与财务分析会议的部门应当积极提出意见和建议，以促进财务报告的有效使用。

（二）财务报告审核岗位

财务报告审核岗位通常由总会计师或分管会计工作的负责人担任。该岗位主要负责：制定企业的财务报告政策；确定财务报告的核算方法和细则；审核财务报告的真实性、完整性、合法合规性；批准发布企业财务报告；等等。

四、制度设计应注意的问题

财务报告是财务体系中非常重要的财务数据文件，是企业管理者、债权人、股权人决策的重要参考资料。为了更好地发挥会计报表的作用，企业在设计财务报告内部控制制度时应注意以下几个问题。

（一）财务报告及指标体系应当严密完整

财务报告体系严密完整是指所设计的会计报表能够全面反映企业经济活动的全貌。指标体系严密完整是指根据各单位的经营特点和管理要求设置各个方面的指标，按照各种指标的不同性质、不同用途以及相互之间的联系进行科学合理的分组，将每一组指标集中在一张会计报表中反映，使各种会计报表分别反映企业财务状况的一个方面。同时各种会计报表中的各项指标应当相互联系、相互补充、相互衔接，共同组成完整的会计指标体系，以全面反映企业经济活动的全貌。

（二）有利于信息快速生成

会计报表是根据总分类账户和明细分类账户编制的，在设计报表项目时，各项目名称最好能够与会计科目名称一致，以便直接从有关账户中取得数据；另外在设计报表时最好有一栏用来注明数字来源，从而进一步提高编报速度，做到及时报送报表。目前资产负债表和利润表的绝大多数项目与会计科目是一致的，实际上设计时遵循了快速生成原则。

（三）财务报告指标的统一性与灵活性相结合

对外报表为便于汇总、比较、分析，要求指标统一，要注重统一性；而内部报表主要满足内部管理需要，所设计的报表种类与指标体系应符合具体单位的需要，要注重适用性。

（四）简明易懂，便于编制

设计的会计报表应当清晰易懂、层次性强，并且便于编制。为此，会计报表应做到表首清晰明了，项目分类明确，会计信息力求客观、统一和连贯。

【案例延伸思考】

在公司里，财务报销流程是最核心也是最烦琐的。传统的财务报销流程都是员工花费大量的时间和精力找寻发票、贴发票，再到财务部门层层整理、层层把关，再到领导办公桌面，最后付款记账（见图9-3）。

这样的报销流程存在以下劣势。

1. 纸质报销单填写不规范。

2. 纸质单据不便于查询和汇总。

3. 遇到出差办公无法实现填制报销单，造成大量工作堆积，影响财务审核和核算。

4. 领导由于时间、地点等因素而无法在第一时间审批，甚至会在个别审批节点耽误很长时间。

5. 费用控制情况只能通过人工查询，不仅费时费力，而且不够精准。

随着移动互联网时代的高速发展，公司可以利用移动报销系统来优化财务报销流程（见图9-4）。网络财务报销流程的优点如下。

1. 方便员工报销。员工通过移动报销系统，即可在计算机/微信上随时随地提交报销申请。同时，提交之后还可以实时查看了解报销进度，流程更透明。

图9-3　传统财务报销流程

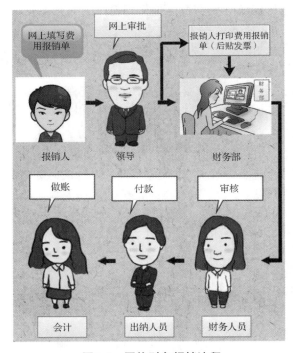

图9-4　网络财务报销流程

公司事先设置每个部门的预算，当员工提交报销单据时，系统会根据成本中心进行费用汇总，超过成本中心预算限额时，系统会显示禁止提交单据。这样可以方便员工了解预算，防止员工重复提单，浪费时间。

2．方便领导审批。审批工作一向是公司领导每天的"必修课"，领导利用移动报销系统，可以随时随地审批报销单据，大大提高了审批速度。

3．方便财务人员统一管理。以往对于纸质报销单据，财务人员需要花费大量的时间按照报销时间、部门、明细项目进行分类归档整理。现在对于员工通过移动报销系统提交的报销单据，财务人员可以自主设置成本中心、明细项目，针对不同员工及城市级别，设定差旅费用报销标准，根据不同部门、职位、人员设置不同的报销流程。财务部门通过自定义设置表单的方式设置不同的报销类型，最终做到让一张表单解决所有类型的报销流程管理，不仅提高统计效率，还便于查找及保管。

对于通过审批的报销，财务人员可以直接通过员工银行卡账号等信息进行转账；对于批量的报销，还可以进行批量转款。企业通过移动报销系统不仅提高了报销效率，也提高了员工的满意度。

【知识回顾与拓展】

即测即评

【思考与探索】

1．企业资产和负债的核算原则及匹配原则是什么？在内部控制制度设计中如何体现和实施这些原则？

2．如何保障企业的资金专款专用？

3．如何把财务会计内部控制与风险评估结合起来？

4．如何提高财务会计内部控制的效率？

5．如何使用全面预算控制体系实现预算的精细化管理？

6．如何在全面预算控制体系中落实目标、责任、绩效等管理方法？

7．如何确保会计核算控制的准确性和完整性？

8．如何通过会计核算控制来提升企业财务报告的质量和透明度？

9．如何通过成本费用控制来提高企业的市场竞争力？

10．如何运用财务报告控制来推进企业经营优化管理？

【实训项目】

实训项目：122亿元资金去哪里了？

实训项目

第十章
审计监察内部控制制度设计

 学习目标

通过对本章的学习，读者应该：

1. 了解内部审计、纪检监察的业务流程与控制目标；
2. 了解内部审计、纪检监察业务中的主要风险和管控措施；
3. 了解企业内部审计制度、纪检监察制度的内容。

 教学引导案例

内部审计怎样才能"讨人爱"？

肖勇是X集团公司旗下D公司总经理，在现任岗位上工作了5年，今年41岁，正是意气风发的年龄。在任D公司总经理之前，他曾在集团公司财务部任副部长3年。此次集团公司董事长找到他，想让他出任集团公司审计部部长一职。

作为集团公司的部门管理者，肖勇与审计部打交道不少。今年8月，集团公司审计部对D公司审计时，发现D公司在仓储管理、产品检验、档案管理等内部控制方面存在一些问题。作为D公司总经理的肖勇也认为在这些方面有可以改进的地方，于是很痛快地在"审计问题和整改建议"沟通函中签了字。但在集团公司审计部对审计问题整改跟踪评价时，审计人员认为审计提出的问题没有整改到位，相应扣减D公司管理层20%的年终奖，肖勇解释D公司已经就此进行了多次部署，但内部控制问题属于系统缺陷，公司内部有个认识的过程，制度修改也有个报批的过程，不是两三个月就能改好的，不能因此扣减管理层奖金。对此，肖勇还与集团公司审计部副部长袁梦发生了激烈的争吵。另外，肖勇还回想起在今年年初的一次经营分析会议上，与公司的一位执行董事在闲聊时提到了内部审计工作，这位执行董事抱怨说："每次审计部门汇报时，说是发现了许多问题，但从头到尾其实都是一些细节末枝的问题。"

想起了过去与审计部打交道的情形，肖勇承认自己对内部审计工作并不是那么喜欢，甚至表示也有其他中层领导认为内部审计"招人烦"。现在集团公司领导偏偏让自己来管理内部审计，肖勇真的是没有信心。

请思考：在现实工作中，内部审计"招人烦"的原因是什么？如何让公司一线业务部门、职能部门、管理层以及董事会、股东认可内部审计的工作呢？内部审计怎样才能"讨人爱"呢？[①]

---

① 本案例素材源自《内部审计情景案例》，特向原作者表示感谢。

第一节 内部审计制度

一、业务流程与控制目标

（一）主要流程

内部审计部门是一个企业内部设立的独立机构，其职责是评估和监控企业内部控制、风险管理和治理过程的有效性，为企业的管理层提供独立的确认和咨询服务。作为企业治理的四大基石之一，内部审计扮演着重要的角色。它通过检查和监督企业内部控制及其运作流程以及提出改进建议，促进企业内部控制的有效运作，并帮助管理层更好地降低风险、提高管理效率、提升企业治理水平和财务报告质量。在风险管控中，内部审计发挥第三道防线的作用。

微课堂

内部审计与内部控制的关系

为了保证内部审计作用的充分发挥，企业必须建立合理有效的内部审计制度。

内部审计的流程主要包括制订年度审计计划、审计准备、审计实施、审计报告、审计跟踪等五个阶段。具体涉及：制订年度审计计划、下达审计项目指令、编制项目审计方案、编制并下发审计通知书、召开审计进场会议、开展现场审计并编制审计工作底稿、召开审计撤场会议、审

微课堂

内部审计在公司治理中的作用

计工作底稿征求意见、草拟审计报告征求意见稿并征求意见、修订审计报告、编制审计意见、下发审计意见、督促落实审计整改等流程节点。

常见的内部审计业务流程如图10-1所示。

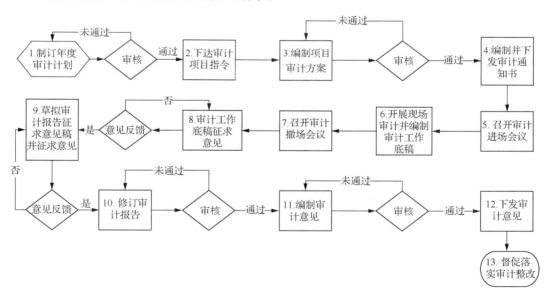

图10-1 常见的内部审计业务流程

（二）控制目标

内部审计的控制目标会因企业类型、规模、行业和特定需求而有所不同。一般的内部审计控制目标如下。

（1）评估内部控制体系的有效性。

（2）确保企业的财务报告准确无误地反映了企业的财务状况和经营成果。

（3）防范企业内部和外部诈骗、浪费、滥用和腐败等行为。

（4）确保企业遵守适用的法律法规和行业规范。

（5）确保企业的资产得到充分保护，防范损失。

（6）提供关于内部控制体系的改进建议。

（7）支持企业的监管合规和内部审计合规。

（8）评估企业风险管理的有效性。

二、主要风险和管控措施

（一）制订年度审计计划阶段的主要风险与管控措施

年度审计计划是开展内部审计具体工作的重要依据，内部审计部门需根据年度审计计划开展内部审计具体工作。内部审计部门需根据上级单位要求，充分结合企业经营重点、历年审计发现高风险领域和重点问题等，确定下一年度审计重点，制订年度审计计划，并按照规定的流程权限审批，经批准后执行。

该阶段的主要风险包括：年度审计计划制订不合理，不符合企业的经营目标或工作重点，审计内容未覆盖到企业重大风险、关键领域和业务活动。

该阶段的主要管控措施如下。

第一，充分总结本年度审计工作，综合考虑审计目标、重点和审计资源等因素，逐步建立经营计划与审计计划的衔接机制，合理编制下年度审计计划。内部审计人员可通过列席企业经营管理会议、与管理层访谈等手段，深入领会企业的经营目标和工作重点，综合内部审计情况，切实制订年度审计计划，并征求各职能部门意见，确保审计计划的合理性。

第二，逐步建立企业重大风险、关键领域和业务活动数据库。内部审计部门可协同业务、风险控制、法律合规、财务管理等有关部门，结合历年审计发现高风险领域和重大问题，建立企业重大风险、关键领域和业务活动数据库，并根据企业实际经营不断更新完善，及时掌握、深入了解企业运营情况，提高审计监督的有效性和及时性。

第三，建立年度审计计划的审批机制。内部审计部门制订年度审计计划后，需征求企业相关领导或机构的意见，经董事会审计委员会批准后执行，确保审计计划的合理性和适当性。

（二）审计准备阶段的主要风险与管控措施

审计准备阶段主要包括下达审计项目指令、编制项目审计方案、编制并下发审计通知书等。通常，内部审计部门负责人按照年度审计计划安排，适时下发审计项目指令，宣布开展某项审计。审计项目组长开展审前调研，了解审计对象，编制项目审计方案，拟订审计资料清单，编制审计通知书，经批准后下发至被审计单位。

该阶段的主要风险包括：项目审计方案不恰当，项目审计方案的审计内容不完整、关注重点不突出、审计目标不明确、审计方法不恰当、审计时间安排不适当、内部审计人员工作分配不合理，导致审计项目无法顺利开展，审计效果无法体现。

该阶段的主要管控措施如下。

第一，做好审前调研。内部审计人员通过公开信息、可获取的非公开信息初步了解审计对象，了解被审计单位的基本情况，包括企业规模、经营环境、生产状况、业务运行情况及内部控制情况等，理清审计的整体思路，初步明确审计方向和重点内容，确定风险点及控制情况，预估整体工作量，安排适当的内部审计人员，从而制订合理的项目审计方案。

第二，做好与审计委员会的沟通。内部审计人员制订审计方案前，应与审计委员会做好充分沟通，明确重点关注事项，完善审计内容，获得充分支持和理解，提高审计效率，提高审计质量和审计效果。

第三，做好逐级复核审批。项目审计方案由审计项目组组长明确整体方向，项目主审制订具体方案，经内部审计部门负责人审核后确定。内部审计部门负责人需把握审计内容、关注审计重点、审计目标、审计方法、审计时间及内部审计人员工作分配，是否完整、恰当、可行，是否充分体现审计项目的工作重点和不同审计项目的工作特点；审计项目组组长需复核审计方案内容是否完整，覆盖是否全面。

（三）审计实施阶段的主要风险与管控措施

审计实施阶段主要包括召开审计进场会议、开展现场审计并编制审计工作底稿、召开审计撤场会议等。审计项目组在进驻被审计单位时，需要召开审计进场会，由审计项目组成员、被审计单位主要领导参加，审计项目组宣读审计通知书，被审计单位做简要汇报，并签署管理当局声明书、被审责任人承诺书。而后，审计项目组正式开展现场审计，采取适当的审计方法，发现审计问题，编制审计工作底稿，留存审计证据；在审计现场工作完成后，召开撤场会议，就审计发现问题进行初步简要沟通。

该阶段的主要风险包括：审计依据不充分、不准确，审计内容不完整，发现问题不深入、不全面，问题定性不准确，未在规定的时间内有效完成审计工作，审计目标未实现。

该阶段的主要管控措施如下。

第一，签署管理当局声明书、被审责任人承诺书。在召开审计进场会议时，被审计单位应签署管理当局声明书及被审责任人承诺书，表明被审计单位对出具的财务会计、经营管理、述职报告等资料负责，并承诺对审计项目组开展审计工作理解、支持和充分合作。

第二，配备适当的内部审计人员，确保执业能力。内部审计部门负责人应充分了解被审计单位的情况与内部审计人员的专业优势，为审计项目组配备优势互补、综合能力过硬的内部审计人员；通过日常工作和专门培训等方式，不断提高内部审计人员的执业能力，确保审计质量。

第三，遵循成本效益原则，合理分配工作内容。审计项目组组长要做好审前调研，预估整体工作量；根据成本效益原则，进一步明确审计方向和审计重点；根据配备的内部审计人员的能力素质差异，合理分配审计内容，以更好地达成审计目标。

第四，项目主审给予内部审计人员适当的督导。项目主审根据项目审计方案中的各项要求，在审计过程中对内部审计人员给予适当的监督和指导，及时发现审计过程中阻碍实现审计目标的问题，并恰当地解决。

第五，审计项目组组长、项目主审做好审计工作底稿复核。审计项目组组长、项目主审根据项目审计方案中的各项要求，逐一复核内部审计人员提交的审计工作底稿，对审计工作底稿中需进一步核实的内容，提请内部审计人员进一步核实完善。

（四）审计报告阶段的主要风险与管控措施

审计报告阶段主要包括审计工作底稿征求意见、草拟审计报告征求意见稿并征求意见、修订审计报告、编制审计意见、下发审计意见等。审计项目组撤场后，进一步完善审计工作底稿，形成审计工作底稿征求意见稿，向被审计单位征求审计意见；被审计单位根据实际情况复核审计工作底稿内容，形成反馈意见，向审计项目组反馈；审计项目组根据审计工作底稿反馈意见，适当采纳；审计项目组撰写审计报告征求意见稿，就审计报告征求意见稿向被审计单位征求意见；被审计单位就审计报告征求意见稿向审计项目组反馈意见；审计项目组适当采纳，修订审计报告，草拟审计意见，经批准后下发审计意见。

该阶段的主要风险包括：审计报告内容不准确、不全面，结论不清晰，审计意见不适当、不明确。

该阶段的主要管控措施如下。

第一，提高审计工作底稿质量，做好审计工作底稿征求意见工作。内部审计人员要严格按照审计分工，采取适当的审计方法，做好负责部分审计工作，认真、全面地编制审计工作底稿；项目主审及审计项目组组长做好审计工作底稿复核，确保内容全面，结论有据可依，问题定性准确；审计项目组向被审计单位就审计工作底稿征求意见，并认真分析其反馈的意见，适当采纳，确保审计工作底稿内容全面、结论清晰、问题定性准确。

第二，做好审计报告征求意见和意见反馈工作。项目主审根据审计工作底稿编制审计报告，明确报告内容层次、逻辑，做好问题分类总结，使审计发现问题在报告中得到恰当的反映；审计项目组向被审计单位就审计报告征求意见，并认真分析研判反馈意见，修订审计报告，确保审计报告内容全面、措辞准确、意见恰当。

第三，做好审计报告、审计意见的复核和审批。内部审计分管领导、内部审计部门负责人、审计项目组组长要做好审计报告和审计意见的复核审批，确保被审计单位在被审计期间的成绩与不足均得到了适当的表述，审计报告公正、客观地反映被审计单位的真实情况；确保提出有针对性的审计意见，明确整改要求。

（五）审计跟踪阶段的主要风险与管控措施

审计跟踪阶段主要是督促落实审计整改，具体包括提交审计整改方案，提交整改报告及证明材料，审计整改"回头看"。在内部审计部门向被审计单位下发审计意见后，被审计单位需按照审计意见要求，提交审计整改方案，并按照方案落实整改；内部审计部门要适时跟踪整改进展，被审计单位完成整改后要提交整改报告及证明材料；内部审计部门抽取重点审计项目开展"回头看"，检查审计整改质量，做好审计整改"后半篇文章"。

该阶段的主要风险包括：审计整改方案制订不合理，整改落实不到位，未能实现"举一反三"等。

该阶段的主要管控措施如下。

第一，审计项目组对审计发现提出建设性的审计建议，对被审计单位的审计整改方案提出意见建议并备案。审计项目组在出具审计报告，下发审计意见时，针对审计整体情况及审计发现，提出有建设性的、可落地的、适当的审计意见；在被审计单位制订审计方案过程中，与其进行充分沟通，使其整改方案切实可行、标本兼治。

第二，定期跟踪审计整改进展，验收整改成果。内部审计部门需要根据被审计单位提交的审计整改方案，对照整改方案中的整改完成期限、整改措施，定期跟踪整改进展；检查、复核被审计单位提交的证明材料，确保切实完成审计整改。

第三，开展审计整改"回头看"。内部审计部门根据审计发现的问题、问题整改整体情况，选取适当的项目开展审计整改"回头看"，整体检查问题整改的全面性、彻底性，确保审计成果运用，做到治已病、防未病。

三、定义部门岗位职责

定义部门岗位职责主要涉及四个方面：领导机构职责、归口业务部门及职责、协助配合部门及职责、业务授权。

（一）领导机构职责

一般情况下，企业董事会下设董事会审计委员会，全面领导内部审计工作，负责内部审计的组织、协调和监督，其主要职责包括以下五点。

（1）负责指导制定内部审计制度和政策。

（2）负责审议、批准年度内部审计工作计划。

（3）负责督导内部审计工作，听取内部审计报告，检查内部审计工作质量。

（4）负责审议内部审计发现重大问题，监督内部审计问题整改工作。

（5）负责内部审计工作内外部协调与沟通。

（二）归口业务部门及职责

内部审计具体工作主要由审计部门负责，其主要职责为：拟订年度审计计划、统筹开展内部审计工作、督促落实审计整改等。

审计部门开展审计工作一般为项目制，审计部门负责人、审计项目组组长、审计项目主审、审计项目组成员各司其职。

1. 审计部门负责人

（1）负责合理保证所有内部审计活动符合内部审计准则的要求，拟订年度审计计划。

（2）负责确定审计项目组组长，应选择有丰富工作经验、较高业务水平、较强沟通能力的人担任。

（3）负责确定项目组成员，对成员进行分工时，也应该考虑其专业胜任能力和职业道德水平，并符合有关规定要求。

2. 审计项目组组长

其对审计准备到审计实施、审计报告、审计跟踪、审计归档等业务的全过程负责。

（1）审计准备：调查、了解有关情况，拟定审计目标和范围，制订项目审计计划，并提交内部审计机构负责人审批；主持审计小组审前准备会议，确定审计程序和方法，审定审计实施方案；印发审计通知书或函。

（2）审计实施：主持进场会议；对审计过程进行监督，确保审计质量；向内部审计机构负责人汇报重大发现；审核审计工作底稿，并确定审计结论与建议；主持散场会议。

（3）审计报告：审核审计报告草稿，签发审计报告征求意见书；审核修订正式报告，并提交内部审计机构负责人审定；起草审计意见书，按照业务流程规定上报审计业务主管领导签批。

（4）审计跟踪：督促被审计单位反馈整改落实情况，根据整改落实情况报告，提出跟踪检查的意见。

（5）审计归档：督促完成审计项目归档。

3. 审计项目主审

审计项目主审协助审计项目组组长做好审计准备、审计实施、审计报告、审计跟踪、审计归档等工作；全面负责审计现场工作，确保审计项目进度。

（1）审计准备：组织审计小组审前会议；协调组织与被审计单位的进场会议；收集资料，了解被审计单位或部门经营情况、工作流程和控制环节等；收集、分析有关资料，依据项目审计计划草拟项目审计实施方案。

（2）审计实施：全面负责现场审计工作，确保审计项目进度。执行审计程序，认真落实审计方案，保证审计证据充分、相关和可靠；与被审计单位、被审计人员保持良好沟通，取得对方的积极配合；组织、协调审计项目组成员工作，共同研究解决审计中的问题；加强审计现场督导，负责对其他人员的审计工作底稿进行复核；及时向审计项目组组长报告审计中出现的重要情况；协调组织撤场会议。

（3）审计报告：起草审计报告，保证数字正确、重点突出，审计结论客观公正；与被审计单位、被审责任人交换意见；收集、整理、移交审计档案。

（4）审计跟踪：具体实施跟踪检查。

（5）审计归档：统筹完成审计项目归档。

4. 审计项目组成员

（1）审计准备：参加审前会议；参加审前资料收集工作，了解被审计单位经营情况、工作流程和控制环节等；讨论审计方法和程序。

（2）审计实施：参加进场会议，执行审计实施方案分配的审计工作，保证审计证据充分、相关和可靠；撰写审计工作底稿，保证数字正确、文字通顺、层次清晰、重点突出；服从主审的工作协调；协助主审做好有关工作；遇到重大问题须及时向主审报告；补充完善审计工作底稿，提出审计人员初步意见；参加撤场会议。

（3）审计报告：协助主审完成审计报告。

（4）审计跟踪：对被审计单位未能整改的问题查明原因。

（5）审计归档：完成所负责部分的审计项目资料归档。

（三）协助配合部门及职责

1. 被审计单位

（1）根据审计通知书准备审计所需资料，组织召开进点会，介绍被审计期间的公司经营情况等。

（2）配合审计项目组现场工作，提供审计所需资料，按时提交反馈意见。

（3）实施整改，做好审计成果运用，并向审计部门备案。

2. 公司本部各相关部门

（1）作为内部专家，向审计部门提供专家支持、专业协助，必要时提供相关审计资料。

（2）对重要IT审计报告，根据审计意见，帮助、督促被审计单位整改。

（3）对审计结果反映的典型性、普遍性、倾向性问题进行研究，提高管理水平。

3. 纪委、监察专员办公室

其根据审计移交的问题线索，根据相关规定进行下一步的调查处理。

（四）业务授权

内部审计授权，是指公司内部有关机构、各级管理人员、各部门及相关工作人员，在其职责范围内，根据既定的权限，对内部审计工作的计划、开展、报告等进行的审核流程。

内部审计授权表（示例）如表10-1所示。

表10-1　内部审计授权表（示例）

项目	发起部门	协商/会签部门	审核部门	审批部门
年度审计计划	审计部门	各部门		董事会审计委员会
项目审计计划	审计项目组组长			审计部门负责人
审计实施方案	项目主审		审计项目组组长	审计部门负责人
审计通知书	项目主审	审计项目组组长	审计部门负责人	审计部门分管领导
开展现场审计，编制审计工作底稿	审计项目组	被审计单位、本单位各有关部门	项目主审	审计项目组组长
审计工作底稿征求意见	项目主审	被审计单位、审计项目组成员		
草拟审计报告	项目主审			审计项目组组长
审计报告征求意见	项目主审	被审计单位	审计项目组组长	审计部门负责人
下发审计意见书	审计部门负责人			审计部门分管领导
审计整改		审计部门、被审计单位		

四、制度设计示范

内部审计包含财务收支审计、经济责任审计、经济效益审计、内部控制审计、专项审计等各类审计，具体需制定哪些内部审计制度需根据公司需求及审计机构设置而定。完善的内部审计制度包括：内部审计质量管理制度、经济责任审计制度、财务管理审计制度、内部控制审计制度、经济效益审计制度、IT审计管理办法、合同审计办法、境外审计办法、审计结果运用管理办法及审计人员管理办法等。

一般来说，企业可制定一项统一的内部审计制度，也可按照不同的审计类型制定更具针对性的审计制度，但每项制度都需明确与内部审计相关的部门职责、审计内容和审批权限等。

拓展资料

内部审计制度示范

第二节　纪检监察制度

一、业务流程与控制目标

（一）主要流程

微课堂

内部审计与
纪检监察的区别

纪检监察是党的纪律检查机关和政府监察部门行使的两种职能。党的十八大以来，中共中央发布了《中国共产党纪律检查机关监督执纪工作规则》《党的纪律检查机关案件审理工作条例》《中华人民共和国行政监察法》等，明确了纪检监察部门"监督执纪问责"的主要职责。纪检监察工作内容主要包括日常监督、专项监督、受理问题线索、执纪审查、案件审理、党纪处分和组织处理、宣教预防、廉政风险防控、效能监察及巡察等。这里主要阐述受理问题线索（信访举报）、执纪审查、案件审理、党纪处分和组织处理的业务流程。

常见的纪检监察业务流程如图10-2所示。

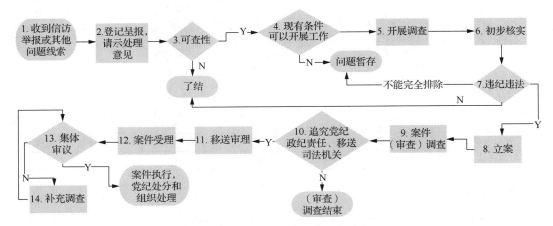

图10-2　常见的纪检监察业务流程

（二）控制目标

纪检监察部门在履行法定职责时，对监督对象享有监察、调查和惩戒等强制性权利。该强制性权利在一定程度上保障了纪检监察部门履行其职能，即：（1）保护党员的民主权利，使其不受侵犯；（2）惩处违反党纪的党员，清除党内腐败分子；（3）监督党的各级组织特别是领导机关、领导干部执行党的路线、方针、政策、决议和贯彻民主集中制的情况；（4）教育党员遵纪守法，履行义务，发挥党的优良作风，增强反腐蚀的能力。

纪检监察的控制目标如下。

（1）事实清楚。其包含三个方面的内容：一是所认定的事实必须符合客观实际，必须能真实、客观地再现事务的本来面貌；二是必须能够反映违纪事实发生、发展的全过程，包括错误发生的时间、地点、情节、手段、主客观原因、造成的后果，以及有关人员的责任等；三是必须能够准确地概括违纪人员犯了哪些错误，而每一条错误究竟错在什么地方。

（2）证据确凿。其包含四个方面的内容：一是证据必须真实，经得起现实和历史的检验；二是证据必须与案件有内在的联系，证据与错误事实相符；三是证据必须充分，足以证明错误事实，能使得出的结论是唯一的；四是证据之间不能有矛盾。

（3）定性准确。其包含三个方面的内容：一是定性准确应建立在事实清楚、证据确凿的基础上；二是适用党和国家的方针、政策和法律、法规及党纪处分条规要准确；三是所认定的错误性质应符合违纪构成要件。

（4）处理恰当。其包含三个方面的内容：一是在事实清楚、证据确凿、定性准确的基础上，对犯错误人员的处理应当与其所犯错误的性质和应负的责任相适应；二是同一性质、情节相近的错误，应当给予轻重相近的处理；三是数个违纪错误应合并处理。

（5）手续完备。相关法律法规对纪律审查程序中每个阶段的手续要求都是明确的。在问题线索受理、初步核实、立案、调查、移送审理以及案件审理和处分等阶段，纪检监察部门必须按照有关规定履行必要的手续。

（6）程序合规。在纪律审查工作过程中，纪检监察部门必须严格依规依纪履行程序，保证工作规范有序进行。

二、主要风险和管控措施

（一）受理信访举报环节的主要风险与管控措施

信访举报工作，是纪检监察部门通过接收群众来信（包括网络形式）、接待群众来访、接听举报电话等渠道，受理对党组织、党员及监察对象的检举、控告，按照纪检监察部门的职能和规定的程序处理信访问题的工作。纪检监察信访工作是党和国家人民信访工作的重要组成部分。信访举报是纪检监察部门获取信息和问题线索的主要来源，是对党员领导干部、监察对象进行监督的重要渠道，也是职工群众参与党风廉政建设和反腐败工作的重要形式。

该环节的主要风险包括：受理信访举报不及时、越权办理、处理不恰当、信访举报人受到打击报复。

该环节的主要管控措施如下。

第一，阅信当日拆阅、阅信接访接电及时登记呈报。当天来信须当日拆阅，仔细通览内容，弄清主要问题、性质及信访人要求，认真做好记录；接访接电耐心听取陈述，认真做好记录，对于反映重要问题的来信来访，及时登记呈报。

第二，信访举报分类办理。根据信访举报反映的具体问题，按照规定进行办理：对于属于本级管辖范围的信访举报，由本级纪检监察部门办理；对于属于下级纪检监察部门管辖的信访举报，转交下级纪检监察部门办理，其中重要的可向其发函交办，并责成其报告调查处理结果；对转交下级的信访举报办理情况，要进行及时督促检查。

第三，审核报结。按规定要求从办结手续、信访材料和定性处理上审核查办情况，对符合条件的，经领导批准后予以了结。审结方式为了结、暂存或立案。了结分批评教育、适当处理或澄清事实。对上级批转报结件，要向交办单位书面报结。

第四，回复反馈。信访处理结束后，向署名人、来访人用回信或口头方式，告知处理情况，说明有关情况，答复有关问题。

第五，做好保密工作。处理信访举报相关人员，要对信访举报人自身情况、举报内容严格保密，严禁将举报材料转给被举报单位、被举报人；接受举报并核查情况时，要在不暴露信访举报人身份的情况下进行；宣传报道或奖励对举报有功的人员，除征得信访举报人的同意外，不得公开信访举报人的姓名、工作单位。

第六，严肃处理打击报复行为。对信访举报人进行打击报复的，一经发现就要严肃处理。情节恶劣的应予以党纪政纪处分；情节十分恶劣、造成严重后果的，应追究法律责任。

（二）执纪审查环节的主要风险与管控措施

执纪审查是指纪检监察部门依据《中国共产党纪律检查机关监督执纪工作规则》《中国共产党纪律检查机关案件检查工作条例》《党的纪律检查机关案件审理工作条例》《中华人民共和国监察法》等党内法规和国家法律法规规定，根据职权和管辖范围，对党员、党组织和监察对象违反党纪政纪行为进行核实和审查的活动。

执纪审查环节的主要风险如下。

（1）审查过程中可能存在信息不透明或操作不规范的情况，导致审查结果不准确或存在误判现象。

（2）由于证据不足、获取证据困难、相关方交代不清或不配合调查，或调查人员可能存在认知偏差、逻辑错误或可能受到其他外界干扰等因素，导致案件事实未查明。

（3）由于审查人员在思想观念、法律知识、调查技能等方面存在不足或错误，导致执纪审查不客观或不公正。

（4）因技术手段不完善或失效，或检查人员安全知识和意识的缺乏、工作疏忽，或企业安全培训不足等原因，导致发生执纪审查安全事故，如信息数据泄露、财产损失、人员伤亡。

该环节的主要管控措施如下。

第一，收集确实、充分的证据。证据是查明案件事实的关键，只有收集到确实、充分的证据，认定案件事实才能有可靠的根据。

第二，严守执纪审查纪律。在执纪审查过程中，办案人员要严格执行政治纪律、工作纪律、保密纪律和廉洁纪律的相关要求，对违反相关纪律的，要认真追查，严肃处理，决不搞"灯下黑"；对打听、过问、干预监督执纪案件工作的行为，视情节轻重以及造成的不良影响和后果，按相关规定给予处理处分。

第三，坚持依法依法文明办案。纪检监察干部要从政治和全局高度认识执纪审查工作的重要性，抓好谈话工作安全，严格做到"九个必须"和"三个严禁要求"；发生执纪审查安全事故时，应及时做好处置和舆论引导工作，做好人员安抚和社会稳定工作，尽最大可能化解负面影响，并严格按照时间要求执行报告程序。

第四，实行执纪审查回避。执纪审查人员不参加审查与自己有利害关系或其他可能影响公正审查的案件，回避的方式分为自行回避、申请回避和指令回避。

（三）案件审理环节的主要风险与管控措施

案件审理是指纪检监察部门对审查终结的违反党纪政纪规定应当给予纪律处理或处分的案件和复议复查案件，在做出正式处理决定之前，根据审理案件的基本要求和原则，按照规定的程序，对调查所认定事实，取得的证据，定性、处理建议，办案程序、手续，以及涉案款物处理等方面所做的审核处理工作，是纪检审查的必经程序。

该环节的主要风险包括：需要查明的主要事实不清、证据不足；给予的纪律处理或纪律处分意见不合理；未能发现并纠正执纪审查所认定事实及审核处理工作。

该环节的主要管控措施如下。

第一，选取合适的纪检监察人员组成审理组。案件审理部门收到审查报告后，应当成立由2人以上组成的审理组，审查人员不得参加审理，全面、客观审理案卷材料，提出审理意见。

第二，对于重大、复杂、疑难案件，执纪审查部门已查清主要违纪事实并提出倾向性意见的，或者对违纪行为性质认定分歧较大的，经批准可提前介入审理。

第三，坚持集体会议，在民主讨论基础上形成处理意见；对争议较大的应当及时报告，形成一致意见后再做出决定。审理部门应当根据案件审理情况与被审查人谈话，核对违纪事实，听取辩解意见，了解有关情况。

第四，对主要事实不清、证据不足的，经纪检监察部门主要负责人批准，退回执纪审查部门重新调查；需要补充完善证据的，经纪检监察部门主要负责人批准，可以退回执纪审查部门补证。

第五，审理工作结束后形成审理报告，列明被审查人基本情况、线索来源、违纪事实、涉案款物、审查部门意见、审理意见。审理报告应当体现党内审查特色，依据《中国共产

《党纪律处分条例》认定违纪事实性质，分析被审查人违反党章、背离党的性质宗旨的错误本质，反映其态度、认识及思想转变过程。对给予同级党委委员、候补委员，同级纪委委员纪律处分的，在同级党委审议前，应当同上级纪委沟通，形成处理意见。

（四）党纪处分和组织处理环节的主要风险与管控措施

党纪处分是指党组织（包括党委、纪委），依照《中国共产党纪律处分条例》的规定，对违纪的党员和党组织所适用的惩处方法。对党员的纪律处分分为警告、严重警告、撤销党内职务、留党察看、开除党籍等；对严重违反党纪的党组织的纪律处理措施包含改组、解散等。

该环节的主要风险包括：党纪处分和组织处理不恰当、处理处分未得到有效执行。

该环节的主要管控措施如下。

第一，遵循处理程序。对严重违纪党组织，由上一级党的委员会对下级党组织是否犯有严重违反党的纪律的行为进行调查核实；经上一级党的委员会查明核实后，根据情节严重的程度，做出改组或解散的决定；做出决定后，报请再上一级党的委员会审查批准；经批准后正式宣布执行。对违纪党员，先调查核实，后进行谈话教育，听取他对错误事实的说明和申辩；召开党委会议研究提出处分意见，并听取本人的说明和申辩；召开支部大会通过处分决定，报上级党组织或纪检监察部门对处分决定经集体讨论后批准。

第二，处分决定的宣布和执行。处分决定做出后，纪检监察部门应当通知所在党委（党组），在一个月内向全体党员宣布；执行党纪处分所在的机关或受处分党员所在的单位，应当在六个月内将处分决定的执行情况向做出或者批准处分决定的机关报告。

三、定义部门岗位职责

定义部门岗位职责主要涉及四个方面：领导机构及职责、归口业务部门及职责、协助配合部门及职责、业务授权。

（一）领导机构及职责

纪律检查委员会简称纪委，是党内的纪律检查机关，在党组织或党委会的领导下开展工作，全面负责纪检监察工作，其主要职责包括以下四点。

（1）维护党的章程和其他党内法规。

（2）检查党的路线、方针、政策和决议的执行情况。

（3）协助党的委员会推进全面从严治党。

（4）加强党风建设和组织协调反腐败工作。

（二）归口业务部门及职责

纪检监察工作主要由纪检监察部门负责，其主要职责包括以下五点。

（1）对同级党的委员会及其成员正确行使权力进行监督。

（2）对监察对象遵守和执行党章以及党内其他法规、党的路线方针政策和决议、党风廉政建设等情况进行检查。

（3）对检举控告和检查中发现的党组织或党员的违纪问题进行初步核实，或经初核后发现党组织或党员有违纪的行为需要给予一定的党纪处分而决定立案后，实施调查、取证。

（4）在检查调查的基础上，视不同情况，向有关单位和部门提出处分、表彰、改进工作和法律制裁等建议。

（5）对审查对象，按其违纪行为性质和情节轻重程度给予一定的党纪处分。

（三）协助配合部门及职责

（1）配合纪检监察部门工作，提供纪检监察部门开展工作所需资料及专业支持，向其如实反映事实。

（2）在日常工作中发现问题线索，移交纪检监察部门。

（四）业务授权

纪检监察授权，是指公司党组织、纪检监察部门在其职责范围内，根据既定的权限，对信访举报、执纪审查、案件审理、党纪处分和组织处理进行审核的过程。

纪检监察授权表（示例）如表10-2所示。

表10-2　纪检监察授权表（示例）

项目	发起部门	协商／会签部门	审核部门	审批部门
信访举报	信访举报人			纪检监察部门
认定问题线索				纪检监察部门
谈话函询	纪检监察部门			
初步核实	纪检监察部门			纪检监察部门分管领导
案件立案	纪检监察部门	公司党委	纪检监察部门分管领导	公司纪委
案件审查	纪检监察部门审查组	被审查人所在单位党组织	纪检监察部门负责人	纪检监察部门分管领导
移送审理	纪检监察部门审查组	纪检监察部门		纪检监察部门分管领导
案件审理	纪检监察部门审理组			纪检监察部门分管领导
党纪处分	违纪党员所在单位党支部	支部委员会	支部大会	上级党组织或纪检监察部门
组织处理	上一级党委会			再上一级党委会

四、制度设计示范

一个规范的现代企业，其纪检监察制度一般包括：纪检组织诫勉谈话规定、纪律检查建议及监察建议工作办法、检举控告工作办法、廉政档案制度、礼品礼金制度、请示报告报备制度、四种形态实施办法、问题线索处置管理办法、小金库惩治管理规定及回避制度等。但各企业制定的具体制度需结合自身需要，发展初期的企业可优先制定重要、适用于本企业的制度。

拓展资料

企业纪检监察部门
处理检举控告工作
制度示范

【案例延伸思考】

在"教学引导案例"中提到了内部审计"招人烦"，提出了内部审计怎样才能"讨人爱"的问题。

关于内部审计"招人烦"的问题，主要原因有：①内部审计触动了某些部门的既得利益；②内部审计自身的宣传不够，不能被服务对象所理解，内部审计被认为是"没事找事儿"；③内部审计能力、工作方式有问题，总是拿着放大镜让被审计单位陪着找问题；④内部审计工作态度有问题，高高在上，盛气凌人。

内部审计是企业内部防控风险、提高运营效率、保护企业财产和促进企业持续发展的重要一环，因此它需要得到企业员工和管理层的支持和信任。以下方法有助于内部审计"讨人爱"。

微课堂

风险管理的
三道防线

（1）建立公正客观的审核流程，遵守行业规范和标准，保证审核过程的透明度和公正性，防范利益冲突和不当行为的产生。

（2）与其他部门建立良好的互动关系，加强沟通交流，了解各个部门的管理需求和问题，寻找满足审计相关利益方关切的"最大公约数"，帮助他们提高运营效率和控制风险，提升内部审计的价值。

（3）提供专业的意见和建议，针对发现的问题和风险，提出切实可行的解决方案，帮助企业打造更加安全和健康的内部控制体系，提升企业治理水平。

（4）采用多样化的内部审计工作方式，采用先进的技术和工具，加快审核进程并提高工作效率。同时要为员工提供内部审计的成功经验方面的培训和技能培训，拓宽内部审计人员的视野，提升内部审计人员的专业素养。

（5）加强对内部审计的宣传和推广，彰显内部审计的"可利用价值"。"可利用价值"要能够充分量化，以风险为基础，提供独立、客观的确认、建议和洞见，最终以促进单位完善治理、增加和保护组织价值为衡量标准。"可利用价值"越多，内部审计就越有影响力！

【知识回顾与拓展】

即测即评

【思考与探索】

1. 内部审计是企业风险防控的第三道防线，其他两道防线分别是什么，与内部审计的区别是什么？

2. 为防控内部审计风险，实现内部审计目标，是否可以多配备职业能力强的审计师，尽可能延长现场审计时间？为什么？

3. 内部审计与纪检监察的区别是什么？

【实训项目】

实训项目一：理解内部审计工作流程。　　实训项目二：理解纪检监察工作流程。

实训项目一

实训项目二